U0749537

教之慧

——陈志红特级教师工作室教学成果集萃

陈志红 主编

浙江工商大学出版社
ZHEJIANG GONGSHANG UNIVERSITY PRESS

图书在版编目(CIP)数据

教之慧:陈志红特级教师工作室教学成果集萃 / 陈
志红主编. —杭州:浙江工商大学出版社,2018.4
ISBN 978-7-5178-2656-9

Ⅰ. ①教… Ⅱ. ①陈… Ⅲ. ①中学教育—文集 Ⅳ.
①G63—53

中国版本图书馆 CIP 数据核字(2018)第 061801 号

教之慧

——陈志红特级教师工作室教学成果集萃

陈志红 主编

责任编辑	厉　勇	
封面设计	胡赣昌	
责任印制	包建辉	
出版发行	浙江工商大学出版社	
	(杭州市教工路 198 号　邮政编码 310012)	
	(E-mail:zjgsupress@163.com)	
	(网址:http://www.zjgsupress.com)	
	电话:0571-88904980,88831806(传真)	
排　　版	杭州朝曦图文设计有限公司	
印　　刷	杭州五象印务有限公司	
开　　本	710mm×1000mm　1/16	
印　　张	16	
字　　数	295 千	
版 印 次	2018 年 4 月第 1 版　2018 年 4 月第 1 次印刷	
书　　号	ISBN 978-7-5178-2656-9	
定　　价	45.00 元	

主　编　陈志红

副主编　方昱红　叶志娟　黄宏菊

编　委　刘朝忠　姜　雷　徐　展
　　　　章建军

序

丰富教学智慧
服务立德树人

本书是陈志红特级教师工作室成员的文集,读完我深感立德树人之艰辛,更知教学智慧之重要。因为实现中华民族伟大复兴的希望在于教育,教育振兴的希望在于教师,教师发展的希望在于智慧。只有不断丰富教学智慧,才能加快教师专业成长,提高教书育人的实效。

教学即教育

任何教学活动都包含育人的因素。唯有有机而充分地挖掘学科的育人功能,才能更加充分地调动学生学习的积极性和创造性,提高教学效能。思想政治课教学是智育课,更是显性的德育课。正确发挥学科的育人功能,提高学生核心素养,是思政课教学的特殊使命。陈志红特级教师工作室全体成员,始终不忘初心,牢记使命,为促进学生的道德成长深入研究育人的规律与策略,丰富学科育人、班主任育人、学校管理育人等多种智慧,提高育人水平。

教学即管理

一切教学活动都离不开科学的管理。把学科教学的精细化管理贯穿于教学过程的始终,体现在教学活动的方方面面,是提升学科教学实效的重要保障。本书体现了系统思维的理念,把学校行政的管理智慧、班主任的管理智慧与学科教学的管理智慧融为一体,把备课、上课、批改、辅导、测试、社会实践、评价等管理智慧相互贯通,并在教学的实践研究中不断更新和积累管理智慧,用科学的管理助推教学工作不断跃上新台阶,开拓教学活动新境界。

教学即研究

坚持问题导向,把教学中的问题提炼成研究的"微课题",把"微课题"研究的成果提炼成鲜活的教学经验,把教学的经验内化为丰富的教学智慧,用日益丰富的教学智慧满足学生日益成长的有效需求,是一切教学活动走向成功的"密码"。编写本书的全体成员,为了破解这一"密码",把学校行政管理研究、班主任工作研究与学科教学研究结合起来,把主课题研究与微课题研究结合起来,把学习、实践与研究结合起来,总结提炼出独特的研究智慧,对教学研究有一定的借鉴价值。

教学即合作

我们正迈向知识经济时代,知识经济时代的人们最重要的素养是团队精神和创新能力。任何一项教学工作都是集体智慧的结晶。教学只有调动一切需要调动的积极因素,形成正向的合力,才能真正达到教学效益的最大化。本书所展示的研究成果,彰显了学科教师与学校有关部门、班主任、学生等校内合作的智慧,也凸显了学科教学与学生家长、兄弟学校、教研机构、高等院校、社会其他部门等校外合作的要义,努力实现了合作、分享、共赢的和谐统一。

教学即创新

教学是科学,科学的价值在于求真;教学是艺术,艺术的生命在于创新。面对一日千里的新时代,面对不断深化改革的新形势,面对复杂易变的学生,假如我们照搬书本,往往要犯教条主义的错误;假如照搬自己已往的经验或别人的经验,常常会坠入经验主义的泥潭。只有不断创新,才能更好地满足学生日益增长的对美好学习生活的需求。本书作者善于在教学理念、教学方法、教学设计、教学手段、教学合作、教学管理、实践研究等方面开展深入研究,取得了值得推广的创新成果。

总之,教学的智慧只有融合了育人、管理、研究、合作与创新等智慧,才能形成更大更好的新智慧,为立德树人竭尽全力。衷心感谢陈志红特级教师工作室的老师们为此付出的艰辛探索,为本市教育做出的特殊贡献!

浙江省建德市教育局党委书记、局长　包海洋
2018 年 1 月 19 日于建德新安江畔

目 录

备考篇

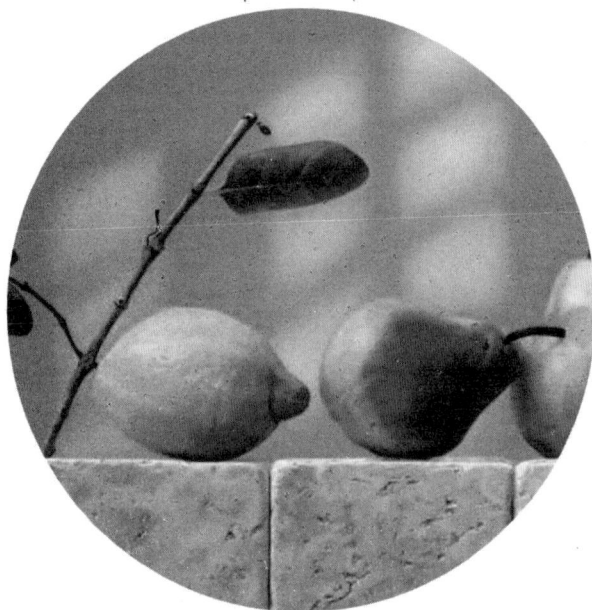

科研篇

基于学生自主发展的中学
思想政治课校本课程建设研究

陈志红　　方昱红　　叶志娟　　黄宏菊

姜　雷　刘朝忠　徐　展　章建军

校本课程是新一轮基础教育课程改革的一大亮点。教师是校本课程建设的主力军,理应为深化课程改革添砖加瓦。政治教师应该在课程建设中展示特有的魅力。为此,我们课题组成员选择了"基于学生自主发展的中学思想政治课校本课程建设研究"这一课题进行研究,期盼为新课程改革大潮增添一朵绚丽的浪花。

一、解读思政课校本课程建设的"三点"理念

(一)学生自主发展观念

新课程改革是为了每个学生的发展,为了实现中华民族的伟大复兴。课程是实现教育目的的重要途径,是组织教育教学活动的最主要依据,是集中体现和反映教育思想和教育理念的载体。校本课程是学校用来弥补学科必修课程的不足,从宽度或者深度上进一步促进本校学生的自主发展、丰富学校教育文化生活而开发与设置的。

每个学生都是世界的唯一。自主发展是学生个性成长的内在要求,更是学校教师因材施教,促进学生健康可持续发展的不懈追求。为此,教师需要学习、研究和创造性地运用校本课程建设理论,开发、整合和选用一切有利于学生自主选择的课程资源,满足学生个性化成长的有效需求。

(二)校本课程建设理念

"校本课程开发"一词是 1973 年由菲吕马克和麦克米伦两位学者在爱尔兰阿尔斯特大学召开的国际课程研讨会上提出的,英文表述为"School-based Curriculum Development",缩写词为"SBCD"。埃格尔斯顿总结了英国的校本课程开发有两种主要形式,一种形式是外部驱动的校本课程开发,来自国家的要求、任务或规定,但学校以自己所独有的方式来接受、完成校外的任务;另一种形式是内部驱动的校本课程开发,即校本课程开发完全是由学校内部发动的。

教育部《基础教育课程改革纲要(试行)》明确规定:"实行国家、地方、学校三级课程管理,增强课程对地方、学校及学生的适应性。"开发校本课程需要正确处理好国家、地方、学校三级课程的关系,突出校本特色,彰显学科个性,促进学生自主发展。

(三)马克思主义哲学思想

校本课程的出现是对学科必修内容的拓展、延伸、补充、完善,是根据不同情况、不同特点的个性学生的发展量身定做、菜单式选择、自助式学习的有效渠道。校本课程不是兴趣和才能的无限性和随意性绽放,它依托的是本学科的厚重来激发学生兴趣和思维的冲动。校本课程主要依靠校本课程的丰富内涵、学科自身的魅力和学生学有所获的愉悦。

马克思主义哲学为具体科学的研究提供了科学的世界观与方法论指导。中学思想政治课校本课程的建设,可以结合四本必修课的内容,运用马克思主义哲学关于世界普遍联系与发展的、任何事物的矛盾都是特殊性与普遍性的统一等观点,指导中学政治教师适度拓展必修课的内容,开展校本选修课的建设。本课题组全体成员正是在马克思主义哲学有关原理的指导下,配合必修课教学,从经济、政治、文化、哲学等方面开发和实施校本选修课程。

二、审视思政课校本课程建设对"三者"的价值

校本课程的最大价值在于促进学生成材、教师成长、学校发展的有机统一。

(一)助推学生自主发展

校本课程是学校为全面提高学生素养,发展学生的兴趣、特长,拓宽学生的知识面,培养学生的合作精神、创新精神和实践能力,发展学生对自然和社会的责任感,根据现有的条件和资源、学生状况以及学生和学校未来发展的要求所开发的各种课程。

尊重和保障学生课程资源的自主选择权,让广大学生享有更好更多的校本课程,是促进学生自主发展的重要载体。坚持以学生发展为本,开发适合学生发展的校本精品课程,为实现学生自主发展、可持续提升奠定厚实的基础,应该成为广大政治教师应有的价值追求。

我们课题组开发与实施的校本课程"趣味经济学""中西方民主政治比较研究""触摸严州文化""品位新安美食文化""高校自主招生常识与哲学智慧"等,让选修的

学生在学习中兴趣盎然,丰富了学生思想政治课的核心素养,为学生自主发展奠基。

(二)助推教师专业成长

在传统教学中,教师几乎不进行教材的改编或重组,教学设计、课程开发与实施能力相对薄弱,影响了教师专业的持续发展。

特色校本课程则具有研究性、学习性、发展性、开放性等特点,特色校本课程的开发,赋予学校教师更多的选择权。校本课程开发要求教师研究学生,研究教学内容,研究和思考学校发展的远景和文化创生,增强教师的研究意识和能力。校本课程以学校为整体,改变了教师们传统、孤立地开展教学的形式,集体协作共同决策和开发课程资源,相互学习,共同研究问题并找出解决方案,增强了教师合作意识与合作能力,加深了自己对本体知识的理解,丰富条件性知识,积累了实践性知识,让自己的知识结构更趋合理与完善,促进了教师专业发展。

本课题组的全体成员在深化校本课程建设的实践中,不仅在校本课程建设中取得了杭州市精品课程,为高质量加强校本课程建设提供鲜活的经验,还在必修课的教学中不断转变课堂教学方式,创新教学方法,打造高效课堂,受到了广大学生喜爱和同行尊敬!

(三)助推学校打造特色

特色化课程建构是实现办学特色的重要载体。特色校本课程建设,促进了对学校功能的重新定位。认真研究校本课程,积极开发校本教材,并有效利用校本课程,培养出更多有个性的人才,完善了校本办学理念,推动了特色学校的建设,促进了校园特色品牌的形成,为学校的可持续发展注入活力,让特色校本课程成为学校特色腾飞的翅膀。

本课题组开发的校本课程,分别从经济、政治、文化、哲学等角度,为 YZ 中学实施的"严实"教育,XA 中学实施的"弘毅"教育,SC 中学实施的"和美"教育等特色教育,提供优质的新载体和新的诠释,为学生的自主发展建设更有特色更高质量的学校。

校本精品课程建设是学生自主发展的重要载体,教师专业成长是学生自主发展的基本保证,学校特色化发展为学生自主发展提供肥沃的土壤,"三者"和谐互动、共同成长。

三、秉持思政课校本课程建设的"三本"原则

(一)坚持文本性原则,彰显学科特色

思想政治课的校本课程建设应把握好自身的学科特点,一方面是对国家课程补充相应的课程资源,另一方面是对新课程中规定的由教师负责的课程领域进行相应课程资源的开发,与思政课的必修课程目的、内容、要求等方面互相补充,共同促进学生的个性发展,彰显思政课学科特色,培养学生政治认同、理性精神、法治意识、公共参与等思想政治课的核心素养,为自己个性化发展奠基。比如,课题组叶老师开发的校本课程"中西方民主政治制度比较研究",就学生关注的普遍直选制和直接与间接选举相结合制,议会制与人民代表大会制,西方政党制和我国政党制,三权分立制与民主集中制,等等,进行全面、具体和历史的比较,引导学生自己得出结论:适合国情和推进社会快速发展的政治制度就是好制度,进一步深化学生对必修课有关政治观点的认同感。

(二)坚持校本性原则,凸显学校特点

思政课校本选修课程,要结合学校传统文化和现实特点,发挥本校政治教师的特长和优势,充分利用本校乃至本地资源,让学生的感受更具体更亲切,也更容易认同。比如,本课题组姜老师开发的"触摸严州文化"校本课程,既介绍严州中学在内的古老的严州文化,又结合自己深受严州文化熏陶的成长实际,运用必修课《思想政治·必修3·文化生活》(以下简称《文化生活》)等有关视角,对选修的学生进行绘声绘色的讲解,并分组引领学生进行实地调研与交流,让学生深感古老严州文化的深厚底蕴和时代气息,把严州文化与务本求实、创新求真的严州精神融为一体,具有鲜明的校本性。

(三)坚持生本性原则,闪耀人文色彩

陶行知先生曾经说过:"人生需要什么,我们就教什么。"因此,在开发校本课程时,应该对学生的课程需求进行系统的调查,并在构建课程框架时,结合学校的课程开发资源、教师的开发能力等因素,对学生的课程需求给予恰当回应,进一步增强校本课程建设的"生本性"。

校本课程观的核心思想是以尊重人的个性为根本出发点,把促进学生各项基本素质全面发展作为课程设计的中心,以整体、优化的课程结构观为核心内容,在课程选择使用上以人为本,重视学生的学习需求,尤其重视不同层次学生的学习需求,使学生的学习需求得到尊重和满足。比如,课题组黄老师开发的校本课程"趣

味经济学",紧密联系学生经济生活中的现实问题,贴近学生的生活实际,激发学生的学习兴趣,满足学生的学习需求,为学生创造和享受更美好的经济生活提供理论指导,贯彻和落实以学生发展为本的教学理念。

四、做精思政课校本课程建设的"三本"文章

思政课校本课程建设是一个融编制、实施、评价为一体的系统工程。本课题组所有政治教师应从学校课程体系建设的层面予以把握,从思政课的四门必修课中拓展创新精心编制,从创新方法与科学管理上精心实施,从学生兴趣与教学效能方面进行积极评价,让校本课程建设工程更加美丽。

(一)结合四门必修课拓展创新编制校本课程

1. 结合《经济生活》,编制"趣味经济学"校本课程

课题组黄老师结合必修1《思想政治·必修 1·经济生活》(以下简称《经济生活》)的相关内容,在高一年级第一学期开发了"趣味经济学"拓展类选修课程,主要内容分为7个专题共18讲。

专题一　消费经济学

第1讲　电影院的爆米花为什么卖得贵

第2讲　为什么东西越贵越有人买

专题二　生活经济学

第3讲　破窗户为什么会更破

第4讲　鞋匠和金鱼的故事

专题三　博弈经济学

第5讲　囚徒困境——合作还是非合作

第6讲　聪明的猪会选择"搭便车"

专题四　管理经济学

第7讲　发挥领头羊的作用

第8讲　二八法则——企业管理的秘诀

第9讲　蝴蝶效应——细节决定成败

第10讲　鲶鱼效应——激励手段的应用

第 11 讲　维也纳最出众的情人

专题五　情感经济学

第 12 讲　爱情与市场经济
第 13 讲　爱情中的"机会成本"
第 14 讲　美女为什么会嫁丑男

专题六　交际经济学

第 15 讲　为什么富人越富，穷人越穷
第 16 讲　如何增加你的人脉和财富

专题七　市场经济学

第 17 讲　情人眼里出西施
第 18 讲　屠夫、旅馆老板与妓女

　　具体分为 18 讲，旨在引领学生从趣味经济学角度，更新学生的思维模式，用经济学家的头脑看待经济生活，学会认识经济生活、理解经济生活、创造更加美好的经济生活。

　　2. 结合《政治生活》，编制"中西方民主政治比较研究"校本课程

　　课题组叶老师结合必修 2《思想政治·必修 2·政治生活》（以下简称《政治生活》）的相关内容，在高一年级第二学期开发了"中西方民主政治比较研究"拓展类选修课程，主要内容分为 5 章，计 9 讲。

第一章　概论

第 1 讲　国家与民主概论

第二章　中西方国家结构形式比较

第 2 讲　单一制与联邦制
第 3 讲　我国的单一制

第三章　中西方国家管理形式比较

第 4 讲　美、英、法、德、日等国的管理形式
第 5 讲　我国的人民代表大会制度

第四章　中西方选举制度比较

第6讲　美、英、法、德、日等国的选举制度
第7讲　我国的选举制度

第五章　中西方政党制度比较

第8讲　美、英、法、德、日等国政党制度
第9讲　中国的政党制度

　　着重引导学生正确认识为什么美国等西方发达国家参加选举的人越来越少，为什么美国分权制的效率越来越低，为什么西方的民主制给伊拉克、利比亚等国家带来深重的灾难，为什么中国共产党领导中国人民在改革开放30多年取得举世瞩目的辉煌成绩，为什么我们能够坚持理论自信、制度自信、道路自信和文化自信，等等，分清中西方民主政治制度的异同，懂得适合的才是最好的，坚持制度自信，自觉努力为不断完善我国的民主政治制度而奋斗。

　　3. 结合《文化生活》，编制"建德地方三种文化"校本课程

　　课题组姜老师结合必修3《思想政治·必修3·文化生活》（以下简称《文化生活》）的相关内容，在高二年级第二学期开发了"触摸严州文化"的拓展类选修课程，包括5个单元20课。

第一单元　追寻严州遗风

第1课　高风亮节
第2课　建立功业
第3课　忠义铁胆
第4课　奋起抗争

第二单元　传承严州文脉

第5课　诗画严州
第6课　著说严州
第7课　文人足迹
第8课　戏曲艺文

第三单元　接续严州书香

第9课　严州刻书

第 10 课　严州书院

第 11 课　严州中学

第 12 课　严州学子

第四单元　领略建德风情

第 13 课　严州风俗

第 14 课　严州特产

第 15 课　严州美食

第 16 课　建德方言

第五单元　领略建德风情

第 17 课　城墙牌坊

第 18 课　老街古井

第 19 课　湖光塔影

第 20 课　名山古刹

姜老师从历史与现实的视角,展示了古老严州文化的精华,尤其是把严州中学文化与严州文化完美结合起来,让学生深感做严州中学学子的自豪和责任,启迪学生为继承创新文化,续写严州中学新的辉煌而勇于担当,再立新功!

课题组方老师结合必修 3《文化生活》的相关内容,在高二年级第一学期开发了"浙西农耕文化简明教程"的拓展类选修课程,从吃穿住用行等,精选了本地富有代表性的农耕文化的产生、发展和传播情况,让选课的学生受到本地农耕文化的熏陶,激发学生继承创新本地农耕文化的热情。

课题组刘老师与徐老师根据必修 3《文化生活》的相关内容,在高二年级第二学期开发了"品味新安美食文化"的拓展类选修课程,他们坚持把美丽的新安江青山绿水培育出的各种各样的优质食材与丰富多彩的新安文化孕育出的厨师结合起来,包括各种档次的美食,诸如"严州府"餐饮、"喜乐"餐饮、"胖子"排档等,给人以美的享受,让人流连忘返,为美丽的旅游城市增添美味。

4.结合《生活与哲学》,编制"高校自主招生常识中的辩证法"校本课程

课题组陈老师结合必修 4《思想政治·必修 4·生活与哲学》(以下简称《生活与哲学》)的相关内容,在高三年级第一学期开发了"高校自主招生常识中的辩证法"的拓展类选修课程,包括 5 章 9 讲。

第一章　高校自主招生概述

第1讲　辩证认识高校自主招生的形势与方式
第2讲　高校自主招生的内容与辩证思考

第二章　中国著名高校简介

第3讲　辩证认识中国的原211与985高校的优势专业
第4讲　用辩证观点看待中国高校改革与培养模式

第三章　笔试与面试概要

第5讲　笔试的科目与备课要求
第6讲　面试的方式与辩证技巧

第四章　世界知名高校简介

第7讲　辩证认识世界知名高校的优势专业
第8讲　辩证看待世界知名高校的培养模式

第五章　我国高考改革趋势与辩证对策

第9讲　我国新一轮高考改革内容与辩证对策

　　陈老师运用唯物辩证法的有关知识,辩证分析了国内外知名高校发展,尤其是专业建设情况与自主招生的新形势,指导学生辩证认识高校自主招生测试的试题与方式,启迪学生在我国深化高考改革中,掌握高校自主招生的规律和技巧,为顺利实现自己美好的大学梦想而时刻准备着。

(二)结合学校统一安排创新实施校本课程

1.问卷调查,让教学内容更贴近学生

　　为了让更多的学生踊跃报名参与本课题组所开发的校本课程,课题组首先公布了自己所开发的校本选修课的课程大纲,包括教学目标、教学内容、教学方法、教学评价等主要内容,并且根据教学内容设计以下主要问题进行问卷调查:
　　(1)你对本课程最感兴趣的教学内容是什么? 为什么?
　　(2)你对本课程最不感兴趣的教学内容是什么? 为什么?
　　(3)你认为本选修课哪些内容可以删除? 哪些内容可以补充?

比如,"趣味经济学"根据学生反馈的意见,删除了"博弈经济学"等内容,增加了"理财经济学"等内容;"中西方民主政治制度比较研究"删除了"中西方国家结构形式比较"等内容,增加了"西方三权分立制与中国的民主集中制比较"的内容。这让我们校本选修的内容更加贴近学生的需求。

我们边教学边反思边调整,不断删减和充实校本选修课的教学内容,尤其是选用鲜活的教学素材,让校本课程建设不断开拓新境界。

2.改进教法,让教学方法更符合学生

教学有法,教无定法。适合的方法才是最好的方法。受应试教育惯性的影响,许多教师在必修课的教学中往往放不开手脚,容易采用"一讲到底""闪电式提问""题海战术"等方法,导致教师疲于多讲,学生累于刷题,课堂气氛沉闷,课堂效能低下。

由于选修课的教学任务相对必修课更为简单,教学要求更为宽松,教学时间更为宽裕,所以,任课教师可以抓住改善教学方法的契机,大胆深化教学方法的改革,转变课堂教学方式,打造活力与高效课堂。比如,黄老师在"趣味经济学"课程的"管理经济学——细节决定成败"等内容的教学中,指导学生分小组深入JD海螺、农夫山泉、新安化工等企业开展调查,选用鲜活生动的事例,在课堂上交流,异彩纷呈,相互启发,收益颇丰。叶老师在"中西方民主政治制度比较研究"课程的有关"中国政党制度与西方政党制度的比较"的教学中,让学生分正反双方,针对两种政党制度的优劣,举行辩论活动。双方广泛收集资料,从理论与实践、中方与西方、正面与反面、历史与现实等多个角度,全面开展辩论活动,让学生更加清醒地认识到没有中国共产党就没有新中国,没有中国共产党就没有社会主义现代化和中华民族的伟大复兴等深刻道理,在思想上和行动中自觉把爱党、跟党、护党、为党有机统一起来,为实现中华民族伟大复兴的中国梦而奋斗。

我们课题组的全体老师就是这样,把选修课教学的改革实践中积累的鲜活经验,及时地创造性地运用到必修课的教学之中,使选修课与必修课的教学相得益彰,相互促进,提高了教学质量,更好地促进了学生的自主发展。

3.优化管理,让教学组织更尊重规律

校本选修课的教学往往采用走班教学方式。来自不同班级的学生临时在一个班级上课,开始会有点新鲜感和自我约束性,时间久了,容易松懈,导致迟到、缺席、上课做其他事情等现象发生,会影响课堂教学的正常进行和教学任务的圆满完成,因此必须加强和优化课堂教学管理。

面对校本选修教学管理中出现的问题,我们课题组全体教师,多次深入研究校本选修教学中的问题与对策,及时交流经验和做法,互通有无,资源共享,互利共赢。我们着力在三个方面狠下功夫:一是优化民主管理,民主选举选修走班的班委

会。设立班级"三人小组":班长(管总协调)、纪律委员(管考勤等)、学习委员(管交作业等)与各行政班选修小组(管本班学生纪律与学习情况),让学生自愿报名或各班民主推荐、竞岗演说、民主选举决定。明确权责,各负其责,相互配合,接受民主评议,半学期班委干部与小组组长轮换一次。二是加强制度管理,指导学生民主制定和完善考勤、交作业、请假、成绩评定等制度。严格公平公正地执行有关制度,发现新的问题,由班级"三人小组"成员协商解决;碰到疑难问题,由班长召集班级"三人小组"和各行政班选修小组成员联席会议协商,并与走班班主任一起研究解决。三是改善教学方法,组织全部同学对每堂课的教学情况进行民主测评。班长要及时了解学生的意见和建议,并把主要情况反馈给任课教师。倒逼任课教师及时改进教学方法,不断满足学生日益增长的学习需求,师生齐心协力,提高课堂教学的效能。

(三)根据学科特点完善对课程的校本评价

1.师生共评课程

课程是提高教学质量的重要载体。教师及时公布校本课程方案,尤其是要详细公布教学内容,倾听和整合学生意见,吸取学生合理的意见和建议,及时修改有关教学内容。教师要在课程开发中认真学习和研究,自觉接受专家指导,积极参与各级校本选修课评比活动,不断反思教学中的问题,让课程建设不断优化。比如,黄老师开发的"趣味经济学"校本课程,她不断在"趣"与"理"的结合上下苦功夫,精心修改课程内容,结果该课程荣获杭州市精品课程。

2.学生评价教师

学生是学习活动的主体。学生的满意就是教师的不懈追求。教师只有及时虚心听取学生的意见,才能使教学活动更加贴近学生的需求。为此,我们课题组根据教师的教学态度、教学实力、教学实效与总体评价等四个方面主要内容,每个方面分满意、基本满意、不太满意等三个等次,请学生对教师每节课的教学进行公平公正的评价,并由班长及时统计结果。如果教师教的满意率未达到70%,需要征求学生意见并把学生的具体意见及时与教师沟通,以引起教师的关注和对教学方式的及时有效改进。

3.教师评价学生

教师是教学活动的主导,是学习活动的首席,需要科学利用评价机制,发挥评价的诊断、激励和导向功能。我们课题组经过民主探讨,制订了教师对学生课堂主要表现、作业和学分认定等评价标准和要求,指导教师在课堂上改进教学方法,创新教学艺术,不断激励学生;善于发现学生练习中的亮点,启迪学生扬长避短;全面而科学地认定学分,调动广大学生参与学习的积极性、主动性和创造性,引领学生真正成为学习的主人,不断提高学生的学习力。

五、喜看思政课校本课程建设的"三升"成效

校本课程建设是一个系统工程,对教学能力的提升是综合性的。校本课程建设的实践昭示我们,教师积极主动而富有创造性地投入校本课程的建设中,必定会全面推动教师的专业发展。

(一)坚持开发与实施结合,提升教师学习力

我们今天的教学主要是为学生的终身学习奠基。唯有学而不厌的教师才能教出学而不厌的学生。教师参与校本课程的建设,需要在理论和实践中不断学习。学习课程建设的新理念、新方法、新经验和新思路,为打造精品课程服务。我们课题组的全体教师不仅虚心学习,更善于学习和吸收他人的长处,为我所用,助我成长。方老师为了开发"浙西农耕文化简明教程"的校本课程,不厌其烦地大量阅读相关资料,不畏艰难地深入田间地头,走访几十位农民,不达目的誓不罢休,终于整理编写并正式出版该校本课程。

(二)坚持自主与合作统一,提升资源共享力

校本课程开发需要独立思考、自主研究,更需要积极合作、共享资源。只有这样,才能集中集体的智慧和力量,更有力地突出重点,攻破难点,共创辉煌。姜老师为了开发"触摸严州文化",与毛老师等成员一起合作,查阅几十本严州文化资料,走访几十位专家学者,征求课题组外许多同志的意见和建议,与课题组的所有老师一起反复讨论修改,订正一个又一个小错误,发现一个又一个新史料,整理一篇又一篇新文章,及时共享观点与资料,为合作编写好校本课程倾注了自己的心血和汗水,得到了有关同行和专家的赞赏。

(三)坚持选修与必修互动,提升教学改革力

必修课是选修课的范本和指导,选修课是必修课的拓展和延伸。过去,必修课的教学常常是"带着镣铐跳舞",教学方法的改进举步维艰;选修课的教学往往是走马观花,草草了事,为了应付检查而开设。经过校本课程建设的实践,选修课在教学内容与教学改革上先行先试,积累经验;必修课在教学内容与教学改革上及时借鉴,不断完善,两者和谐互动,推动教学改革向纵深推进。

比如,刘老师原来在必修课教学上总是对学生不放心,不敢放开手脚让学生谈论或辩论,基本上自己一讲到底,结果导致自己辛苦,学生难以接受,教学效益总不理想。自从开发和实施了校本选修课教学之后,他大胆改进教学方式,让学生充分

讨论,学生兴趣盎然,教学实效显著。他就把选修课的教学方式有机地移植到必修课的教学之中,结果课堂气氛活跃,师生互动紧密,促进师生共同发展,他所任班级的统考成绩也在同类班级中遥遥领先。他真切地品尝到了教学改革的甜头,教学改革的信心更足了,改革的步子更快了,改革的实力更强了。

六、反思思政课校本课程建设的"三偏"问题

我们课题组在校本课程建设的实践中,虽然短时期内取得了显著成绩,但与课程改革的高标准和学生成长的有效需求还存在较大的距离。我们的校本课程建设只有起点,没有终点,课程改革永远在路上。

(一)校本课程开发质量偏低

综观我们现在开发的六门校本选修课程,只有两门是杭州市精品课程,三门是建德市精品课程,没有省级精品课程。校本课程的总体质量有待进一步提升。我们课题组全体成员将以本次课题研究结题为新的起点,不断学习,深化研究,大胆创新,以期把校本课程建设的工程做得更精更美。

(二)校本课程实施方法偏旧

校本课程的前提在于开发,根本在于实施。校本课程实施的质量是校本课程的生命线。当下,本课题组全体成员在校本课程的实施中,虽然理念比较前卫,方法有所改善,行动不断加快,实效比较突出,但是教学方法的创新力度仍然不大,有时还有畏难情绪。这需要我们加强学习,坚定信念,拓展进取,续写新篇。

(三)课改的经验辐射面偏窄

教学经验的更大价值在于有效分享。我们在校本课程建设中积累了比较丰富的经验,对提高教学质量有一定的借鉴价值。这些鲜活的经验只在课题组成员内部分享,还没有在更大范围内推广。往后,我们将通过教学论坛、论文评比或发表、教研活动等途径,分享我们的经验与教训,以期得到更多专家和同行的认可和指导,不断进步。

主要参考文献:

[1] 徐玉珍.校本课程开发:概念解读[J].课程 教材 教法,2001(4):12-17.

[2] 廖哲勋.关于校本课程开发的理论思考[J].课程 教材 教法,2004(8):11-18.

[3] 徐玉珍.是校本的课程开发,还是校本课程的开发——校本课程开发概念再解读[J].课程 教材 教法,2005(11):3-9.

［4］李臣之.校本课程开发:一种广义的认识［J］.课程 教材 教法,2005(8):19.

［5］吴刚平.校本课程开发的定性思考［J］.课程 教材 教法,2000(7):3.

［6］傅建明.校本课程开发的价值追求［J］.课程 教材 教法,2002(7):21.

［7］李介.国外校本课程开发模式带给我们的启示［J］.教育理论与实践,2010(9):18-20.

［8］傅建明.教师与校本课程开发［J］.教育研究,2001(7):56-60.

［9］李利平.校本课程开发中教师增权之探［J］.教育理论与实践,2004(4):45-47.

［10］林一钢.校本课程开发与教师素养刍论［J］.课程 教材 教法,2002(3):29-32.

着力做好"选择"文章，助推教师持续成长

浙江省严州中学新校区　　陈志红

面对新一轮高考"七或六选三"改革在全国的逐步推行，普通高中对思想政治课"选考"学生的数量发生了不同程度的变化。这一变化是提高学生自主选择能力，促进学生个性化发展的需要，也是对包括思想政治学科在内的所有被选学科教师的严峻考验。为此，我们政治教师更需要知难而进，在激烈的挑战中抢抓机遇，着力做好"选择"文章，助推自己和学生共同快速成长。

一、在纷杂多变的改革中选择"坚毅"

高考改革的宗旨在于"选择"，推动学校在科学选择中加快特色化建设，学生在学会选择中加快个性化发展，为培育各种各样的人才奠定基础。学生在高考"七选三"中，必然坚持把高校专业招生的要求、自身的优势与学科教师的特长等有机结合起来，选择行政班（固定）和教学班（走动）"选考"的学习活动。这在一定程度上也是对任课教师优劣的选择，由此导致不同学科教师的短缺或富余，给广大任课教师带来了无形的巨大压力。

面对学生的"选择"，教师要选择"坚毅"前行。首先，要不忘初心，坚定理想信念。我们深知好教师难当，当好政治教师更难。我们既然已经选择了当政治教师，更需要有强烈的政治责任感，坚持最初的梦想。因为坚定正确的理想信念是我们前行的不竭动力。爱一行才能专一行、精一行、成一行。倘若见异思迁、遇难而退、丧失理想信念，那将一事难成。其次，要练好内功，展示自身实力。教师有更大的实力才有更好的作为，有持续的作为才有持续的地位，有非凡的魅力才能赢得学生更好的选择。因此，政治教师要把勤奋学习、大胆实践、不断创新与科学反思有机结合起来，让政治教师独特而富有磁力的"教"的有效供给更好地满足学生"学"的有效需求。要防止在学生的选择中任其自然、无所作为、丧失尊严、贻误学生、危害

国家等现象的发生。

二、在鱼龙混杂的资源中选择"正能"

中学思想政治课既是智育课,又是德育课,更是学校德育的主旋律。要最大限度发挥思想政治课在立德树人中的特殊功能,就必须紧跟时代的步伐,贴近社会主义核心价值观的要求,选择具有正能量的教学资源,为学生的健康成长服务。

在经济全球化、政治与文化多样化的时代,尤其是互联网的高速发展,西方一些国家不断对我国进行西化与分化活动,出现了各式各样鱼龙混杂的教学资源。这就需要广大政治教师以中国特色社会主义理论体系为指导,擦亮眼睛,提高眼力,学会科学选择和正确运用。比如,某教师在"文化创新的途径"教学中,选择"熊猫功夫"的材料。尽管从知识和教法的角度,过程设计严密,知识教学无误,但整个教学过程容易让学生感觉到中国的"熊猫"与中国的"功夫"是外国先进科技作品中的素材,不利于强化学生对中华民族的文化自觉和文化自信。如果教师选用上述材料,需要引导学生树立强烈的危机意识,继承中华优秀传统文化,依靠科技进步,创作自己民族的文化品牌。

教学事例往往是正、负能量并存,政治教师在选择教学事例时,要多选择正面的素材,不选择负面的东西。即使是正面的材料,不同学生也可能有不同的解读,这更需要我们进行正确分辨、科学引导,防止为迎合学生的所谓兴趣,讲一些低级趣味,甚至背离社会主义核心价值观的要求,最大限度发挥事例的正能量,减少负能量。

三、在年复一年的教法中选择"微新"

必要的重复是继承的彰显,也是创新的基础,有利于充分利用资源,提高资源利用率。但是过度的重复,往往使人感到单调乏味,容易导致疲倦。学生对学习思想政治课缺乏兴趣的原因有许多,其中一个重要的方面是我们的教学太单一、太刻板,不断重复"昨天的故事"。即使是某种新的教法,长期使用,也会使学生产生审美疲劳。因此,我们在教法上必须选择"微新"活动,让教学方式方法对学生有一点新鲜感,激活学生的思维。

思想政治课教法的"微新"活动,体现在教学过程的方方面面,贯穿教学过程的始终。比如,许多老师在多次的思想政治课基础知识复习中,总爱让学生看书复习或者根据教材逻辑体系概括知识要点,学生往往从第二次开始就感觉无趣,收效大减。为此,我们每次进行思政课的基础知识复习时,可以有一些新的变化。比如,第一次要求学生按教材逻辑概括要点;第二次按某关键词重构知识体系;第三次按某指定的知识范围重新进行知识建模;第四次,可以对重要知识原理进行适当默写或师生之间相互提问练习,等等,让学生在新的要求中,不断深化巩固基础知识。

四、在浩如烟海的练习中选择"精编"

在思想政治课教学,特别是在思政课的复习中,众多教师往往照搬照抄外地尤其是知名学校的练习资料,几乎没有自编练习。这导致练习缺乏针对性与实效性,不利于持续提高课堂教学效能,也不利于提高教师试题编写能力。

教师的专业发展主要体现在教材处理能力、课堂生成能力和试题编写能力上。试题编写有利于促进教师对教材科学处理和课堂生成能力的提高。政治教师要提升试题编写能力,首先,要坚持仿真性、校本性与时代性的有机结合,自觉试着编写试题。"仿真性"就是要贴近学考与高考的要求,精准把握考试的方向;"校本性"就是要符合当下学生学习的实际,满足学生成长的有效需求;"时代性"就是要切准时代的脉搏,精确选择重大时政材料,创新编写特色试题。其次,要坚持研究、模仿与创新的统一。在不断进行纵向与横向的研究中,掌握本省与外省高考、学考等试题的编写规律、特点与方法的基础上,学会科学有效的模仿,大胆进行适当的创新活动,不断积累经验与教训,持续进行反思与改进。再次,要把选题、编题与讲题结合起来。每次练习在"仿真性、校本性与时代性"要求的指导下,精心选题与编题,用心讲题,并在讲题中订正试题错误,提高选题与编题质量。

五、在时续时断的研究中选择"持续"

教学即研究。如果我们在思想政治课教学中,不做科学的、系统的、深入的、持续的研究,我们的教学活动就难以克难攻坚,就只能简单重复以往的教法,教学水平只能停留在原有水平上或不断下降。这不仅让自己觉得教学工作非常单调,而且使学生经受枯燥乏味的煎熬,导致课堂教学效率日趋下降。

教学研究是教学工作的重要动力,也是打造思政课高效课堂的永恒活动。我们在善于把思政课教学中的问题,提炼成研究的微型的研究课题,把研究的成果转化为鲜活的教学经验,把成功的教学经验变成强大的动力,推动思政课教学不断跃上新台阶。比如,如何指导学生结合材料回答政治主观题,一直是思政课教学的一个难点、弱点和痛点,笔者在思政课教学中持续研究,总结提炼出"提高学生结合材料回答政治主观题的'三个三'"。

(1)了解三种类型:紧密型——答案就在材料中,开放型——答案既在材料中又在材料外,探究型——答案基本上在材料外。(2)掌握三种方法:如解答紧密型试题:材料整合分层＋对接指定原理;解答开放型试题:材料整合分层＋对接指定原理＋适度拓展原理,解答探究型试题:材料整合分层＋联系实际问题＋对接指定原理。(3)强化三种训练:高考真题赏析与仿真题、变化题结合训练,时政材料编题训练,对练习答案改写、补写与缩写相结合的整体训练,从而不断提高学生分析问题和解决问题的能力。

六、在竞争激烈的压力中选择"动力"

没有压力就没有动力,没有动力就没有活力,没有活力就没有生命力。如果一味地恶性竞争,就会导致多败俱伤。倘若我们孤军奋战,必然陷入孤芳自赏、孤立无援的困境之中。唯有优化合作,方可互利共赢。

政治教师要自觉在激烈竞争中加强合作。首先,要加强学科组内的合作,营造政治课教学资源共享、有难同担、难题共破的和谐互动氛围,打造温馨的学科团队。其次,要优化与学生、班主任、其他任课教师、家长等的合作,得到他们的尊重,汲取他们的智慧,赢得他们的支持。最后,要加强校际合作,尤其要加强名校名师同行,分享他们的资源,学习他们的经验,为我所用,助我成长,实现共同发展。

总之,每次改革都是挑战与机遇并存。让我们在深化教育改革中,以科学理念为指导,不畏艰难,学会正确的选择,在选择中学习、探究和反思,加快专业成长,提高自身实力,让思政课教学绽放更加绚丽的光彩。

管理篇

强化"六力",助推"普高"校长克难攻坚

浙江省严州中学新校区　陈志红

当前,普通高中校长面临着创建省特色高中与实施绩效工资负面影响等多重考验。广大校长只有强化"六力",最大限度化解一切消极因素,加快自身的专业发展,才能知难而进,持续作为,再创辉煌,实现伟大的教育梦想。

一、强化严格规划力,让校长在迷茫中找准方向

当下普高基本上是在"素质教育"的幌子下,轰轰烈烈地实施应试教育,呈现"千人一面、千校一统"的尴尬局面。长此以往,难以适应深化教育改革的新形势,不利于实现学生的个性化发展和学校的特色化发展,有悖于创新型国家发展战略,不利于中华民族伟大复兴中国梦的实现。这就需要全社会齐心协力,全面深化改革,推进素质教育。因此,普高校长应以严格的科学规划去追求普高的科学发展和特色发展。

普高校长在制定学校的发展规划时,要着力坚持"三个结合"与"三个防止"。一是与学校传统相结合。普高传统的优秀文化是学校发展的血脉,也是学校发展的宝贵财富。校长对学校的传统文化要采取批判继承的态度,取其精华,去其糟粕,为创新学校发展的特色文化服务。对待学校的传统文化,要防止一刀切的做法,防止肯定一切或否定一切。二是与学校特色优势相结合。校长要善于挖掘学校自身特色优势、培育特色优势、发展特色优势,为学校的科学与特色发展创造更好的条件,防止"千校一统"现象。三是与时代精神相结合。学校的发展具有阶段性,每个阶段都离不开新时代的精神。校长要立足国内,放眼世界,把国际的视野与本土化的元素结合起来,给学校的发展规划增添新时代的亮色,防止偏离时代精神,使学校规划误入歧途。

二、强化严谨治学力，让校长在繁忙中丰富智慧

常言道：教师要给学生一杯水，自己要有一桶水。苏霍姆林斯基说过，校长是教师的教师。为此，校长必须拥有多桶水，而且是高质量的活水。这就需要校长有严谨的治学力，不断学习新知识、新本领，丰富自己的管理智慧，提升学校管理的水平与境界。

校长要坚持不懈读好"三本书"。一是读好学科专业这本书。校长教好本学科是做好学校管理工作的基础，更是引导教师提升学科教学质量"无声的命令"。为此，校长在百忙之中毋忘"本行"，坚持不懈学习和研究本学科专业的前沿知识、经验与方法，不断提升自己学科教学的实力与效益，如此才能引领教师专业成长。二是读好学校管理这本书。学校管理是科学，需要求真；学校管理是艺术，需要创新；学校管理是工程，需要合作。校长在阅读学校管理用书的时候，需要不断学习与探索学校管理的规律和方法，不断创新管理的理念与策略，学会系统思维与辩证思维，不断开创学校管理工作的新局面。三是读好人生艺术这本书。校长需要学习和掌握做人的艺术，优化人际关系，才能得到全校师生员工、各级领导、社会各界以及家庭成员的更大支持，才能给实现学校的可持续发展注入新的活力。

三、强化严明法治力，让校长在执行中重塑威望

依法治国是我国的基本方略。依法治校不仅是积极推进依法治国的要求，搞好学校管理的重要保障，更是不断培育学校师生员工的法治意识，增强法治自觉性和能动性，培养现代合格公民意识的重要载体。这就需要校长摒弃人治观念，增强法治意识，提高依法治校的能力和实效，让学校管理真正走向法制轨道。

校长依法治校必须秉持"有法可依，有法必依，执法必严，违法必究"的基本要求。"有法可依"，就是校长要敬畏与尊重法律，一方面要学习和掌握国家的法律法规，尤其是教育方面的法律法规；另一方面要根据国家的法律法规与学校的实际，制定切实可行的学校规章制度。既要防止学校规章制度与国家的法律法规相抵触，又要防止学校规章缺位或成为摆设。"有法必依"就是校长要严格按照国家的法律法规与学校已有的规章制度办事，更不能带头违背法律法规。"执法必严"就是校长要不折不扣执行国家法律法规和学校现行的规章制度，防止时紧时松，或随意变通，或有法不依或执法不严。"违法必究"就是校长要坚持在法律与规章面前人人平等，严格依法依规追究有关违法违规人员的相关责任。防止搞亲亲疏疏或做老好人等现象。力求公平公正公开执法，做到赏罚分明，切实维护和捍卫法治的尊严。

四、强化严慈关爱力,让校长在奉献中凝聚力量

学校管理坚持以人为本,把发展好、维护好、实现好最广大师生员工的根本利益作为学校一切管理工作的出发点和落脚点,做到一切为了师生员工,一切依靠师生员工,一切成果与师生员工共享。当然,学校的人本管理不是无原则地迁就师生员工的不正当言行,更不是违反法规来维护师生员工的不正当利益。

校长对师生员工的严慈关爱要坚持"四项基本原则"。一是严守党纪国法原则。党纪国法是维护师生员工合法利益的依据和保障。校长维护师生员工的利益必须严格依法依规;倘若校长在违法乱纪中维护师生员工的不正当利益,必将危害师生员工,最终殃及自己。二是严守供求对应原则。校长的关爱言行要满足最广大师生员工的合理需求。把师生员工的追求作为我们的奋斗目标。防止好心乱办事或好心办坏事等事与愿违的现象。三是严守物质与精神结合原则。人的物质欲望往往是无限的,学校财力有限,加上上级有关规定的"红线",所以难以无限满足教工过度膨胀的物质需求。人与动物最根本的区别在于人的精神需求。因此,校长在坚持物质鼓励与精神鼓励相结合的同时,力争以精神鼓励为主,追求花更少的钱给师生员工以更大的激励。四是严守党政工团结合原则。普高教工人数相对较多、结构复杂、情况多变,这就需要校长发挥学校党政工团加强分工与合作,发挥合力作用,把学校的关爱准确、及时、有效地传递给教职工,切不可孤军奋战,顾此失彼。

五、强化严肃研究力,让校长在克难中坚定信念

不少普高校长往往走过了"忙—茫—盲—亡"的管理之路。由于忙于事务、忙于应酬与忙于文山会海,缺乏必要的时间与精力学习、研究与创新,面对管理中的疑难问题,深感一片茫然,进而行为盲目,最终步入衰亡。为此,校长只有强化研究意识,不断研究学校管理中的问题,分析与解决管理中的问题,丰富自己的管理智慧,才能在深化改革中坚定信念,知难而进,攻克时艰,不断成长。

校长提升研究力要做好"三本文章"。一是研究"本分做人"。教育是培养人的事业,管理是引领人的发展。校长只有深入研究自己如何本分做人,在尊重人、关心人、学习人、依靠人与激励人上狠下功夫,不断完善人格,提升人生境界,才能增强自身人格的魅力,为优化学校管理增强无形的动力。二是研究"人本管理"。科学发展的核心是以人为本。校长以人为本集中表现以教工的发展为本。校长只有坚持以教工的发展为本,才能引导教工以学生的发展为本。校长要坚持物质激励、荣誉激励、职务激励、情感激励、自我激励等有机结合,力争把教师的发展、学生的发展与学校的发展有机统一起来,实现教工的可持续发展。三是研究"生本教育"。

"生本教育"包括生本理念、生本德育、生本教学、生本管理。"生本理念"是指坚持以学生的发展为本，坚持"一切为了学生，一切依靠学生，为了学生的一切"的教育理念。生本德育就是为了学生的道德成长，发挥学生自主的道德力量，提高学生的道德境界。生本教学就是为了学生的智能发展，开发学生自主学习的潜能，提高学生的学业水平。生本管理主要是学生的自我教育、自我管理和自我超越。校长如果把"本分做人"的人格力量、"人本管理"的科学力量与"生本教育"的集体智慧有机整合起来，就一定能够在学校管理中乘风破浪，勇往直前。

六、强化严密合作力，让校长在互动中快乐

教育是一项系统工程，工程的力量在于合作。学校管理的合作就是求同存异，凝聚共识，寻求各方面的最大公约数，为提高管理效能服务。这就需要校长既要优化学校内部各方面的合作，培育坚强的学校管理团队，充分调动全校教工的积极性和创造性，又要优化学校外部的合作，力争各级领导和社会各界的支持与帮助，分享校际之间发展的成功经验，为实现学校多快好省的发展注入更强大的能量。

校长提升合作力，需要做好"三个着力点"。一是勇于攻克合作的疑难点。校长要坚持群众路线，"从群众中来，到群众中去"，及时了解开展校内外合作的疑难点，联合各方面的力量集中会诊，剖析产生疑难的原因和破解疑难的对策，及时、逐步攻克合作中的疑难问题，为实现有效合作清除障碍。二是善于寻找合作的互动点。共同的利益是合作的基础，不同的利益是冲突的根源。校长要深入调查研究，动用校内外的各种合作资源，仔细寻觅合作方的互动点，培育和增大合作的互动点，为开展长期有效的合作奠定基础，为分享与推广合作的经验打造良好平台。三是乐于反思合作的改进点。在合作中必然存在斗争与分歧，这就需要校长及时有力反思，在科学持续的反思中发现问题、分析问题与解决问题，不断更新合作观念，提高合作水平，实现可持续发展。

浅谈中小学校长工作的"先"与"后"

浙江省严州中学新校区　陈志红

在目前深化课程改革,全面推行"绩效工资"的情况下,要当好一名中小学校长,的确很不容易。广大中小学校长只有练好内功,提高管理实力,把握校长工作的规律,特别要善于处理好教育管理中"先"与"后"的关系,才能在异常艰难的学校管理岗位上站稳脚跟,奋发有为,续写辉煌。

一、遵纪守法,先率先垂范,后提出要求

我国正在努力建设一个法治国家,逐步从人治向法治过度。依法治校应该成为衡量一个校长政治素养高低的重要标志。广大中小学校长只有率先学法、知法、懂法、守法与护法,才能维护学校和自身的合法权益,依法构建和谐校园。否则,必将害校害己,甚至遗憾终身。

在一定程度上说,一个好校长就是一所好学校。其身正,不令而行,其身不正,虽令而不从。中小学校长要求全校师生员工严格遵守国家的法律法规,自己必须率先垂范,自觉依法治校。校长要求教工做到的,自己首先要不折不扣做好;禁止教工做的,自己坚决不做。如果校长言行不一,不仅严重损害自身的形象和威信,而且对广大教职工遵纪守法产生误导。如果校长欲在"暗箱"操作中违法乱纪,谋取私利,也无法逃脱良心的谴责和法律的制裁。因为若要人不知,除非己莫为,法网恢恢,疏而不漏。

知法是守法的前提。中小学校长要在百忙之中挤出时间,学好法规"必修课"。既要熟悉教育教学的基本法规,又要了解刑事民事等重要法规;既要掌握我国基本的法规精神,又要吃透上级的文件精神,依法制定和完善学校的规章制度;既要懂得中国的基本法律,也要了解国际法的基本常识,让学校的各项管理工作在法律法规的轨道上安全有序正常地运行。

二、大会发言，先精心备课，后限时演讲

校长在各种各样师生员工会议上的发言，是展示校长形象的重要机会，更是对校长的严峻挑战。广大中小学校长只有充分准备好每次发言，不断创新发言的内容和形式，加大发言的正能量，才能赢得学校师生员工发自内心的掌声，对学校的教育教学活动产生积极而深远持久的影响。

备好课是上好课的前提。校长每次的发言要像上一堂公开课一样，精心准备，细心打磨，务实创新，追求高效。每次发言准备都要紧紧围绕会议的主题，贴近师生员工的有效需求，选择适当的富有浓厚生活气息的素材，遵循严密的逻辑顺序，锤炼准确、精练、风趣的语言。要严禁打无准备之仗，防止因信口开河而产生恶劣影响。校长对每次发言的备课，既要注重平时的持续学习和点滴积累，又要注重在发言前，对发言内容进行灵活适度修改和补充；既要继承传统经典的内容，汲取教育教学和政策法规等前沿知识，又要结合学校当下的实际，具有自己独特的个性化内涵；既要指导学校眼前的改善，又要引领学校未来的发展。

校长的发言必须"限时"，正如教师每节课有规定的时间一样，不能"拖堂"。如果学校的会议上有多人发言，可以在会议发言的总时间内，对每位发言者的时间进行适当分配。这既是对发言者的一种制约，更是对与会者的尊重。校长在规定的时间内发言，避免面面俱到，但求简明扼要；避免人云亦云，但求务实创新；避免华而不实，但求朴实震撼；避免哗众取宠，但求以真诚赢得认同。校长还可以根据会议的内容和形式，适当借用演讲的一些技巧，以饱满的激情、真理的力量和幽默的语言，让与会者产生强烈的共鸣。

三、队伍建设，先树立典型，后分层实施

校长工作的主要任务是用人和决策。用好人是民主科学决策的关键，更是执行好决策的保证。因此，中小学校长要千方百计加强学校的队伍建设。这里的"队伍"包括：行政干部——学校行政管理的核心力量，班主任——学校德育的核心力量，学科组长——学校教学的核心力量，一般教工——教育工作的依靠力量。因此，加强学校队伍建设，必须调动一切积极因素，克服一切消极影响。

榜样的力量是无穷的。身边公认榜样的力量会更大。校长要学会选择、培养和树立各种各样的榜样，并充分发挥榜样的积极作用。学校树立行政管理、德育、教学、科研等方面的典型时要坚持"四项基本原则"：一是培养与奖励相结合的原则，在有效激励中，让"典型"有奔头；二是民主推荐与学校考核相结合的原则，在民主与集中的统一中，让"典型"有群众基础；三是静态管理与动态管理相结合的原则，在发展变化中，让"典型"有危机感；四是自主发展与结对带徒相结合的原则，在

相互合作中,让"典型"有成就感。

树立典型的目的是学习典型,超越典型,共同发展。校长要立足当前,面向未来,善于不断发现和培育新的典型人物,持续引领学校教育团队的和谐发展。可以利用校本研训、专家指导、结对带徒、教育论坛、自我反思等形式,让老典型星光依旧,新典型星光璀璨,准典型星光闪烁,让全体教工迈向星光更加灿烂的快速发展之道。

四、建章立制,先广泛调研,后科学决策

在法治社会中,学校需要依法建立和完善必要的具体的规章制度。所谓"依法",就是指学校在制定规章制度中,要体现有关法律法规与政策的精神,不能与法律法规和政策相抵触。所谓"必要",是指从学校的实际出发制定和完善规章制度,不超越或落后于学校的实际,不照搬照抄他校的规章制度。所谓"具体",是指学校制定的规章制度具有科学性和可操作性,防止过于抽象和产生歧义。所有这些都离不开广泛而深入的调研活动。

在科学决策中,校长要"坚持从群众中来,到群众中去"的工作方法,充分发扬民主,善于倾听各方面、各层次、各种真实的意见和建议。在广泛而深入聆听各种声音的基础上,在科学理论的指导下,对大量粗糙的感性材料进行"去伪存真,去粗取精,由此及彼,由表及里"的精细加工,形成学校拟建立规章制度的草案,再通过各种会议征求意见,对该草案进行反复的修改和补充,在草案不断完善后再决策,然后在教育管理实践中试行。

在建章立制中,校长要严防"四种方法":一是"拍脑生章法",即校长坐在办公室内,拍拍自己的脑袋,凭个人的智慧速成规章制度,这常常漏洞百出;二是"直接拿来法",即不顾学校的特点,照搬照抄他人的规章制度,这往往"水土不服";三是"一成不变法",即建立规章制度后没有坚持与时俱进,对规章制度进行必要的修改和补充,这肯定落后形势;四是"立行分离法",即建立的规章制度与具体的行动相脱节,没有坚持"有章必依,执章必严,违章必究"的要求,这必然影响恶劣。

五、深化改革,先组织试点,后全面推行

改革的最大代价是失败,而不改革的后果往往是灭亡。最大限度降低改革的成本,实现改革收益最大化,把改革的力度、发展的速度与广大群众可承受的程度有机结合起来,应该成为改革创新的应有追求。

各种各样成功的改革经验昭示我们:改革只有先行先试,积累经验,吸取教训,完善策略,再普遍推广,才能力求改革之硕果,使改革科学而持续进行。比如,我校把学生的"自习课"分为学科自习课与公共自习课,需要调整上课的时间、科目、作

息的时间等,更需要得到最广大教师的广泛认同和教育管理实践的检验,也可谓一个系统工程。我校先选择一个年级作为试点,不断研究新情况和解决新问题,在取得初步成效的基础上,再修订有关改革方案,然后在全校推行,使学校的教育质量迈向一个更高的台阶。

改革是推荐学校科学发展的强大动力,但失败的改革往往成为学校发展的重大阻力。校长尤其是新校长,只有在深化改革中采取积极而谨慎的态度,遵循"先试点,后推广,再试点,再推进"的改革路径,才能把改革的热情和科学的态度有机结合起来,把他人成功的经验与本校的实际有机结合起来,达到改革的目的,品尝改革的甘果。

六、聘请专家,先民主选择,后和谐互动

教师和学校的专业发展,离不开专家的科学引领。广大中小学校长往往根据自己的人际圈子或同行的推荐等方式,聘请有关专家来校指导,许多时候由于供需不相符合甚至严重脱节,教师滋生怨言,导致专家指导的效益低下。

适合的才是最好的。如果学校聘请专家指导,充分发扬民主,把教师推荐与学校行政人员推荐有机结合起来,就可以选择更加适合教师需求的专家,提高专家指导的效能。比如,我校在聘请专家中,先通过民主推荐等途径,全面了解一些专家的个性和特长,建立专家库;再请教师民主选择有关专家来校指导。可以请专家听课、观课、上示范课、给师生做讲座、做课题研究指导等活动,并与有关专家建立长期的合作关系,实行和谐互动,力求最大限度用足用好专家资源。每次活动结束之后,及时进行总结与评价,为以后聘请专家积累经验。

总之,中小学管理工作千头万绪,复杂多变,需要广大校长以科学的理论为指导,以大胆的改革来突破,切实把握教育管理中不断变动着的先行后续关系,提高办学效能,实现教育的美丽梦想。

浅谈中小学校长管理工作的
简单与复杂

浙江省严州中学新校区　　陈志红

广大中小学校长肩负着为国家培养人才的重任,又面临着现代教育管理日益艰难的考验,需要在学校管理的实践中,正确处理好简单与复杂的关系,让管理从低效走向高效,从短效走向长效。

一、专业学习从简单到复杂,日常应酬从复杂到简单

当代企业界,许多总裁经过一条"忙"—"茫"—"盲"—"莽"—"亡"的道路,即总裁们由于长期忙于应酬与事务,长此以往,在企业管理中渐感茫然,从茫然到盲目,从盲目到鲁莽,最终走向灭亡。其根本原因是这些总裁缺乏持续学习、不断创新的观念和态度。

由此联想到当前有许多中小学校长是忙,忙于事务、忙于应酬、忙于娱乐等。这些校长往往很少能够挤时间静下心来系统学习教育专业与管理理论,即使偶尔也翻一翻有关的理论书籍,那只是了解其中的只言片语或部分概要,知识结构与理论观念老化,非常缺乏当代教育管理的新理念,使学校管理缺乏科学的理论指导,导致管理实践的盲目与低效,甚至畸形。

教育管理是一门科学,又是一项艺术,需要广大中小学校长在教育形势日新月异的大背景下,尽量减少和简化社会应酬与娱乐活动,大胆深化学校管理的改革,减少事务,建章立制。比如,建立集体学习制度、读书体会交流评比制度等,挤出必要的时间,带头不断学习教育管理的科学理论,及时系统学习和掌握教育专业管理理论研究最前沿的成果,学会创造性地运用这些理论来指导教育管理实践,并准确把握教育管理规律,如此才能不断提升教育管理水平。

二、重大决策从简单到复杂，执行决策从复杂到简单

在我国公务员的队伍中，存在一些"三拍"干部：上任拍胸脯、决策拍脑袋、出事拍屁股。其中关键的环节是"决策拍脑袋"，即不经过深入调查研究，仅凭自己一时的冲动或闭门造车，就武断地做决策。这类决策往往不切合实际，有的甚至是严重错误的，给党和人民的事业带来重大损失。

任何一个重大的正确决策，都应该建立在反复的调查研究，充分发扬民主，集中集体的智慧和力量的基础之上。在中小学管理中，应该建立和完善一套操作性较强的决策程序与机制，引导校长在重大决策时，把自觉尊重客观规律与充分发挥主观能动性有机结合起来，把科学的理论与不断变化的实际有机结合起来，把广泛征求民意与适当的集中有机结合起来，严防"一拍脑袋，计上心来"等主观武断的决策行为。

经过一番深思熟虑和广泛调研形成的科学决策，应该是比较简约的，因为越科学的东西越简单。因此，校长在执行决策的时候，要建立和完善一套比较简单、操作性比较强的执行决策程序和具体的措施，提高决策的执行力和效率。严防一个好决策因难以执行而半途而废，或因执行程序过于烦琐，从而导致执行拖沓和效率低下，甚至引发矛盾。

三、德育调研从简单到复杂，德育形式从复杂到简单

有人说，在应试教育的背景下，中小学的德育是说起来重要，做起来次要，忙起来不要。这从一个侧面警示我们，重视当下的中小学德育，不能只停留在口头上、大搞形式主义、做表面文章；而要端正态度，深入调查研究，有的放矢，把德育工作落到实处，如此方能不负学校和教师既教书又育人的神圣使命。

广大中小学校长是教书育人的第一责任人，深刻认识德育的重要性，同时更加重视研究学校德育的规律与方法，远离形式主义，告别那些劳民伤财的所谓"德育"活动。针对学校具体的变化着的实际，不断丰富学校德育的内容，适当简化德育的形式，开展实实在在的富有特色与实效的生本德育活动，让学生与教师都得到灵魂的洗礼和思想的升华。

比如，我校的"阳光跑操"活动，因为从校级领导到普通师生都真正重视，追求实效，因此在学校管理中起到了良性的"蝴蝶效应"：强身健体，健康每一天；吃苦耐劳，坚强每一天；点燃激情，奋进每一天；步调一致，团结每一天；动作到位，规范每一天；调整状态，高效每一天；心无旁骛，专注每一天；营造氛围，和谐每一天；疏散训练，安全每一天。

四、教学反思从简单到复杂,教学事务从复杂到简单

教学是学校一切工作的中心,教学质量是学校的生命线。为此,广大校长集中主要的时间和精力,狠抓教学质量,不断制定教学管理的制度和加大教学管理的投入,不断丰富教学研究活动的内容与形式,不断增强教学管理的力度,让教学管理的事务日益增多,使广大教师应接不暇,甚至怨声载道,造成学校管理的恶性循环。原因之一是校长对教学管理的反思不够具体、不够深刻、不够全面,导致教学管理改进的措施不得力。

波斯纳认为:经验＋反思＝成长。广大中小学校长要在获得具体而丰富的教学管理经验的基础上,以科学理论为指导,集中集体的智慧和力量,深刻反思学校教学管理是否存在问题,如是否符合学校的实际和教学管理的规律,是否有利于激发广大师生的积极性和创造性,是否实现师生共同的可持续发展,是否促进校长的专业成长,是否推动学校的科学发展,等等。

比如,我校针对教师片面强调教师的"教",课堂"满堂灌",课外"抢时间",讲义"满天飞",学生疲于应付,教学效率低下等实际,经过广泛的调查研究与集体反思,适时简化教案的检查制度,适当淡化推门听课活动,适度弱化教学教义的评比活动,着力变革课堂教学的管理机制,采取即时学案(把教案变成学案)、上课缩时(从45分钟改为40分钟)、训练限时(把课外练习改为课堂测试)、自学分时(公共自修与学科自修课分设)。这些经过改革和简化的教学管理措施,引导教师从"师本教学"向"生本教学"方式转变,起到了事半功倍的作用。

五、科研过程从简单到复杂,成果提炼从复杂到简单

随着课程改革的不断深入推进,以及上级对学校考核的要求,激活了很多中小学校长重视学校教育科研的热情。但是,很多中小学校长往往认为学校的教育科研投入大、收效少而慢,大多抱着急功近利的心态对待学校教育科研工作,把教育科研看成学校门面的装饰品,有的申报课题基本不研究或不深入研究,有的干脆聘请有关专家对学校的课题研究进行多层的"精美"包装,有的甚至伪造虚假研究成果为撰写研究报告服务,等等,把学校教育科研工作简单化和形式化。

教育科研是教师专业发展的第一推动力。真正的教育科研是"从教学中来,到教学中去",即把教学实践中的问题提炼成研究的课题,经过对课题全面而深入的研究,总结提炼出个性化的教育经验,为进一步解决教育中的困惑提供指导。整个过程是一个学习、研究、合作、创新、提炼的过程,需要我们不断学习、持续研究、开拓创新、分享智慧、总结升华,在教学科研中提炼出简单而崭新的具有一定操作意义的研究成果。

比如,我校开展"基于生本理念的普通高中以导促学行动研究",在复杂的教育研究中,总结提炼出"以导促学的行动研究的'一三九'模式"。坚持以导促学的核心理念,分三个板块和九大载体:变革课堂教学机制(即时学案——把教案改为学案,上课缩时——把 45 分钟改为 40 分钟,训练限时——把平时的练习改为课堂测试);激活教学评价机制(有效人数——均分以上人数,有效增量——均分以上人数的变化情况,有效达成——各科达到均分以上的情况);优化学生纠错机制(知识建模——按"学科指导意见"建立知识体系,扫描归因——针对平时多次练习所犯的错误分析原因,跟踪纠错——采取练习中的差错实施滚动式纠错)。这些经验在当地学校推广,效果显著,受到普遍赞赏。

六、后勤监管从简单到复杂,规章制度从复杂到简单

学校的后勤工作与市场经济相连,容易受到市场经济的负面影响,滋生一些腐败问题。在中小学,广大后勤人员与教师的地位往往不尽相同,难免会让后勤人员产生一些自卑感。假如校长的"阳光"很少洒向后勤人员,可能会挫伤他们的积极性与主动性。为此,校长要加强对学校后勤人员的监管,公平公正地对待他们,并经常深入实际,密切关注后勤工作的细节,让他们更好地依法办事,快速反应,讲求效益,及时而有效地为学校各项工作提供必要的物质保障。

校长完善对学校后勤的管理,既要适度放权,调动下属的积极性与创造性,又要完善必要的规章制度,让后勤管理有章可循,依规办事。但是,假如学校后勤管理的制度过多过滥,或者只写在纸上、挂在墙上,而不能或者难以落实到学校管理实践中,那必定会影响制度的严肃性。因此,制定与完善学校后勤工作的规章制度,要针对学校的实际情况,选择确实非常必要又切实可行的制度,让制度真正有力地为学校管理服务。

总之,中小学管理是一项复杂的系统工程,需要广大校长在学校管理的实践中,正确认识什么是简单与复杂,哪些应该简单与哪些应该复杂,不断探索正确处理好简单与复杂关系的新理念与新策略,才能与时俱进,开创学校管理工作的新局面。

在"三写"中加快中小学校长专业成长步伐

浙江省严州中学新校区　陈志红

当前,广大中小学校长肩负着维护师生安全、深化教育改革、提高教育质量、办好人民满意学校等多方面的重任,可谓"压力山大"。中小学校长缓解自身压力,实现更大作为的有效途径是坚持不懈地"三写":像写研究论文一样写计划总结,增强研究力;像写微型小说一样写发言稿,增强感召力;像写生活日记一样写读书笔记,增强学习力。坚持不懈地"三写",能切实加快自身的专业成长步伐,丰富自己的教育管理智慧,勇于和善于承担起教育管理的重任。

一、像写研究论文一样写计划总结,增强研究力

不少中小学校长一年一度的计划和总结,基本是由办公室主任或秘书代笔。有的校长还能提出某些修改意见,有的校长则完全照本宣科。学校学年工作计划,主要是为了应付上级检查,大多没有付诸实践,有的校长甚至没有总结和计划,致使学校管理不断重复"昨天的故事"。由于不同校长对学校管理工作总结和计划的态度不端正,导致他们管理水平不能与时俱进,进而影响学校的进一步发展。

学校的年度工作计划应该坚持学校近期发展目标与长远发展愿景的统一,社会发展要求与校本策略的统一,学校文化传承与创新发展的统一,体现校长的办学理念与创新举措,是学校年度工作的重要指针。学校年度工作总结旨在回顾过去工作经验与教训,提出未来的宏图与对策,是反思学校管理工作的强有力载体。坚持计划与总结的有机统一,可以让学校管理在科学的计划中有序进行,在扎实的实践中积累鲜活经验,在丰富的经验中全面反思,在反思中完善制度,在完善的制度中孕育辉煌。像写论文一样写好学校管理的计划与总结,能促使校长端正管理态度,激发管理新思维,最终创造管理的新辉煌。

首先,要突出主题,坚持问题导向。把问题提炼为课题,把课题提升为经验,把

经验转化为智慧,用智慧铸就辉煌,是学校管理的真谛。因此,校长要深入调查研究,倾听各方意见和建议,广泛收集资料,筛选学校管理中的主要问题,找出解决问题的突破口。校长制订学校年工作计划的目的就是要解决以往学校管理工作中存在的问题,同时根据新的形势需要确定新的发展目标。工作计划以及相应的举措必须主题鲜明,绝不跟着感觉走,或眉毛胡子一把抓。

其次,要彰显特色,坚持校本创新。时代的迅猛发展和学校的不断变化,是学校管理面临的新情况和新问题。中小学校长要迎接新的挑战,用好新的机遇,就必须坚持与时俱进,富有创新精神,写好学校年度工作计划和总结。工作计划要发现新问题,梳理新思路,提出新举措,力求新成效,让年度工作总结年年都有新经验、新反思、新收获,让学校每年的工作计划与总结产生更多新亮点,形成学校管理工作的校本特色。

最后,要系统思维,力求和谐互动。学校管理是一项系统工程,中小学校长只有联合有关方面的力量,整合利用一切可用的资源,才能让学校管理工作井然有序,卓有成效。校长在书写学校工作计划时,切实把握时代特点,吃透上级精神,关注社会需求,了解师生的期盼,集中各方面的智慧,提出科学的学校管理工作目标和措施;在进行工作总结时,凸显民主与科学精神,在和谐互动中总结经验和教训,提出切实可行的解决问题的措施。

二、像写微型小说一样写发言文稿,增强感召力

由于工作的需要,校长经常在学校各种各样的会议上讲话,其发言的内容、方式与水平,直接影响学校会议的质量和师生的观念和行为。有的校长讲话老是重复,让人心烦;有的校长动辄训斥,让人懊恼;有的校长发言过于冗长,让人头涨。反之,有的校长讲话言简意赅,让人难忘。校长的发言稿要像写微型小说一样富有感染力和感召力,能让学校教职员工听得入耳入心。

首先,要精练——不求越长越好,但求简明扼要。学校会议往往时间短、内容多,校长常常又在最后发言。这就需要校长像写微型小说一样,精心思考如何针对会议的特定主题,发言的特定时段,根据自己的特定角色选择特定的视角,锤炼精练的语言,只有在会议规定的时间内,让自己的讲话高屋建瓴,才能抓住师生的注意力,提高会议的效率。如果校长不管会议主题,不顾师生感受,信口开河,唠唠叨叨,发言严重超时,必然招致师生反感,这既影响校长的威信,又降低会议的效率。

其次,要新颖——力戒老调重弹,力求富有新意。适当重复的语言,有利人们强化记忆,过度重复的语言,可能让人拒绝记忆。富有新意的语言可以激发人们的兴趣,集中人们的注意力,增强记忆的持久性。为此,校长在撰写学校会议发言稿

时,要像写微型小说一样,选择新颖的素材,提炼新颖的主题,学会新颖的构思,进行新颖的表达,能让自己的讲话深入人心,导之以行。

最后,要有特色——力戒人云亦云,力求彰显个性。一些中小学校长或者因为工作太忙,或者因为怕麻烦,或者因为积累不足等,常常在学校集会的发言中,过多"借用"他人的讲话内容,往往讲了一些正确的"空话",一些过时的"老话",一些空洞的"套话",常常让师生听得昏昏欲睡。广大中小学校长在每次书写讲话稿时,要像写微型小说一样富有特色。华中科技大学原校长李培根院士,几乎用一学年的时间,精心准备每年毕业典礼的致辞,短短十多分钟极富特色的讲话,能引起学生几十次发自内心的雷鸣般的掌声,让每届毕业生翘首以盼,终生难忘。

三、像写生活日记一样写读书笔记,增强学习力

哈佛大学关于成功研究的结论:业余时间决定人与人之间的差异,而一个人的命运决定于晚上8点到10点之间,每晚抽出两小时用来阅读、进修、思考及参加有意义的演讲、讨论,人生就会悄然发生变化。坚持数年,事业一定成功。

实现学校持续发展的动力在何处?作为校长增强能力自信的秘诀是什么?彼得·圣洁在《第五项修炼》中指出:在知识经济时代,我们赢得对手的唯一手段就是比对手学得快、学得好!

读书学习的目的是明理,丰富智慧,强化行动力。把读书学习当成一种生活态度,应该成为广大中小学校长自觉而永恒的追求!

中小学校长的读书笔记记录自己的学习历程和心得,为校长丰富智慧积累素材,为校长专业发展增强动力。校长要像写生活日记一样写读书笔记。

日记要天天记——读书笔记坚持每天写一点。写一天读书笔记其实很容易,但坚持每天读书写作就不容易了!校长如果能够在百忙之中每天自觉挤一点时间,选择一点内容,记一点读书笔记,做一点反思,多一点实践,数年之后,必定厚积薄发,硕果累累!

日记要天天新——读书笔记都记录新的内容。每天读一点新的书,获得新的知识,进行新的思考,必定有新的收获。在点滴的知识积累中,校长收获的不只是粮食,更是种子;收获的不只是知识,更是快乐;收获的不只是精神的愉悦,更是思想境界的升华。

日记要天天读——读书笔记要在阅读中思考。"学而时习之,不亦乐乎。"学习的目的在于应用。每天翻阅和思考前几天的读书笔记,不仅能复习巩固所学知识,重温学习的快乐,而且会产生新的思考和理解,增强学习的兴趣,进而把所学的知识转化为校长的文化修养,指导校长不断开创学校管理工作的新局面!

总之,校长像写研究论文一样写计划总结,让自己成为研究型校长;像写微型

小说一样写发言稿,让自己成为魅力型校长;像写生活日记一样写读书笔记,让自己成为学习型校长。在学校管理的实践中,校长坚持不懈地把"三写"有机整合起来,成为集实力和偶像魅力于一身的新时代校长!

着力做好"选择"文章，助推校长专业发展

浙江省严州中学新校区　陈志红

随着我国教育改革的不断深入，广大中小学校长的权力似乎越来越小，责任却越来越大，不少校长越来越感觉工作难做，由此做出不同的选择：有的知难而进，持续作为；有的遇难而退，自动辞职；有的混混日子，无所作为。笔者觉得，中小学校长需要着力做好"选择"文章，助推自己续写辉煌。

一、在复杂多变的改革中选择"机遇"

任何改革都是挑战与机遇并存。勇者善于在挑战中认清形势，抢抓先机，加快发展，不断争创新的佳绩。弱者总是在挑战中抱怨、郁闷或叹息，错失良机，含恨告终。中小学校长是基础教育学校的灵魂和掌门人，应该拥有勇者风范，克服弱者心态，在改革的浪潮中，善于集中广大师生员工的智慧和力量，引领学校站在教育改革的前沿阵地，把握发展机遇，促进学校持续发展。

机遇总是垂青有准备的人。广大中小学校长只有不断学习、大胆实践、优化合作、科学反思，日积月累地打好基础，提升自身的实力，才能抓住与用好机遇，创造新的发展机遇，实现跨越式发展。比如，在浙江省教育系统新一轮"特色示范学校"的评比中，有的学校在评比中进一步理清发展思路，调动各方面的积极因素，特别是争取政府和社会的大力支持，不断改善办学条件，打造学校更亮丽的发展特色，推动学校快速发展。有的学校却集中力量做一些表面文章，应付上级的考核检查，劳民伤财之后虽然拿到"牌子"，却导致师生怨声载道，学校发展出现新的危机。也有的学校对省厅的这项评比活动置之不理、我行我素，错失了新的发展机遇，造成学校发展停滞不前甚至倒退。

二、在各种各样的考核中选择"分权"

目前上级对学校的考核多种多样，包括教学质量、目标管理、特色学校、美丽学

校、绿色学校、平安校园、计划生育、禁毒工作、党务工作等。许多校长疲于应付,忙于开会与接待,难以静心思考、潜心研究和用心改革,众多工作流于形式,甚至弄虚作假,对推进学校内涵式的可持续发展带来莫大的影响。

权力与责任是统一的。校长在学校管理中,要善于把集权与分权结合起来。集中重大问题的决策权、指挥权和处置权,分散解决其他问题的权力。让下属有权有责,善于用权,敢于负责,把各级各类考核分配到学校有关部门与有关责任人,成立具体的工作小组,专门负责某一方面的考核工作,分工负责,密切配合,加强监管,赏罚分明。比如,各项重大的评比活动,校长可以借鉴校内外的经验与教训,集中他们的智慧,列出详细的权力清单、责任清单、负面清单和具体的时间表,定期交流、检查、反馈与质询,有序有效推进评比工作,严防手忙脚乱,漏洞百出,白费心机,怨天尤人,导致自己心情不畅,与下属关系紧张,整个团队离心离德,缺乏战斗力等严重后果。

三、在不断重复的工作中选择"微新"

校长每一学年的工作总是在计划、执行、监督、总结与交流中进行。整个工作流程的各个环节必然有一定的重复。必要的重复既是适当的继承,又是创新的基础。但是过度的重复往往使人厌倦。不仅校长自己感到工作单调乏味,还让广大师生员工觉得枯燥难受,导致管理工作的新鲜感严重不足,趣味性持续打折,实效性不断下滑。

为了最大限度地调动全校师生员工的积极性、主动性与创造性,投入学校的教育教学工作中去,校长必须在学校管理中有继承更有微新,让学校师生员工在变化中提高执行力和工作效能,竭力降低他们在工作中的倦怠感。比如,在坚持少开会、开短会、开好会的基础上,要着力在"开好会"上狠下功夫。不仅要不断完善学校集会的各项制度,更要创新会议的内容与形式,特别是校长在集会上的讲话要精心做好"新"字文章,不求面面俱到,但求简练且富有新意,认真选择新理念、新内容、新角度、新形式,给与会人员以新的启示,引发与会者的共鸣,严防老调重弹、信口开河,引发与会师生的抵触、反感和愤怒等现象。

四、在文山会海的困扰中选择"学习"

上级有关部门特别是教育行政部门下发的各式各样的文件,有些必须校长亲自过目,众多会议要求校长亲自参加。不少校长在批阅文件和参会中,或因批阅文件不慎遗忘了有关工作的检查要求而导致年度考核减分,或因事因病请假缺席会议而受到点名批评,或对文山会海不满发点牢骚而动摇校长的"乌纱帽",等等。这些往往让校长在无奈中疲于奔命,在奔命中耗费相当的时间和精力。

学习型社会,时时是学习之时,处处是学习之地,人人是学习之人。广大中小学校长面对文山会海困扰最好的解决方法是选择"学习"。在批阅各种各样的文件中,学习区分相关与无关、重点与一般、紧急与暂缓、短效与长效等内容,及时认真办好重要和紧急之事;学习上级文件中有关新的政策、新的信息等。在参与各种各样的会议中,学习和记录会上讲话者的新内容、新艺术、新方法,吸取他们的新教训;学会与参会人交流,广交朋友,学习他们有用的新经验、新信息,开发利用好他们的新资源。如果会议确实与学校、本人没有什么关系,我们也可以独立思考一些正在思考的新问题,争取一心多用。

五、在攻坚克难的奋战中选择"合作"

教育事业是一项系统工程,工程的力量在于合作。校长只有优化各方面的合作,发挥有关方面合力的作用,才能实现学校又好又快的发展。校长既要优化校内的合作,通过改进科学、民主和人本等管理,充分调动教职员工的积极性,又要改善校外的合作,协调各种力量,最大限度用好校外的资源,共同为办好学校服务。

学校在解决疑难时,只有集中各方面的智慧和力量,才能破解难题,化解危机,维护学校的安全与和谐,实现学校平稳健康发展。比如,普通高中以升学预备教育为主,不得不重视升学率,特别是重视一本上线率与考入名校的人数。因为我们追求办人民满意的教育,而人民群众对高考升学率的要求就是我们的奋斗目标。提高高考升学率与含金量,一直是困扰普高尤其是重点普高的重点和难点问题。普高校长是学校抓教育质量、特别是抓升学率的第一责任人,必须认真研究招生、备考、与名校合作等问题,提升高考成绩。因此,普高校长要在抓好质量与优化宣传中吸引更多的优质生源,在改善学校管理、优化教法与学法中,提高备考的效能;在优化与名校的合作中,与名师真诚面对面对话,分享他们的优质资源,为高考注入新的更大的力量。只有这样,才能不断续写高考的新辉煌。

六、在充满诱惑的社会中选择"守正"

经济全球化、政治民主化、文化多元化,在推动世界快速发展的同时,也给我们带来了很多的诱惑。学校作为社会的重要组成部分,已不是"世外桃源",也难以成为"净土"。金钱、美色、毒品、邪教、赌博、游戏等诱惑正通过各种各样的途径渗透到学校,危害着学校。校长应该首先筑牢思想防线,坚决抵制不良诱惑,为师生员工树立榜样。

校长要在众多的诱惑面前坚持不懈地选择"守正"。最重要的是守好"三条线":一是道德的"底线"。正确认清道德底线和欲望上限的关系,利用道德的力量对欲望进行约束,让欲望更符合道德标准,因为一个人一旦缺失了道德的坐标,欲望无度,索取无度,就会一步步滑向罪恶的深渊。二是法纪的"红线"。随着我国法治的不断完善和反腐败斗争的推进,党纪国法已经成为带电的高压红线,校长应该自觉严格遵守法纪,严格依法依规办事。三是工作的"实线"。俗话说,无事生非,有事生辉。质量是学校的生命线,也是校长的生命线。校长要坚持求真务实的精神,以务实的目标、措施和行动,创造实实在在的政绩,就能够更有力地抵制一切不良诱惑,保障学校、自己与家人的安全。

总之,教育改革向来挑战与机遇共存。广大中小学校长唯有做好人生与管理工作的选择题,选择对了,做到不该有的不强求、不折腾、不贪图,该有的不缺位、不缺席、不缺失,我们就会过得美好,活出精彩,再创新业。

做好"真"字文章,续写高考辉煌

浙江省严州中学新校区　陈志红

　　综观我市多年高考,考上重点大学的人数稳居杭州 4 县市(临安变区之前)最前列。其中,严州中学新校区 2005 届一本上线 311 人,清华北大 3 人。2009 届一本上线 409 人,上浙大分数线 89 人,清华北大 4 人。2016 年一本上线 428 人,一本上线率达到 74%,连续八年,一本上线人数稳居杭州市 4 县市重点中学第一位。2016 年建德市一本上线总数达到 509 人,连续 4 年一本上线总数名列杭州县市首位。

　　取得不错的成绩,离不开各级领导与社会各界的大力支持,更离不开全市各级各类学校领导与师生的全力拼搏。本文主要从全市教育行政与教育研究部门,尤其是从全市普通高中教育教学与管理等角度审视原因,关键是合力做好"真"字文章,不断创造高考辉煌。

一、真思:寻觅自身短板

　　众多的家长大多从初中开始,就纷纷把孩子送往外地求学,导致我市优质生源大量流失。我市各级领导和社会各界,特别是教育行政部门、学校领导与教师都在痛心中沉思:我们的基础教育,特别是普通高中教育究竟怎么了?

　　经过大家在深思熟虑中寻找最大"公约数",终于寻觅到我市普通高中教育存在的三大短板:

　　第一,高中优质资源比较分散。高中优质生源与师源相对比较分散,导致不少家长误认为"我市没有理想中的名校",便不惜一切代价把自己的孩子送到市外名校求学,一些名师到外地名校应聘。这让我市普高教育陷入优质教育资源不断稀释,招生四面楚歌,发展滑向恶性循环的困境之中。

　　第二,课堂教学效率总体不高。受传统应试教育惯性的影响,众多的普高教师在课堂上往往存在"一讲到底"的现象,教师讲得辛辛苦苦,学生却听得昏昏欲睡,导致课堂教学的效能长期处在低效状态,高考质量一直在较低水平徘徊。

第三,高考研究深度明显不足。由于不少教师对高考复习方向不够精准,让高考备考在盲目中偏离高考的航线,导致高考备考长期处在"摸着石子过河"的状态,别人早已"过河",许多教师竟不知"河"的深浅,甚至被"河"水弄湿了自己的衣裤,身陷极度痛苦与烦恼之中。

生源和师源的质量是提高高考质量的重要基础,课堂教学效率是提高教学质量的关键因素,高考备考的方向是提高高考质量的有力保障。其中最基本的是最大限度地调动一切积极因素,最大限度地克服一切消极影响。

二、真干:不断超越自我

教育是最大的民生,高考成绩是基础教育质量的集中体现。广大人民群众的殷切期盼,应该成为党和政府的自觉追求,成为广大人民教师的积极行动。

2000年10月18日,市委市政府决定耗费巨资,破土动工建设严州中学新校区,集中全市优质的师源与生源,重点办好普高的龙头学校。接着又设立普通高中专项发展和高考专项奖励资金,实施教育目标与教学质量管理考核办法,引领我市普高形成严中新校区一马当先,其他普高并驾齐驱的新格局。

2002年9月1日,市教育局又以教育学会的名义创办了市新世纪实验学校(后改为严中新校区相对控股的民办学校),集中抽调一批初中骨干教师任教。这既给广大小学生以更多的升学选择权,有力遏制初中优质生源外流,又为严中新校区等普高输送了一批又一批的优质生源。

2001年11月18日,市教育局和市教研室在反复调研的基础上,适时提出开展"有效教学,打造高效课堂"的专题研究,市局领导和教研室广大教研员经常深入课堂指导,引领广大教师特别是普高教师勇敢向陈腐的教学模式宣战,构建适合学生的教育教学新模式,着力打造高效课堂。

2002年10月9日,市教育局和市教研室强化高考研究,秉持"方向比努力更重要"的理念,持续组织高三教师参加高考试题测试、定期举行高考试题分析会、带领骨干教师外出考察学习活动等一系列活动,深化高考研究,切准高考脉搏,把握高考特点。

2013年5月9日,市教育局又实施初升高招收保送生计划,让高中生源分布的结构更加优化,为今年高考整体丰收奠定良好的生源基础。

三、真学:善鉴他山之石

高考是综合素质的较量,需要科学加勤奋。科学的精神和方法源于不断地学习,包括理论学习和实践学习,让学习成为提高高考成绩不竭的强大动力。

在考察中选学。市教育局、市教研室和全市普高领导坚持立足浙江,放眼全国,及时全面反复研究三大问题:我们可以到哪里去学习? 我们应该向他人学习什么? 我们怎样才能开展高效学习? 每年精心选择学习地点,确立学习项目,开展学习研讨,争取学习实效。本省富阳中学集团化的办学模式凸显更显著的规模效益,学军、杭二中、镇海中学等知名普高与高校深度的合作赢得更优质的升学先机,湖北黄冈中学的集体备课推动教师合作共赢,河北衡水、江西临川、安徽毛毯厂等中学管理与激励机制让广大教师积极性与创造性竞相迸发,等等,都为我们提升高考成绩提供鲜活的经验指导。

在研讨中互学。市教育局自 2002 年成立市高考对策研究小组以来,每年举行一次高中教育研讨会,分析交流上学年教育教学的经验与教训,部署下一学年工作,诚邀知名学者专家或骨干教学进行专题讲座;每月开展教学研讨活动,全组成员深入各校课堂听课,交流近期新举措和新困惑,开展专项研究,合力攻关,逐步突破疑难问题,各校及时互通有无,相互取长补短,互利共赢。各所普通高中加强与省内知名学校的合作联谊活动,特别是 2016 年严州中学加盟学军中学教育集团,实现资源共享,优势互补,共同发展。各教研组深入开展集体备课、同课异构、磨课磨题等研讨活动,不断提高整体高考备考效益。

在传承中活学。高考是全校师生员工合力作用的结果,离不开一届又一届的高三教师传承各自的经验和教训。各校当年分管领导、高三教师不仅把自己的教学课件、练习试题等教学资源与成功的经验、深刻的教训都毫无保留地奉献给新的高三教师,让经验不断更新,教训及时吸取。严中新校区的"扫描纠错""体例拓展""满分试卷""考前预测""全程陪伴""专家对话"等有效做法,严中梅城校区的"德育导师""分层教学""校本课程"等成功经验,新安江中学的"弘毅教育""盯人战术""错题重做"等长效机制,寿昌中学的"和美教育""月考联析""动态管理"等积极尝试;育才高中的"多元办学""专家指导""反思教育"等不懈探索,都经历了多年传承与创新,在新的时空发扬光大。

总之,高考是一项重大的民生事业,需要党和政府全力推进;高考是一项复杂的系统工程,需要各级领导、社会各界和广大教师合力拼搏;高考是一道不断变动的难题,需要全社会合力破解。只要我们运用科学的发展理念,不断深化改革开放,齐心协力破解疑难,就一定能够续写崭新的高考篇章!

DEYUPIAN

德育篇

班主任要徜徉在简单与复杂之间增效能

浙江省严州中学新校区　陈志红

班级管理是一项十分艰辛的劳动,需要班主任正确处理好简单与复杂的关系,既要防止把简单的问题复杂化,又要防止把复杂的问题简单化,使班主任工作契合教育规律,走进学生的心灵,提升德育的效能。

一、制订计划从简单到复杂,实施计划从复杂到简单

当下,不少班主任为了应付学校检查,或者从网上下载"计划",或过度照搬同行的计划,或基本"沿用"过去的计划,或草草了事"速成"计划,往往使班主任工作计划简单化与形式化。

制订科学的计划是做好班主任工作的重要环节,需要广大班主任深入调查研究,倾听任课老师、学生和家长等方方面面的意见和建议,反思以往班主任工作的经验和教训,并根据学校德育的总体部署,遵循班主任工作基本原则和规律,制定切实可行、富有创意的班级管理计划,真正让科学的计划成为班级活动的指南。

广大有责任心和进取心的班主任,对各项班级活动总是精心谋划,细致安排,力争活动顺畅圆满。但是,倘若班主任对班级活动投入过多的时间和精力,往往会大大减少学生参与班级活动谋划的机会,有时甚至是班主任的"精心策划",学生却"无兴趣参与",这不利于激发学生参与热情和培养学生自我管理能力。一些经验丰富的班主任,常常把一个学期的班级活动,在开学初期就分解给班干部或学生小组来策划,甚至通过公开招标的办法,请学生自由组合来竞标,把班级活动交给学生自主承办,班主任对此进行必要的指导和监督。这样,不但能让班主任更加省心省力,更重要的是还能培养学生的自主管理能力和合作精神。

二、建立制度从简单到复杂,执行制度从复杂到简单

长期以来,由于受封建"人治"观念的影响,不少班主任常常采用家长制作风,

随心所欲地制定和修改班级的规章制度,让众多的学生敢怒不敢言,甚至招致学生的强烈抵制,使师生关系恶化,使班主任工作陷入困境。

制定和完善班级规章制度的过程是一个充分发挥民主,集中民智,珍惜民力,达成共识,形成正确集中的过程,更是培养学生主人翁意识,提高学生认同和自觉遵守班级规章制度的自觉性过程。这就需要广大班主任深入调查研究,充分发扬民主,严防仅凭自己的主观意志,随意制定和修改班级规章制度,捍卫班级规章制度的科学性和严肃性。

假如班级建立的规章制度,班主任不执行或者不严格执行或不公平公正执行,这必然损害规章制度的严肃性,影响班主任的信誉和形象,弱化班集体的凝聚力和战斗力。为此,班主任在执行既有的规章制度时,必须始终坚持有"规"必依,执"规"必严,违"规"必究,防止患得患失、时紧时松、此紧彼松等现象。

三、培育学生从简单到复杂,任用学生从复杂到简单

许多班主任由于受应试教育等负面因素的影响,或者因为教学的压力过大,或者由于经验的缺乏和方法的失当,往往对学生的培育采取简单化的办法:常常用放大镜观察和记录学生以往的错误和缺点;用显微镜分析和监视尚在发展中的学生的表现;习惯于制定种种量化、简单易行的考核标准,用统一的要求达到形式上的某种秩序和所谓成果,导致德育实效低下,甚至产生负能量。

由于现代科技的日益进步和经济全球化、政治民主化和文化多元化的影响,导致当下的青少年学生具有早熟、开放与复杂等特点,教育难度日益增大。班主任"以情感人",不少学生不领情;"以理服人",许多学生"理"更多;"绳之以法",少数学生也无所畏惧,这就需要广大班主任在育人中,用心研究学生成长的有效需求,细心引导广大学生健康成长,耐心对待学生的成长过程,探索新的管理方法,防止简单粗暴。

真正的教育是自我教育。许多班主任对班干部的使用,往往存在吹毛求疵、偏听偏信、包办代替、甚至"卖官"等现象,导致用人制度复杂化,使学生怨声载道,班主任苦不堪言,班级管理日益艰难。对此,班主任要秉持"公平公正,用人不疑,疑人不用,用人所长,人尽其才"的理念,少琢磨人多琢磨事,大胆而放手地使用好班干部,积极推进"四个转变":一是从"委任"向"竞选"转变,让有热情、有能力、有威信的同学担任班干部;二是从"长期"向"短期"的转变,让更多的学生有锻炼的平台和机会;三是从"单岗"到"多岗"转变,让班干部进行多岗位锻炼,具有更为丰富的经历和体验;四是从"师评"向"生评"转变,让广大学生关注、监督和民主评议班干部的工作,不断完善与简化用人机制,竭力让最广大的学生成为班主任的助手,而不是班主任的对手。

四、批评从简单到复杂，表扬从复杂到简单

批评与自我批评是我党发展壮大的"三大法宝"之一。班主任工作也离不开必要的批评。然而，由于学生教育的复杂性和艰巨性，许多班主任对学生的违纪违规行为，常常采取简单的批评，期盼用"最少的投入"获得"理想的收益"，其结果往往事与愿违，甚至导致师生关系紧张。有位省一级重点中学的班主任，在一次期中测试的情况讲评中，对一位数学尖子生考试的严重失误感到十分"恼火"，质问该生录取在本校"是用钱买来的，还是开后门进来的?"这使该生的尊严受到严重伤害，从此不再认真学习数学，学习总成绩也直线下降，并产生比较严重的心理隐患。

正如人需要盐分，但不能让人直接吃盐一样。只有把盐适当加入菜肴中，才能让人愉快吸收。班主任要根据学生的特点，研究和慎用批评手段，可以寓批评于表扬之中，或者先肯定学生的"闪光点"，再进行适当的批评，切忌没有了解情况的乱批评，或者小题大做，过分批评。

虽然表扬不能完全取代批评，但是表扬的力量是巨大的。俗话说，好孩子是夸出来的。每个人的内心天生具有得到赞美的渴望。倘若班主任能够适当使用表扬的手段，必将会激发学生前进的动力，加快学生成长的步伐。因此，班主任千万不要吝啬对学生的赞美。比如，魏书生老师对后进学生的表扬，赞美他们"上课虽然听不懂老师的讲解，但依然坐在那里并面带微笑，看着老师，每次考试成绩虽然很不如意，但是能够做到屡考屡败，屡败屡考"，这种"坚持的精神"和"良好的心态"，非常值得我们的"尖子生"学习。这是对后进生的表扬，也是对尖子生的批评。

但是，任何一种教育手段的使用都是有条件的。如果班主任不问对象，过多过滥使用表扬，也未必会收到理想之效。这就需要班主任发现学生的个性特征，选择适当的时机，选择适宜的词语，选择适合的场所，对学生进行适度的赞美，方能行之有效。

五、德育研究从简单到复杂，策略提炼从复杂到简单

在全力推进素质教育的今天，在社会的功利性评价机制和浮躁心态的影响下，广大班主任在教育实践中普遍存在"重智育、轻德育"的倾向，教学活动高度重视，德育活动疲于应付、轻描淡写，往往"注重在教学中求高效，忽视在德育中求发展"。不少教师在教学上招数很多，而在德育中方法简单。诸如，重强制轻接受，忽视个性差异，缺少对话沟通;重灌输轻体验，忽视情景创设，缺少真情感化;重表面应付，缺少智慧引领等。产生德育方法简单化的重要原因，是班主任缺乏对德育工作的科学化、系统化、经常化、深层化的研究。

学校德育是一项复杂并且随着新情况、新特点不断变化的系统工程。广大班

主任只有在实践中不断学习与研究新情况、新问题,在变化中掌握规律,选择科学的方法,才能提高班主任工作的针对性和实效性。

班主任要在教书与育人的统一中研究如何全面提高教学质量,在不断学习、大胆实践与科学反思中改善德育方法,在自我奋斗与他人的有效合作中研究如何共同提升德育实效,在纷繁复杂的德育活动中提炼出简单的具有操作价值的工作策略。比如,我校广大班主任一起参与的"农村重高从规则养成走向价值追寻的生本德育"的研究,提炼出"一三九"模式,对提升德育实效具有较大的指导作用。"一个理念":加快学生的道德自主成长。"三个板块":规则养成——浇铸学生的道德基石;情感熏陶——丰盈学生的道德心灵;价值引导——升华学生的道德境界。"九大载体":三重礼育——在知礼守礼中习得规则;四季跑操——在协调同心中巩固规则;五星竞赛——在激励体验中内化规则;感恩旅行——在唤醒感动中润泽情感;精品社团——在个性发展中充沛情感;示范党校——在坚定信念中升华情感;自律组织——在自我管理中体悟价值;爱心工程——在奉献他人中认同价值;志愿联盟——在回报社会中提升价值。

总之,班主任工作是一项复杂的教育活动。但是,复杂与简单总是相对的,需要我们在德育实践中,不断丰富教育智慧,正确处理好班主任工作中简单与复杂的辩证关系,在不断解决简单与复杂的矛盾中推进班主任的专业发展,提升班主任工作的新境界。

引领班主任从"要我当"到"我要当"的动力机制研究

浙江省严州中学新校区　陈志红

在当下,由于种种原因很多教师不太愿意当班主任,更不愿意长期担任班主任,有的班主任甚至年年打"辞职报告",希望能够早日"解放自己"。这既不利于班主任的专业发展,更不利于学生的全面发展尤其是学生的道德成长。加大"六个力",助推班主任的专业发展和自我价值实现,激励更多的教师从"要我当"向"我要当"转变,进而加强班主任团队建设,为学校立德树人做出更大贡献。

一、提升科学的规划力,把握奋斗方向

目前,有不少年轻教师主要为了评职称而在无奈地担任班主任;有的老教师任凭领导"三顾茅庐"也无心担任班主任;更多的班主任往往是"做一天和尚撞一天钟",缺乏长远的打算,没有更高的目标,无力当好班主任;等等,导致班主任队伍人心浮动、结构失衡。

人无远虑,必有近忧。教师的职业规划是对未来发展方向的一种期望、预测和定位。引导广大教师把班主任工作纳入职业生涯规划之中,让自己的职业规划更科学、更丰富、更具有含金量和挑战性,加快广大教师尤其是班主任的专业发展,是启迪教师克服职业倦怠,体验教育欢乐,享受教育幸福的重要途径。在班主任的职业规划中,要正确认识班主任工作的五重境界:第一重境界是职业,在应付中把事情做完;第二重境界是勤业,在忙碌中把事情做对;第三重境界是敬业,在反思中把事情做好;第四重境界是专业,在科学中把事情做精;第五重境界是事业,在艺术中把事情做美。班主任工作每迈上一个新台阶,就会领略到新的风景,享受到新的幸福!

班主任在自己的职业规划中,要自己坚持"三个"有机结合。一是把教育与教学有机结合起来。教学即教育。教书与育人紧密相连,不可分割,相互促进,和谐

发展。一位好教师必须既会教书,又会当班主任。二是把教育与科研有机结合起来。教育即研究。教育科研是班主任持续成长的发动机和加油站。唯有深化教育研究,才能分析和破解教育的难题,不断攀登教育的高峰。三是把个体与团队有机结合起来。教育成果是集体智慧的结晶。班主任要摒弃"零和"思维,学会在奉献中共建,在共建中共享,在共享中共赢。

二、培养学生自主的管理力,避免疲于应付

真正的教育是自我教育。培养和发挥广大学生自主教育和自我管理的力量,让最广大的学生成为班主任的助手,不仅可以促进学生个性化发展,而且可以最大限度帮助班主任实现"教是为了不教"的教育理想;如果让更多的学生成为班主任的对手,必然导致班主任陷入"忙中难治"的困局,苦不堪言,从而产生职业倦怠。

学生的自主管理需要更好的平台。班主任应该竭力成为这些平台的建设者和引领者。让智者尽其谋,勇者尽其力,信者尽其忠,各取所长,各尽其能。班主任可以建立和完善学生自主管理的具体制度,引导学生自主管理制度化、规范化和长期化。班主任引导学生进行自主管理,可以着力在四大制度建设上狠下功夫。

一是班级活动承办竞争制度。班级活动是班级具有生机活力的主要载体。活动的选择和组织过程,锻炼和考验着学生的能力。班主任与学生联合提出班级一学期的活动内容与要求,让学生自由组合,提出承办的方案,并在全班同学中进行交流,让全体同学民主选择最优方案,培养学生的竞争与合作力。避免出现班级活动由固定几个班干部组织,更多学生没有参与组织竞争机会等现象。

二是班级公物管理认领制度。爱护公物是学生的美德,也是学生对班级的责任。班级与学生寝室的公物往往因管理不善,时有损坏,如不及时修复常常会影响学生的学习与生活。对班级与学生寝室的所有公物等进行细化,让学生自愿选择其中的一件,轮流进行为期1至2个学期的精心保护,培养学生对班级公物管理的责任感和班级的荣誉感。

三是班级自律委员会制度。每个班级总有一些令人头疼的问题,可以让一些具有特殊才能的学生自由参加班级的"专项"(如手机使用、寝室纪律、男女同学交往过密等)管理。班主任明确管理的项目和具体要求,让特定学生自主参与管理活动,并与班委会或班主任商讨管理中遇到的问题,这样可以解决班委会与团支部管理上鞭长莫及的问题,培养学生的自律精神,提高班主任克难攻坚的实效。

四是问题学生结对帮扶制度。问题学生一旦违纪受到处分,心理往往容易产生波动,或者故态复萌,甚至变本加厉。班主任需要借助学生集体的智慧和力量,帮助违纪学生悔过自新。班主任可以引导一些学生与违纪学生自由"结对帮扶",通过正确的观念引导,细心的生活帮助,耐心的学习探讨,适当的行为"监管",解除

问题学生的思想疙瘩,矫正他们的行为习惯,让其健康成长。

三、培植严慈的关爱力,树立崇高威望

班主任坚持以人为本就是将发展好、维护好、实现好最广大学生的根本利益,作为班级一切管理工作的出发点和落脚点,做到一切为了学生、一切依靠学生,发展的成果由学生共享。但是班级的人本管理不是无原则地迁就学生的不正当言行,更不是违反法规来维护学生的不正当利益。

班主任对学生的严慈关爱要坚持"四项基本原则"。一是严守国法规章原则。法纪与规章是维护学生合法利益的依据和保障。班主任维护学生的利益必须严格依法依规,倘若班主任在违法乱纪中维护学生的不正当利益,必将危害学生,殃及自己。二是严守供求对应原则。班主任的关爱言行要满足本班学生的有效需求,把学生的正当需求作为我们的奋斗目标,防止好心乱办事或好心办坏事等事与愿违的现象发生。三是严守精神激励原则。人的物质欲望往往是无限的,班主任无法不断满足学生的物质需求。人与动物最根本的区别在于人的精神需求。因此,班主任要坚持精神鼓励的原则,不断引导学生的精神成长。四是严守齐抓共管原则。针对班级学生需求多样、结构复杂、情况多变等实际,需要班主任联合一切可以联合的力量,把关爱准确及时有效地送给有关学生,可以有效避免班主任孤军奋战,顾此失彼现象。

四、加强严谨的学习力,丰富教育智慧

常言道:教师要给学生一杯水,自己要有一桶水。班主任只有拥有一桶优质的活水,才能更好地满足教育学生的需求。这就需要班主任具备严谨的治学力,要持续不断的学习新知识、新本领,丰富自己的管理智慧,提升班级管理的水平与境界。

班主任要坚持不懈读好"三本书"。一是读好本学科教学的专业用书。班主任教好本专业的学科,是做好班级管理工作的基础,更是引导学生成长的"无声的命令"。为此,班主任在百忙之中毋忘"本行",坚持不懈学习和研究本学科专业的前沿知识、经验与方法,不断提升自己学科教学的实力与效益,引领自身的专业成长。二是读好班级管理用书。学校管理是科学,需要求真;学校管理是艺术,需要创新;学校管理是工程,需要合作。班主任在阅读学校管理用书的时候,需要不断学习与探索班级管理的规律和方法,不断创新管理的理念与策略,学会系统思维与辩证思维,不断开创班级管理工作的新局面。三是读好人生艺术书。班主任需要学习和掌握做人的艺术,优化人际关系,力争得到班级学生、任课教师、学校各部门、家长等多方面更大的支持与帮助,为实现班级的可持续发展注入新的活力。

五、保持持续的研究力,防止江郎才尽

由于忙于教学、忙于应酬,缺乏必要的时间与精力学习、研究与创新,不少班主任面对管理中的疑难问题深感一片茫然,进而盲目行为,最终步入教育衰亡的困境。为此,班主任只有强化研究意识,不断研究班级管理中的问题,分析与解决管理中的问题,丰富自己的管理智慧,才能在深化改革中坚定信念,知难而进,攻克时艰,不断成长。

班主任提升研究力要做好"三篇文章"。一是研究"本分做人"。教育是培养人的事业,管理是引领人的发展。班主任只有深入研究自己如何本分做人,在尊重人、关心人、学习人、依靠人与激励人上狠下功夫,不断完善人格,提升人生境界,才能增强自身人格的魅力,为优化班级管理增强无形的动力。二是研究"人本管理"。科学发展的核心是以人为本。班主任以人为本集中表现在以学生的发展为本。班主任只有坚持以学生的发展为本,坚持岗位激励、荣誉激励、情感激励、自我激励等有机综合起来,力争把班级发展与学生发展有机统一起来,实现学生的可持续发展。三是研究"生本教育"。"生本教育"包括生本理念、生本德育、生本教学、生本管理。"生本理念"是指坚持以学生的发展为本,坚持"一切为了学生,一切依靠学生,为了学生的一切"的教育理念。生本德育就是为了学生的道德成长,发挥学生自主的道德力量,提高学生的道德境界。生本教学就是为了学生的智能发展,开发学生自主学习的潜能,提高学生的学业水平。生本管理主要是学生的自我教育、自我管理和自我超越。班主任如果把"本分做人"的人格力量、"人本管理"的科学力量与"生本教育"的教育智慧有机整合起来,就一定能够在班级管理中长风破浪、勇往直前。

六、发挥紧密的合作力,力争和谐互动

教育是一项系统工程,工程的力量在于合作。班级管理的合作就是求同存异,凝聚共识,寻求各方面的最大公约数,为提高班级管理效能服务。这就需要班主任既要优化班级内部各方面的合作,培育坚强的班级管理团队,充分调动全班学生的积极性和创造性,又要优化班级外部的合作,力争学校与家长等方面的支持与帮助,分享班级之间发展的成功经验,为实现班级的又好又快发展,注入更大的优质正能量。

班主任提升合作力,需要做好"三个着力点"。一是勇于攻克合作的疑难点。班主任要坚持群众路线,"从群众中来,到群众中去",及时掌握开展班级内外合作的疑难点,联合各方面的力量集中会诊,剖析产生疑难的原因和破解疑难的对策,及时或逐步攻克合作中的疑难问题,为实现有效合作清除障碍。二是善于寻找合

作的互动点。共同的利益是合作的基础,不同的利益是冲突的根源。班主任要深入调查研究,动用班级内外的各种合作资源,仔细寻觅合作方的互动点,培育和增大合作的互动点,为开展长期有效的合作奠定基础,为分享与推广合作的经验打造平台。三是乐于反思合作的改进点。在合作中必然存在分歧,需要班主任及时有力反思,在科学持续的反思中发现问题、分析问题与解决问题,不断更新合作观念,提高合作水平与境界,实现可持续发展。

班主任工作的"先"与"后"

浙江省严州中学新校区　陈志红

班主任工作有先行后续。班主任只有正确认识和把握这种先后关系,尊重班主任工作规律,才能让班主任工作井然有序,获得成效;反之,则可能事与愿违,不仅影响班主任的威信,还不利于班级管理和学生的健康成长。笔者结合多年班主任工作的实践,谈谈班主任如何处理"先"与"后"的关系,以供参考。

一、建章立制,先民主后集中

没有规矩,不成方圆。制定和完善班级的规章制度才能依规治班。班级的规章制度是否科学与完善,直接关系到依规治班的实效和学生的健康成长。

然而有的班主任往往依靠主观臆断为班级建章立制,导致一些班级规章制度因难以执行而"流产",有的制度因过分强制执行造成师生关系紧张。有的班主任基本不建章立制,随心所欲对违纪学生进行"处理",或让学生处于自生自灭之中,导致班级管理因无章可循而混乱不堪。

充分发扬民主是科学决策的基础。班主任要建立和完善规章制度,需要合理的程序和科学的方法,关键在于让学生广泛而深入地参与其中。比如,新建某个班级规章,班主任可以提出一个总的要求和基本原则,再让学生分组"起草",各组之间交换修改和补充,然后由各组推荐学生代表组成"专家小组",联合提出某项规章制度的草案,提交全班学生进行民主表决,建立新的规章制度。这样可以让学生更加了解和理解班级新规章的内容,提高学生执行班级新规章的自觉性和主动性。

二、选拔干部,先设岗后竞选

班干部是班主任的得力助手。建立和完善班干部的培养、选拔、任用机制,是提高学生民主管理能力和提升班级管理效能的有力保障。

根据班级管理的需要,设立适当的岗位,选择适合的干部,进行适度的管理,是最大限度开发学生的管理潜能,做好班级管理工作的关键。班主任可以按照"人人有事做、事事有人做、时时有事做"的基本要求和班级的变化发展的具体实际设立岗位,可以把班级的学习、安全、纪律、卫生、公物、礼仪、联络等管理进行细化,比如,学习管理包括笔记、作业、测试、资料、时间、课表、课外阅读等,再让学生根据自己的兴趣、特长与能力进行竞选,请全班学生进行监督、考核与评价,做到人尽其才、才尽其用。

岗位设置与竞选活动要坚持因事设岗,反对因人设岗;坚持人事相应,反对人浮于事;坚持多岗锻炼,反对一岗到底;坚持民主竞岗,反对指定岗位。让岗位设置与民主竞选相辅相成,竭力提高班级民主管理的实效。

三、开展活动,先谋划后承办

班级开展丰富多彩的个性化活动是培养学生良好个性,锻炼学生能力,培养班级凝聚力的重要载体。但是,在开展班级活动中,不少班主任往往缺乏科学的计划。有的只是被动地组织学生参与由学校统一安排的活动;有的往往心血来潮,突击组织班级活动,干扰学生正常的学习与生活,导致不少学生产生抵触情绪;有的一心一意抓教学,基本不组织个性化的班级活动。更多的班主任组织班级活动往往是几个班干部参与策划和组织,多数学生当观众,或者班主任唱独角戏,其结果是吃力不讨好。班级活动计划的随意性和组织者的少数性,都难以充分调动最广大学生参与班级活动的主动性和创造性。

班主任在组织班级活动中,可以坚持以生为本的理念,坚持一切为了学生、一切依靠学生,活动的成果惠及广大学生。活动计划要坚持顶层设计与底线思维相结合的原则。活动计划要有长期性和系统性,不能过于随机。要把每个学期的班级活动做一个详细的计划,把各项活动可能产生的问题做一个最坏的预测,每学期的具体活动安排提交学生讨论,形成一定的共识,再举行学生小组承办活动的竞标会议。在承办班级活动的竞标会上,要求每个竞标小组阐述活动策划方案,并进行现场答辩,最后由全体同学采用无记名表决的方式决定班级活动的承办者,活动之后对各承办者活动情况进行民主测评,评出优秀、良好与合格等,以更加充分发挥和展示学生的聪明才智,培养学生民主参与的热情和能力,丰富班主任的管理智慧,让班级活动更有序、更有效地开展。

四、师生谈话,先倾听后互动

有不少班主任在找学生谈话,尤其是与问题学生谈话时,可能因为教育教学工作太忙,或者是习惯成自然,常常难以耐心倾听学生的意见,或者学生开口未讲几句话,就让学生打住,直接告诉学生:我知道你要说什么,不要再说了。然后把自己的观点强加给学生,学生往往口服心不服,甚至当面与班主任辩论或顶撞,这样的师生谈话效果是可想而知的。

准确而全面地了解事实真相是教育的前提。学生犯错的具体原因往往是多样的,出于某种可以理解的心态,他们往往会"狡辩":有的避重就轻,有的强调客观,有的隐瞒真相,等等。这就更需要班主任牢记"教育是一种慢的艺术",要有足够的耐心,仔细倾听有关学生的辩解,并在深入调查研究的基础上,准确而全面地了解情况。

班主任在掌握实情的基础上,与学生进行和谐互动,离不开尊重与包容,要肯定学生的优点,以平等和蔼的态度让学生感受到班主任的真诚关爱,从而真正引导学生反省自我。

五、考核评价,先自评后互评

当下中小学班主任对学生综合素质的评价,往往是班主任会同班干部依据学校与班级的有关评价标准对学生进行评价,很少征求学生个人和广泛听取其他学生的意见,对学生的综合素质,尤其是某些方面的具体情况缺乏足够的了解,对学生的评价不够客观与全面,难以充分发挥科学评价的诊断、激励和导向功能,从而产生负面效应。

波斯纳认为,经验＋反思＝成长。让学生对照学校与班级的评价标准,以具体的事实为基础,总结自己的所作所为,进行自我评价,是一个学生自我总结、自我反思、自我教育、自我超越的过程。群众的眼睛是雪亮的。让学生之间根据评价标准与基本事实为依据进行无记名式的互评,是一个相互交流、相互学习、取长补短共同提升的过程。

因此,班主任对学生综合素质考评,可以先引导学生进行积极的自我评价,重在总结与反思,为评价提供更翔实的材料;然后指导学生开展公正客观的相互评价,既让学生在互评中取长补短,又使评价等级更准确。把学生的自评与互评结合起来,才能发挥评价的积极功能。

六、参观学习,先反思后借鉴

班主任外出考察学习,对于兄弟学校班主任的先进经验,不同班主任往往采取不同的态度,有的直接拿来,导致"水土不服",别人的精彩无法在这里落地生根开花;有的听听感动,心情激动,但是没有行动,别人的经验只能永远留在心中;有的则能积极反思,科学对照,适当嫁接,让别人的经典在本土扎根开花结果。

先进的经验不可复制但可借鉴。班主任在外地考察学习别人的先进经验与做法,必须坚持具体问题具体分析,分析其产生的特殊条件和适应范围,反思自己现有环境的实际情况,遵循班主任工作的规律,从本地与本人实际出发,有机地消化吸收,为我所用,助我成长。对别人的经验,既要反对照搬照抄,又要反对全盘否定。

总之,广大班主任只有坚持以科学理论为指导,以客观规律为基础,以自身优势为依托,明确先做什么,后做什么,防止先后错位,才能达到事半功倍实效,不断开创班主任工作的新天地!

着力做好"选择"文章，
助推班主任持续成长

浙江省严州中学新校区　陈志红

　　当代中小学生日趋早熟、开放与复杂，教育的难度与责任不断加大，导致众多的教师不愿当班主任。不少教师为了评定职称而在无奈中做了班主任，一旦评上高级职称，往往就会以各种理由推卸班主任重担。这不利于班主任的队伍建设和学生的健康成长。为此，笔者提出，"着力做好'选择'文章，助推班主任持续成长"的思考，与同行一起探讨。

一、在任重道远的工作中选择"坚守"

　　班主任既是任课教师，又是学校德育的中坚力量，学生成长的导师，对学生的终身发展会产生深远持久的影响。班主任队伍建设直接关系到学校德育工作的生机与活力，关系着学校教学质量的提升，甚至关系着学生家庭的美满幸福。班主任工作可谓任重而道远。

　　教师当好班主任，不仅可以发挥德育的效应，推动本学科教学质量的提高，更为重要的是在对学生更为深入、更为经常、更为复杂的教育中，比非班主任教师具有更为丰富多彩的经历，演绎更多动人的教育故事，体验更广更深的成功与欢乐，喜获更丰硕的教学与德育的"双丰收"。因此，只有既能当好教师又能当好班主任的教师，才是真正的好教师。

　　班主任要在深化对教育的认识中，寻觅"坚守"的真谛；在优化各方的合作中，感受"坚守"的力量；在烦而难的修炼中，丰富"坚守"的智慧；在享受更多教育成功的幸福中，体会"坚守"的价值。班主任更要学会在面临艰难困苦中"坚守"，因为黑夜过后就是黎明；学会在别人难以坚持的时候"坚守"，因为坚持到底就是胜利；学会在各种各样的深化改革中"坚守"，因为改革总是挑战与机遇并存。在不断"坚守"中有持续的作为，在持续的作为中铸就更加辉煌的人生。

二、在千差万别的学生中选择"公平"

素质教育的本质是教育的一切为了学生。这就需要广大班主任教师秉持"有教无类"的理念,公平公正地对待每个学生,关爱全体学生的健康成长。然而,由于受传统应试教育惯性的影响,众多的班主任总是偏爱优等生、淡忘中等生、嫌弃后进生,导致优等生产生过分的优越感、中等生缺乏归属感、后进生产生自卑感。这不仅不利于打造和谐奋进的班集体,更不利于广大学生的健康发展。

公平是人类社会的永恒追求,更是班主任的核心价值之一。班主任公平对待所有学生,既是学生自身健康成长的需要,也是实现班主任专业成长的要求。班主任公平对待每个学生,需要在坚持三个"人人平等"上狠下功夫。一是在纪律面前人人平等。任何学生都应自觉遵守纪律,任何违反纪律的学生都应平等追究责任。特别要严格防止因优等生学习成绩突出而减轻或免除他们的违纪责任,因中等生与后进生学习成绩不佳而加重处罚。二是在权利面前人人平等。人人都是班级的主人,都应当平等享有共同的权利。班主任尤其要严防赋予优等生更多特权,过分限制后进生的权利,忘记中等生的应有权利。三是在机会面前人人平等。比如,班干部的竞选制与任期制、班级活动的轮流主持制、班级先进个人的民主集中制、班级民主管理与民主监督制、班务管理的公开制等等,都应该给所有学生以公平的机会,让每个学生真正感受班级主人翁地位,自觉为班集体建设贡献智慧和力量,实现共同成长的目标。

三、在年复一年的管理中选择"微新"

班主任每学年的工作总是在计划、执行、监督、总结与交流中循环着。整个工作流程的各个环节必然有一定的重复,因为必要的重复既是适当的继承,又是创新的基础。但是过度的重复往往使人厌倦。不仅班主任自己感到工作单调乏味,而且让班级学生也觉得枯燥难受,导致班级工作的新鲜感严重不足,趣味性持续打折,实效性不断下滑。

为了最大限度地调动班级学生的积极性、主动性和创造性,投入班级管理工作中,班主任必须在学校管理中有继承更有微新,让学生在变化中提高执行力和管理效能,竭力降低他们在学习与工作中的倦怠感。比如,在坚持少开会、开短会、开好会的基础上,着力在"开好会"上狠下功夫。不仅要不断完善班级集会的各项制度,更要创新会议的内容与形式,特别是班主任在会议上的讲话要精心做好"新"字文章,不求面面俱到,但求简练且富有新意,认真选择新理念、新内容、新角度、新形式,给学生以新的启示,引发学生的共鸣,严防老调重弹,信口开河,招致学生的抵触、反感,甚至愤怒等现象。

四、在各种各样的活动中选择"学习"

学校各部门为了实现其职能,凸显其价值,往往时而给班主任分配各式各样的任务,召开名目繁多的会议,开展形式多样的活动,而且许多活动都要求班主任亲自参加。很多任务或活动又与班主任考核挂钩,与班主任的补贴紧密相连。

广大班主任面对学校各部门众多活动的困扰最好的方法是选择"学习"。在完成各种任务中,学习上级的新政策、新举措,调动学生在完成有关任务中经受锻炼,为班级荣誉而战,严防在学生面前发牢骚,诱导学生产生消极抵抗情绪,最终害人害己。在参与各种各样的会议中,学会与参会人员交流,学习和记录会上讲话者的新理念、新经验、新方法、新信息,吸取他们的新教训。严防无故缺席会议,或者在开会中"身在曹营心在汉",或者整体开大会,你在开小会,严重影响会议的实效。在参与学校各部门组织的活动中,学习如何调动学生把参与活动作为锻炼的平台,充分调动学生参与活动的热情,展示学生多种多样的才华,培养学生的多种能力。严防自己对学校部门组织的活动不管不问,或者另搞一套,引发学生的反感或众怒。

五、在攻坚克难的奋斗中选择"合作"

教育事业是一项系统工程,工程的力量在于合作。班主任只有优化各方面的合作,发挥有关方面合力的作用,才能实现班级又好又快的发展。班主任既要优化班级内部的合作,通过改进科学、民主和人本等管理,充分调动学生的积极性,又要改善班级外部的合作,协调学校与社会各界力量,最大限度用好班外的资源,共同为班集体建设服务。

班主任在攻坚克难中,只有集中各方面的智慧和力量,才能破解难题,化解危机,维护班级的安全与和谐,实现班级平稳健康发展。比如,对某些特殊后进生的教育,班主任在反反复复的教育中,觉得已经竭尽全力,可以寻求本班其他任课教师的协助。或许其他任课教师会选用更适合后进生的方法,启迪他们正确认识缺陷,找回自信,促进他们逐步转化。也可以寻觅学校有关部门的帮助,借用学校各有关部门的力量打开学生的心扉,解除学生的思想疙瘩,引领他们正确认识自己,重新点燃奋斗的激情。还可以通过联合家庭与社会的力量,帮助后进生在错误的道路上回心转意,重整旗鼓,奋发向上。

六、在时断时续的研究中选择"持续"

德育即研究。德育研究是班主任的重要动力。面对本领的恐慌,如果班主任不做科学的、系统的、深入的、持续的研究,班主任工作就会出现老方法不管用、新方法不能用的现象,也就只能简单重复以往的做法,德育只能停留在原有水平或不断下降。

许多班主任对德育工作的研究往往存在时断时续的现象,常常凭借自己的老观念、老方法、老经验解决问题,有时因老一套方法的暂时管用而沾沾自喜,有时因碰壁而怒火燃烧。因为时代发展一日千里,学生在不断变化,这就需要广大班主任把德育课题化,课题工作化,工作日常化,把自己班主任工作中的问题,提炼为研究的课题,在课题研究中提炼出鲜活的经验,用成功的经验指导新的研究,坚持不懈地推进自己的专业发展。比如,班主任对微型主题班会的研究,需要不断研究学生思想变化的规律与特点,精选适合的微型班会主题,积累与选用鲜活的素材,精心策划班会活动的程序,竭力把微型主题班会打造成学生喜闻乐见,具有高峰体验的精彩的特色活动。

总之,班主任面对任重道远、极其复杂、收效缓慢的工作,需要用心做好工作的选择题,在科学选择中明晰正确的方面,把握客观的规律,掌握科学的方法,不断开创班主任工作的新境界,在立德树人中演绎自己的精彩华章。

高中普通班实施"温馨家园式"管理的策略研究

浙江省建德市新安江中学　刘朝忠

一、课题的现实背景及意义

(一)研究背景

1.21世纪是经济全球化的时代,是信息化的时代,市场经济条件主导的多元化、信息化,已然影响到了90后学生的健康成长,也给学校德育带来了困难和挑战。德育教育是学校教育教学的基础环节,在学校教育中发挥着重要作用。

2.90后高中生的特征:主体意识增强,独立意识强,独立人格要求高,自主性强,成人感强,生理发育日趋成熟,"生理成人化,思想幼稚化,行为情绪化",更需要老师帮助其树立正确的人生观、世界观和价值观,在思想道德教育上予以引导,从而促进学生的健康成长。因此加强班级德育管理模式的创新刻不容缓。

(二)研究意义

苏霍姆林斯基曾说过:"自我教育才是真正的教育。"通过实施"温馨家园式"管理,让学生体验管理的辛苦和压力,提高学生的参与能力,感受"当家做主"的责任,明白为人处世的道理,培养学生的独立意识、自主意识,增强学生的集体认同感、集体荣誉感、自豪感、责任感,培养学生的主体精神、科学精神、创新精神,树立民主意识、规则意识、竞争意识、合作意识以及良好的学习习惯、生活习惯和行为习惯,增进师生沟通、生生沟通,营造"民主、科学、公平、公正、阳光"的班级氛围,让学生在这个温馨的家庭中能开心快乐地学习生活,享受教育,享受学习,享受成长,享受每一天。实施"温馨家园式"管理,有利于改进班主任的工作方法,提高班级管理效率,促进学生身心健康和谐发展。

班级管理既是一门科学,又是一门艺术。如何提高班级管理效益,使班级管理的科学性和艺术性有机地统一起来,是值得当前班主任老师深思的重大课题,也是我们新时期班级管理工作应该追求的理想目标。

二、国内外相关研究概述

关于高中班级管理方面的研究性文章有很多,国内外关于班级管理创新方面的研究已经达到较高的水平。长期以来,许多专家和学者及教育界的同行一直在关注班级管理、班级建设方面的问题。目前在国内,尤其是一些中小学校,探究比较多的是"民主化""自主式"班级管理,而诟病比较多的是以"盯、关、跟"为主要特征的"家长式"管理模式。

毋庸置疑,班级管理的民主化与自主化早已成为教育界的"普遍价值",但在应试教育依然盛行的普通高中,班级管理中所谓的"民主""自主"往往与现实情势抵触冲突,造成水土不服,而所谓的"民主化""自主式"管理也基本停留在理想层面上,很难真正落实到具体实践中。

同样毋庸置疑的是,单纯的"家长式"管理模式不符合现代教育理念,但这并不意味着"家庭式"班级管理模式就没有可取之处。恰恰相反,只有将现代民主管理理念与我们的传统管理模式有机结合起来,才能找到现实土壤,才能使之根深叶茂。这种能够将现代管理理念有效融入传统的班级管理的模式,就是"温馨家园式"管理。

三、"温馨家园式"管理的具体内涵

"温馨家园式"管理是指在现代教育理念的指导下,对一个班集体实施家园式经营的管理模式。这种管理模式的第一个特点是将班级视为一个"家",将班集体的活动空间视为一个"园",班里的每一个人都是这个家园的主人,拥有共同的愿景,承担共同的责任;第二个特点是"温馨",有人情味,能够充分体现民主、平等、自主、和谐的原则。

四、研究目的与内容

(一)研究目的

突破传统的"压迫式""保姆式"的班级管理模式,真正创设一种自主式、开放式、温馨式的班级管理方式,创建良好的学习生活环境,让学生开心快乐健康成长,减轻来自家庭、社会和学校等多方面的压力,帮助高中普通班学生树立正确的人生观、价值观,提高学生的综合素质。

(二)研究内容

1."温馨家园式"管理内涵及外延的清晰化。

2."温馨家园式"管理与高中普通班学生身心特征的契合点。

3."温馨家园式"构建的理念、原则、策略、方法、途径(重点)。

4."温馨家园式"管理的效度评价及长效运作机制。

五、研究的主要方法

1.观察法。通过日常深入学生的学习生活,观察"90后"学生的特征。

2.文献法。通过查阅各种文献,丰富理论知识。

3.调查法。通过问卷调查发现问题,提出解决方案。

4.经验总结法。根据自身的经验和借鉴他人的经验总结。

5.个案分析法。通过个案进行分析研究。

六、研究的操作措施及做法

1.组建温馨"家庭",让学生成为主人。一个班级就是一个大家庭,班主任是这个大家庭的家长,班长担任助理。将这个大家庭以寝室为单位分为若干小家庭,每个小家庭通过民主推选的方式产生一位小家长,邀请班级任课教师担任助理。

2.制定科学"家规",让学生有章可循。根据校规校纪,结合本班的实际情况,由所有家庭成员民主制定适宜本家庭的家规,奖惩分明,体现以生为本、自主、民主管理的模式。

3.明确具体"职责",让学生主动担当。从学习、纪律、卫生、行为习惯四个方面开展"家庭竞赛"活动。每位小家长轮流值日,参与班级大家庭的管理,每周日各小家长总结汇报。每四周召开一次"家庭民主学习生活探讨会",进行交流、总结和反思。

4.积极主动"承诺",让学生相互激励。由每个小家长代表小家庭上台表态,明确家庭奋斗目标和努力方向,制订方案的具体实施措施。

5.完善监督"机制",让学生改进行为。由班长领衔的班干部组成的班委在平时对家庭学习生活中进行监管。班级家长助理及"值日家长"备有家庭日记,将每天的家庭情况进行登记。及时发现问题、反馈问题、解决问题,尽量不留"问题后遗症"。

6.打造多种"平台",让学生有所作为。利用学校"开心农场"的实践基地,带领家庭成员通过蔬菜种植的方式,感受劳动的快乐,体会家庭的温馨,邻里的和睦,并在一定程度上掌握生活劳动技能。组织家庭成员走进敬老院,关爱老人,关爱社会,培养家庭成员的社会责任感。组织志愿者走进社会,参与到一些公益性有意义的活动。比如,积极参加"五水共治"等活动。

7.经常总结"交流",让学生共享成果。一周运用一次读报写字课的时间,相互交流,谈心得体会、谈问题、交流经验。

8.建立考评"制度",让学生扬长补短。每学期进行一次家庭评比活动,评出多种优秀和先进,运用家庭基金予以一定的精神和物质奖励,从而调动家庭成员的积极性。

9.反馈提高。通过不断的反馈,提高"家庭"的生活品质,实现"温馨家庭"的梦想。

教学篇

如何高效落实"情感态度价值观"的目标要求

浙江省严州中学新校区　陈志红

2015年10月,笔者有幸担任全国中学思想政治优质课的评委,亲眼看到各地参赛选手的独特风采,聆听他们与学生和谐互动的美妙乐章,分享他们教学成功的喜悦。但是,由于各地教学改革的力度、教师专业发展的水平和学生知识储备的程度不同,教学目标的达成度存在一定差异,尤其是在"情感态度价值观"目标的落实上,呈现出不同的境界。为此,笔者结合听课、评课与研讨的实际,谈谈"坚持四点结合,高效落实思政课'情感态度价值观'的目标要求",抛砖引玉,以求教大方之家。

一、了解特点,把握特殊要求

中学思想政治课既是智育课,又是德育课。在实现"情感态度价值观"的教学目标上,它既有一般智育课和德育课的共性要求,又有对学生进行马克思主义基本常识教育等中学思想政治课的特殊要求;既有贯穿中学思想政治课始终的对学生进行正确"三观"教育等共性要求,又有每节课教学的特殊要求。认清思政课"情感态度价值观"目标的上述特点,把握每堂课"情感态度价值观"的特殊要求,发挥思政课的特殊功能,彰显思政课的独特价值

全国思想政治课优质课的展示课堂,绝大多数授课老师十分重视对学生的思想政治教育,具有比较浓厚的思想政治课的"味道"。比如,西藏的李老师在《经济生活》"多彩的消费"的教学中,通过拉萨一日游吸引游客的主要景点和看点介绍,每年"双十一""网购"利与弊探讨,武汉作为"海绵城市"的创新举措介绍等,既渗透了引导广大学生树立马克思主义唯物辩证法、社会主义核心价值观等思政课"情感态度价值观"共性教育目标的要求,更突出了本堂课引导学生树立正确的消费观,尤其是绿色消费观的特殊教育要求,把"情感态度价值观"教学目标的共性要求和

个性要求比较完美地结合起来,给学生留下深刻的印象。

二、突出重点,集中攻坚克难

目前中学思想政治课"情感态度价值观"的教学目标落实效率不高的主要原因,是在教学目标的设计中,"情感态度价值观"目标的点过多,且每个点的落实只是蜻蜓点水,走马观花,没有重点突破,故收效甚微。由此可见,高效落实思想政治课"情感态度价值观"的教学目标,突出重点,集中力量攻坚克难是当务之急。

比如,天津的胡老师在《经济生活》"价格变动的影响"的教学中,就价格变动对生活与生产的影响,作为消费者和生产者如何科学有效地应对价格变动的影响,联系自己是买华为、小米手机还是购买苹果手机的困惑,展开深入的教学活动,如组织学生分生活组、生产组进行讨论"如何应对价格变动对生产的影响"等问题,引导学生着力树立"创新意识",科学把握和运用价值规律,更新观念,改进生产技术和改善经营管理,实现生产持续健康发展,生活更加美好的梦想。

黑龙江的石老师在《经济生活》"市场配置资源"的教学中,把市场配置资源的优点和缺陷,结合网上购物暴露出来的种种问题,从国家、网络平台、商家、消费者等角度,分四个组讨论"网络市场如何打假"等问题,重点在树立"规则意识"上着力,启发学生认识只有守法、守德、守规,建立良好的市场秩序,才能促进我国社会主义市场经济的健康发展,从容应对经济全球化的挑战,更有效地优化资源配置,提高经济效益,创造美好生活。

三、找准契合点,实现理论与实例融合

找准理论与实例的契合点,用理析例,以例证理,理例融合,有机渗透思想政治课"情感态度价值观"的元素是实现理与例的有机结合,学科知识逻辑与生活逻辑完美统一,高效落实其"情感态度价值观"教学目标要求的重要保障。

寻觅贴近学生的生活实例,切准学生的思想脉搏,拨动学生思想的心弦,实现理、例与学生思想的共振,有利于真正有的放矢地对学生进行思想教育,高效落实"情感态度价值观"的教学目标要求。比如,山东的周老师在《生活与哲学》"用发展的观点看问题"的教学中,在运用俞敏洪高考、当教师与创办新东方等成功事例的基础上,让学生联系自己学习、担任学生干部、学会生活等具体的事例,围绕"成功的关键是实力,还是机遇"等问题进行辩论,学生兴趣高涨,论据充分,辩论激烈,合作紧密,高潮迭起,学生经受一次思想的洗礼,认识到"成功=实力+机遇","实力"(内因)更关键,"机遇"(外因)也重要,"机遇总是垂青有准备的人",启示同学要学会抢抓在校学习的良机,不断增强自己的实力,为以后获得更多更大的成功时刻准备着。

但是,事例丰富,内容繁杂,需要政治教师坚持"贴近学生、贴近教材、贴近生活"的原则,坚持科学性与思想性、适度性与时代性、典型性与契合性等要求,科学选择,适当整合,精准解读,为充分实现思政课教学的"三维目标",尤其是"情感态度价值观"的教学目标服务。在本次全国思政优质课的展示中,事例的选择与运用,对高效落实"情感态度价值观"的教学目标要求总体收效显著,但也有遗憾。比如,G省的L老师在《经济生活》"正确对待金钱"的教学中,"情感态度价值观"的教学目标的重点是启发学生树立正确的金钱观。L老师在教学中选用了一个"百万富翁"收养76个孩子,导致自己变得贫穷的感人事迹,请求学生为这个伟大的"母亲"点赞,结果请了5位学生口头回答,没有一位学生赞成这位"母亲"的做法。学生认为这位"母亲"收养孤儿的精神可嘉,但是由于她的能力和精力有限,不利于这些孩子持续地健康成长,应该让政府与社会帮忙,一起承担相关责任!L老师又花了较多的时间,让全班学生为这位母亲写一个"募捐书",向社会求助。这位"母亲"把金钱"用之有益",但没有"用之有度",与正确对待金钱要"用之有益,用之有度"不完全契合。上述事例是感人的,但往往因"例"过大和过于特别,不能贴近学生的生活,让学生可感不可学,导致教育效果不好。

四、改善方法点,力争入心导行

教学方法本无优劣之分,只有适合与不适合之别,最适合学生的方法是最好的方法。政治教师只有科学把握思想政治课教学的规律、学生成长的规律与教师专业发展的规律,不断改进教学的方法,找到适合学生的教学方法,才能引导广大学生了解、理解、认同思想政治课教学的内容,让这些内容进入学生的头脑,内化为学生的思想,成为学生的行动指南,真正实现思想政治课教学信度、效度与高度的完美统一。

综观本次全国思想政治优质课的展示活动,众多参赛选手,在竭力高效落实思政课"情感态度价值观"的教学目标方面,非常重视改进传统的教学方法,坚持生活逻辑、学科知识逻辑、价值逻辑、教学设计逻辑相结合,精选生活实例,精心设计课堂教学的内容与程序,精心运用现代多媒体的教学手段,精心指导学生"自主、合作、探究"学习,着力坚持以生为本,让学生充分"动"起来,着力打造生态、高效、幸福的常态化课堂,各显神通,亮点纷呈。

新疆的吴老师在《生活与哲学》"在实践中追求和发展真理"的教学中,邀请了现在武汉大学读大二的谭同学,来到课堂教学的现场。他向老师和学弟学妹们汇报自己在高三紧张的学习中,如何花两三个月的时间,克服集中时间难、现场考察难、撰写研究报告难等重重困难,组织同班部分学生调查武汉市的地下排水工程,悉心撰写的研究报告获得湖北省相关论文评比一等奖,其研究成果被武汉市政府有关部门采纳，并主动接受老师和同学的现场采访。这样的事例使学生深刻认识到人的认识具有反复性、无限性和上升性等特点，必须在实践中认识和发现真理，检验和发展真理。

安徽的何老师更注重课堂教学"实战"训练，帮助学生用具体的事例印证教材的观点。她在《政治生活》"政府的职能：管理和服务"的教学中，设置了"体验政府"的环节，让学生分组讨论，筛选出需要及时请求政府帮助解决的重要事情，其中有一个小组提出请求政府帮助解决武汉外国语学校门口上下班交通十分拥挤的问题。何老师当场请一位学生用老师的手机拨通了当地的"12345"市长热线电话，请求政府有关部门帮助解决上述问题。何老师也当场表示一定把"12345"热线电话反馈的情况及时告诉本班同学，全班学生异常激动，进一步理解和认同我国的政府是"为人民服务的政府"的观点。

总之，高效落实思想政治课"情感态度价值观"的教学目标要求，是立德树人的要求，是广大政治教师的特殊使命。我们要坚定正确的政治方向，敢于担当，善于实践，乐于奉献，为展示中学思想政治课的独特魅力，学生的道德成长做出更大的贡献！

"六力"助推中学政治教师专业持续发展

浙江省严州中学新校区　陈志红

新课程教学改革与高校招生制度的改革试点,给广大中学政治教师带来了严峻的挑战与难得的机遇。政治教师唯有加快专业发展,才能主动迎接挑战,抓住有利机遇,在新的改革中实现持续作为,赢得更高的自由与尊严。整合"六力",加大正能量,必将推动政治教师专业持续发展。

一、以"顶层设计力"助推教学规划从"自然"走向"自觉"

政治教师在教学规划的"顶层设计"中,从当下的任其"自然",走向更加"自觉"整体谋划好思想政治课教学的科学愿景,是引领和激励教师完善教学发展目标,坚定教育信念,改善教学行为,提升教学境界,力求高效教学的重要动力。

在教学规划中,教师需要秉持战略思维与系统思维。所谓"战略"思维,就是反思过去,立足当前,展望未来,从更加宏观的角度扩大教学视野,谋划自己发展的愿景。教师的教学可以分为"五重境界":第一重是"职业"——在"应付"中把事情做完;第二重是"勤业"——在"忙碌"中把事情做对;第三重是"敬业"——在"茫然"中把事情做好;第四重是"乐业"——在"顿悟"中把事情做精;第五重是"事业"——在"智慧"中把事情做美。所谓系统思维方法,就是把教学规划作为一个系统来思考,既要考虑备课、上课、批改、考试、辅导、评价等教学活动的各个要素及其联系,又要考虑自主研究、合作研究等教研活动的关系,还要考虑教学、德育、管理、科研等教育活动的关联,更要考虑本学科德育与智育等特点,考虑政治教师个体专业发展等实际,让思想政治课教学整体规划中的各个要素,有序排列,有机整合,和谐互动,形成正向合力,使教学的整体规划更加科学、更有成效。

二、以"主动学习力"助推教学智慧从"师本"走向"生本"

在激烈竞争的知识经济时代,争取有利地位的主要对策就是比别人学得快、学得好。中学思想政治课教师只有牢固树立终身学习的观念,学得快、学得好,才能不断更新知识,改进教学方法,丰富教学智慧,不断满足学生日益增长的科学文化的有效需求,逐步从"教"得精彩的"师本"教学走向"学"得快乐的"生本"教学,让教学从寻找适合教学的学生转变为适合学生的教学。

政治教师要增强学习力,必须坚持做好六个"一点"。一是"挤一点"时间。学会在"忙"中学习,把时时处处变成学习的时机;在学习中"忙碌",把静心学习作为生活的重要组成部分。二是"选一点"内容。在浩瀚的知识海洋中,选择思想政治课教学的前沿知识、国内外的重大时事知识、教育教学的专业知识、相近学科的基本常识、学生所特别关注的学习内容等,让自己的知识结构优质、丰富、新颖、管用。三是"做一点"笔记。对一些学习的重点、难点、兴奋点等知识,分门别类及时做好笔记或直接录入电脑,以供教学与写作不时之需。四是"用一点"实践。把学习的鲜活知识与教学实践的需求紧密结合起来,让教学更加贴近学生、贴近实际、贴近生活。五是"做一点"反思。及时总结反思学习与实践中的经验与教训,做好总结与提炼,把共性的知识内化为个人的智慧。六是"写一点"体会。及时把总结与反思的内容获得的新想法写下来,可以提升教师的思考力、概括力与表达力,为进一步更好地指导新的生本教学的实践服务。

三、以"教育研究力"助推教学本领从"恐慌"走向"高强"

教育科研是教师专业发展的第一推动力,也是教师体验教学成功和快乐的重要载体,更是教师不断克服自己教育教学本领"恐慌",进而成为有智慧的实力型教师,在异常激烈的竞争中处于有利地位的重要保障。

政治教师的教育科研要在生本教学的指导下,重点研究师本问题,即教师本身在生本教学中存在哪些问题,把这些问题提炼成"微型"的研究课题,坚持从这些"微型"课题的行动或案例等研究中总结提炼出鲜活的教学经验或教训,指导新的生本教学实践。比如,教师的教学行为归根结底主要体现在"讲"与"练"上,正确处理"讲"与"练"的关系,让两者有机结合,打造生本教学的高效课堂,应该成为教师永恒的课题。课堂教学的"讲"与"练"的关系,可以分为"五重"境界。第一重境界是"乱讲乱练"。教师游离课堂教学的目标,脱离学生学习的规律与实际,甚至背离教师职业道德要求的"乱讲乱练"。第二重境界是"乱讲少练"。教师"乱讲到底",很少给学生独立"练"的机会。第三重境界是"多讲多练"。教师在课堂"一讲到底",在课外搞"题海战术"。第四重境界是"精讲多练"。教师在课堂上"精讲",让学生在课内外"多练"。第五重境界是"精讲精练"。教师在课堂上"精讲与精练",几乎不向学生布置课外练习。政治教师更应该围绕如何正确"讲"与"练"的关系,深入研究"什么是精讲与精练,如何真正做到精讲精练"等问题,不断总结提炼出新的观点、经验与策略,不断提高课堂的教学效能。

四、以"精诚合作力"助推教学能量从"单一"走向"多元"

教学活动是一项系统性的活动,一项教学研究成果往往是教师的钻研、学生的努力、同行的帮助、家长的支持、领导的激励等有关因素合力的结果。教师加强合作,不是"零和",而是"共赢"。因为这种团队合作,不仅可以互通有无、分享智慧、取长补短、共同发展,而且可以构建和谐温馨的团队,收获"1+1>2"的高效。假如教师孤军奋战,必将陷入孤芳自赏、孤立无援的困境之中。为此,政治教师要以更加广阔的胸怀,更加积极的行为,更加有力的作为,加强紧密合作,力求最大限度地从有关合作方汲取正能量。

教师的精诚合作等式是"X+Y+Z+⋯=1"。该等式告诉人们:假如合作方的"X、Y、Z、⋯"中有一方是0,表明该方就没有参与合作;假如合作方的"X、Y、Z、⋯"有一个小于0,表明该方在合作中提供负能量;假如合作方的"X、Y、Z、⋯"有一个等于1,表明其他方没有参与合作;假如合作方的"X、Y、Z、⋯"每项大于0且小于1,表明任何方为合作都提供了正能量。政治教师应该以更高的政治素质,以奉献的精神尊重他人,帮助他人,把自己的教育教学成果毫无保留地奉献给合作方;以虚心的态度相信人与学习人,分享他人的教学智慧;以丰富的智慧包容人与激励人,为建设和谐的合作关系,提升合作的整体实效贡献力量。

五、以"行为专注力"助推教学活动从"勤业"走向"专业"

1991年美国独立日,比尔·盖茨的父亲问巴菲特与比尔·盖茨,人生成功最重要的是什么? 他们的共同回答都是专注。教育教学研究也一样,只有心无旁骛才能克服一切私心杂念,全身心地投入教育教学活动中;倘若心理浮躁,见异思迁,必将一事无成。专注就是勤奋、坚持,就是投入、执着。只要进入教育领域,就处于"教育者"的状态,在每个教育细节中尽可能把正能量发挥到极致,随时准备消除负面的影响,每天以最大的热忱和激情投入教育事业中去。

一个真正专注的教师需要不断地"重新出发",在勤奋的同时,更需要专业。比如,运用教育学、心理学方面的专业知识,找到(或找回)孩子的逻辑、孩子的方式,启迪孩子解疑克难,健康成长。比如,政治教师引导某男生解决在高考中遇见一位年轻漂亮又穿得很暴露的女监考教师,注意力难以集中的困惑。一方面教师要包容与理解学生当时的真实想法,另一方面又指导学生运用"对立统一的观点"来解决这一难题:因为任何事物都包含对立统一的两个方面,该女教师的外貌必然包括美与丑的两个方面;美与丑在一定条件下会相互转化,多看丑会影响美,常看美也会产生审美疲劳。为此,建议该男生仔细寻找该女教师不美的一面,并把它适度放大,这样就会觉得该女教师不是十分完美,就可以更好地集中注意力,更好地完成人生重大的高考任务。因此该政治教师得到学生的信任和尊敬。

六、以"反思改进力"助推教学效能从"低效"走向"高效"

波斯纳认为:经验＋反思＝成长。政治教师在不断学习、大胆实践与深入研究的基础上,学会科学反思。反思的实质是发现问题、分析问题和解决问题,不断改善自身的教学行为,加快自己的专业成长。

教师对自己教学反思的实效,需要实现"三个转变"。一是从"为自己式"反思转变"为学生式"反思。"为自己式"反思的实质是"师本"反思,反思如何"教"得更精彩,主要反思:三维教学目标达成度如何;教学重点是否突出,教学难点是否攻破;教学设计是否坚持科学性与艺术性的统一等问题。"为学生式"反思的实质是"生本"反思,反思如何"学"得更精彩,主要反思:学生听课的兴趣是否浓厚、注意力是否集中;学生参与面是否广泛、参与的效率如何;学生学习任务完成如何,特别是后三分之一学生学习情况如何等问题。二是从"随意"反思转变为"自觉"反思。让教学反思成为教学生活不可或缺的组成部分,成为自己的生活习惯和自觉行动。三是从"单一"的反思向"多维"的反思转变。即从主要反思自己教学的经验,向反思自己的师德与师风、学习的深度与广度、合作的信度与深度、研究的精度与效度、改革的力度与程度等转变,既反思自己又反思别人,让反思更全面、更深刻、更有效。

总之,政治教师只有整合一切有利于教师专业发展的积极力量,克服一切阻碍教师专业发展的消极因素,才能持续推动教师的专业发展,不断获得教学成功的喜悦,实现美丽的教育梦想!

浅谈中学思想政治课教学活动的"先"与"后"

浙江省严州中学新校区　陈志红

任何教学活动都有先行后续的关系,如果我们颠倒了其中的先后顺序,往往就会违背教学活动的客观规律,不能真正贯彻"以生为本"的素质教育理念,难以充分实现教学的目标。只有准确而全面地认识教学活动中先行后续的关系,自觉而灵活地处理好教学活动的"先"与"后",才能在教学活动中游刃有余,攻坚克难,顺利到达理想彼岸。笔者就中学思想政治课教学的几个基本环节,谈一谈中学思想政治课教学活动中"先"与"后"的关系及相关对策。

一、备课:先己后人

在思想政治课教学中,许多教师或许因为"太忙",或许因为备课的习惯和方法等因素的影响,往往全面"参考"他人的教案,或者先参考他人的教案,再生成自己的教案,尤其是在教研活动中,总喜欢先把别人不太适应自己教学实际的所谓"精彩"内容过多"拿来",在基本未改的情况下匆忙使用,这种"人云亦云、人做我做"的方法往往导致"消化不良",很难吸收,又会迷失自我,更难自我创新。

心理学研究表明,人存在着"首因效应",即"先入为主",会制约人对往后的认识。所以,我们在思想政治课的备课中,为了防止受他人言行的干扰或制约,需要先独立思考,后学习他人。比如,著名特级教师于漪老师为自己拟定了一个基本的备课模式:"一篇课文,三次备课。"第一次备课是在认真研读课程标准和教科书的基础上,不看任何参考书与文献,全按个人见解准备教案。第二次备课是在广泛涉猎,仔细对照,"看哪些东西我想到了,人家也想到了。哪些东西我没有想到,但人家想到了,学习理解后补进自己的教案。哪些东西我想到了,但人家没想到,我要到课堂上去用一用,是否我想的真有道理,这些可能会成为我以后的特色"。第三次备课——边教边改,在设想与上课的不同细节中,区别顺利与困难之处,课后再次"备课",修改教案。

这种"先己后人"的备课顺序,既有利于防止因他人的备课言行,尤其是一些名师的观点和做法的束缚,影响自己的思维方法和思维活动,充分发挥自己独立思考的作用,迸发自我创新的火花,提高自主创新的能力,又有利于博采众长,为我所用,助我成长,形成自己备课的特色,努力开辟备课活动的新天地。

二、教法:先学后教

不少政治教师受传统教学观念或者教学惯性等影响,不是"以学定教""先学后教",而是"以教定学""先教后学",往往不分教学的重点与非重点,不管学生是否真正需要,都一股脑儿采用"一讲到底"的教学方式,常常是教师讲得"头头是道",学生却听得"昏昏欲睡"。即使偶尔也有"闪电式"的讨论或师生问答,但是,教师总是包办代替地过早快速"播放"备好的问题的答案,导致教与学相互脱节,学生很难认同,更难内化教师的观点。教与学的距离渐行渐远,教学效率日益低下。

教学要坚持以生为本,首先必须发现学生的有效需求,然后再选择科学的方法,不断满足学生日益增长的学习需求。如果教师不了解学生的有效需求,就开始组织教学活动,无异于医生不了解病人的病情就凭自己的想当然开药方,必然贻害无穷。

孔子说:"不愤不启,不悱不发",指的是要等对方实在无法想明白的时候再去开导他,只有在对方心里明白但不知如何表达时再去开导他。这启示我们,只有让学生"先学"之后,才会有"无法明白"的内容,才能产生"不知如何表达"的困惑。教师如果趁热打铁,抓住有利的时机,有的放矢地引导学生,满足学生学习的有效需求,就会激发学生的学习兴趣,集中学生的注意力,提高学生的学习实效。

思想政治新课程教学要求教师在教学中,"创设情境、分析情境和回归情境",这也充分体现了"先学后教"的方法。因为广大教师在"创设情境"中提出问题,让学生在"尝试"回答问题中发现"自己的问题";然后在教师引导下,让学生在"自主、合作、探究"学习中"分析情境",解决问题;最后,教师又指导学生学会用所学的新知识,分析新的"情境",巩固知识,实现教学目标。为了贯彻"先学后教"的理念,教学需要在课堂教学中,引导学生自主选择学习的内容,掌握自主学习的方法,给足学生自主学习的时间,指导学生提高自主学习的能力。

三、测试:先试后测

这里的"先试后测"特指在政治教师精选精编或使用与高考有关的试题中,先独立思考,最好能够像自己当年参加高考一样做有关试题,然后对学生进行测试。

教师"先试后测"有利于提高教师的试题研究力。政治教师面对全国各地历年的高考题、全省历年的会考题和各校各式各样的"模拟"题,利用网路等手段,往往只是经过非常短暂的浏览,而没有经过教师精心的试做选题,就直接照搬使用,导致练习或测试效果不尽如人意,甚至给学生造成误导。因为全国各地的高考试题所依据的《考试说明》和教材不完全相同,试题选择的材料有一定的时效性和区域性,各校的模拟题也常常是几个教师在匆忙中"赶制"的,往往存在一些科学性问题,更何况各校学生在不同学习阶段的实际情况不同,教学要求存在不少的差异,这更需要教师通过试做,深入研究和明晰试题选择的正确方向,精编适合教学需求的"校本"试题。

教师"先试后测"有利于提高教师的试题编写力。编制试题的能力是教师学科专业发展的重要能力。试题的选编和运用,直接影响着教学的实效。这中学思想政治课试题的选编更要紧跟时代的步伐,更加贴近生活的实际,就需要只有广大政治教师面对茫茫的思想政治课的题海,从先做先选再到精仿最终走向原创。只有这样,才能真正选编出融科学性、时代性、趣味性、仿真性和校本性为一体的思想政治课试题,提高测试的针对性和实效性。

教师"先试后测"有利于提高教师的试题讲评力。教师坚持不懈对试题"先试后做",可以不断发现试题编写中的问题,特别是教师做错的试题,往往也是学生容易做错的地方,也是教师上课讲评试卷需要着力解决的问题。因此,教师只有先独立地多做一定数量的试题,才能为防止和纠正学生在测试中的具体问题,提供更多更好的有针对性的经验和方法指导,提升试卷讲评课的效率。

四、辅导:先问后答

袁振国教授说,我们当前教育中的最大问题就是没有问题。学生在学习了有关知识之后,虽然存在很多疑惑,却不能独立提出问题,尤其难以提出有一定质量的学科问题。这不利于学生深度学习有关知识,运用学科知识解决有关生活问题,更不利于培养学生的问题意识和创新精神。

提出一个问题往往比解决一个问题更重要。教师培养学生的问题意识,不断提出有一定质量的学科问题。政治教师首先要秉持"不扣帽子、不抓辫子、不做批评"的理念,引导学生敢问。面对社会的飞速发展,每个人有问题才需要终身学习和研究,广大学生也是因为有问题才需要进入学校进行比较正规的系统化学习。其次,要弘扬"重引导、重过程、重坚持"的策略,指导学生善问。在启迪学生懂得对一个问题的思考总是包括"是什么、为什么、怎么样和为什么这样"的基础上,让学生在预习中,每次至少提出两个问题;在上课时留出一定的时间进行问答练习,包括"师问生答、生问师答和生问生答"等多种方式;在课余时间,把同桌同学相互提出两个思想政治课的学科问题包括答案,作为课外的"小练习";引导学生在每天晚上睡觉前进行自我提问,回忆和追问当天自己的学习情况。教师发现其中有一定质量的问题,可以与全班同学分享。笔者经过对某届学生进行一段时间的特殊训练,学生上课质疑人数显著增加,课后问问题的学生也大有增加。

面对众多学生对教师的提问,教师要善于分清主次、甄别正误、分辨优劣,灵活做出正确的回答。对于一时难以回答的问题可以与学生一起探讨,特别是进一步适时适度地对学生进行反问,也不失是一种回答学生问题的好方法。比如,有学生问:"中国为什么不采用美国的选举制度、三权分立制度?"教师答:"假如中国采用美国的选举制度、三权分立制度,将会出现什么后果?"请学生以此问题作为研究性学习的问题,一周之后,师生再讨论,引导学生深度思考和解答有关问题,通过师生共同探讨,相互启发,达成共识。

五、评价:先褒后贬

教师要根据学生的学习实际,尤其是每次考试的具体情况,对学生进行积极的评价,肯定学生的"闪光点",再适当指出学生的不足,常常可以收到惊喜之效。

俗话说,好孩子是夸出来的。每个人内心天然有得到赞美的渴望。广大政治教师要发挥学科的优势和自身的特长,适当使用表扬的手段,激发学生前进的动力,加快学生成长的步伐。比如,笔者一次外出参加一个多月的培训活动,让学生自学思想政治课教材并完成有关练习,导致该班在期中考试中的均分排在同类班级的最后,全班很多同学感到十分沮丧。但笔者不仅没有批评学生,而是先寻找学生的"闪光点",肯定他们在自学中都能考出相对不错的成绩,更可喜的是大家能够对考试的结果进行及时而深入的反思,这完全有理由相信"暂时的落后是为了更好地前进",只要我们齐心协力,就一定会有更好的成绩。这让学生深受鼓舞和鞭策,经过后半学期的努力,果然取得了显著的成绩。

总之,思想政治课教学的各个环节有着不同的先后顺序,需要我们不断探究、总结和反思,科学掌握和充分运用各个教学环节的先后顺序,在一定条件下转化的特殊规律,为提升思想政治课的信度和效度提供更好的指导。

中学思政课"让学生动起来"的"三重境界"

——2015 年全国思政优质课观摩活动有感

浙江省严州中学新校区　陈志红

金风送爽,丹桂飘香,笔者有幸在今年 10 月担任全国思想政治课优质课的评委,尽情欣赏各地优秀教师在课堂教学中展现出来的独特风采。通过现场观摩,我欣喜地看到了一种令人兴奋的变化:思想政治课课堂教学正从以往"闷态"逐渐进入"动态"的可喜局面。这让我们对思想政治课课堂教学改革的前景充满憧憬和期待。但是,由于全国各省市思想政治课教学改革的力度、各位教师专业发展的程度和学生对学科知识熟悉程度等方面参差不齐,整体而言课堂教学中学生"动"起来所达到的境界不尽如人意。针对这种情况,笔者抛砖引玉,就中学思政课堂如何让学生"动"起来总结出"三重境界"。下面进行简要阐述,以求教专家和同行。

一、适度巧设情境,让学生触动

兴趣是最好的老师。在中学思想政治课教学中,教师只有千方百计地激发学生的学习兴趣,才能最大限度调动学生积极主动参与课堂教学活动,才能最大限度实现思想政治课课堂教学的三维目标,彰显中学思想政治课教学的独特魅力。在课堂教学的引入上,教师巧设适宜的教学情境,触动学生的感官和心弦,可以让学生在疑问或好奇中心动,在心动中调动自己求知的内驱力,引爆学生的参与热情和兴趣。

全国思政优质课的展示课堂上,有不少老师十分注重教学的素材选择、程序设计、设问提炼、课堂组织、媒体运用等环节,运用各种手段让学生"动"起来,取得了比较理想的效果。比如,四川的谭老师在《政治生活》"政府职能:管理和服务"的引题中,以一位公安警察的小孩写给他爸爸单位领导的一封信《我的爸爸为什么不能回家》导入,让学生动容。小孩在信中说爸爸警务十分繁忙,很少按时回家甚至有时还不回家,她期盼爸爸能按时下班回家,辅导她学习。在一位学生声情并茂地诵读下,学生深切地了解我国政府切实履行职能义务,践行为人民服务的宗旨和对人民负责的精神,初步认识到"我国的政府是人民的政府",在思想和情感上受到不同程度的"触动"。

如果说四川的谭老师善于用好他人的故事材料,在上课一开始就让学生"触动"的话,那么江苏的李老师更注重精心选择和讲好自己的故事,让学生"心动"。李老师在《经济生活》"消费及其类型"的开头中,以自编自唱的一首歌,叙述自己为了改善居住条件,贷款购买和装潢面积较大的新商品房,全家三口只好暂时居住在丈母娘家的小屋之中,喊出渴望尽快解除生活之"愁",过上美好生活的心声。动人的歌声与朴实的歌词,触动了学生的心弦,让学生在动情中理解"收入是消费的基础和前提""劳动是增加收入的源泉""节俭是中华民族的传统美德"等基本理念,为课堂教学的进一步展开做好铺垫。

二、精度学科解读,让学生激动

思想政治课教学要培养学生学科的核心素养,就必须引领学生以思想政治课理论为指导,认真学习和精确分析社会生活的具体事例,让师生在和谐互动中,深切感悟思想政治课理论的科学性和深刻性;在生动的学习与具体的实践中,真切体验学好思想政治课的特殊价值和力量;在相互学习的激动和共鸣中,不断提升思想政治课的核心素养。必须注意的是要防止本末倒置,避免让学生活动偏离思想政治课教学的核心目标,沦为一种为热闹而热闹的"综艺表演"。

很多老师能够着力让学生运用思想政治课相关科学原理,精度解读现实生活中的素材,给观摩老师留下深刻的印象。比如,河南的李老师在《文化生活》"传统文化的继承"的教学中,设计"传统文化面面观""传统文化在今天"与"传统文化之我见"等三个板块,尤其是在"传统文化之我见"的教学中,针对"传统文化是财富,还是包袱"问题,分"正方、反方与第三方"进行激烈的辩论。学生在辩论中,运用大量翔实的材料,从不同角度论证了自己的观点,论点集中,论证充分。学生在不同观点的交锋中,能准确运用教材观点,全面分析传统文化,辩证看待传统文化,认识到传统文化要在批判中继承,在继承中创新,在创新中发展,特别要继承中华优秀传统文化和践行蕴含中华民族优秀传统文化因子的社会主义核心价值观。

三、深度合作探究,让学生震动

提高中学思想政治课教学的"信度"和"效度",是广大政治教师的永恒追求。为此,需要广大政治教师千方百计启发学生了解、理解、认同、内化、导行思想政治课的科学理论,真正实现马克思主义中国化、大众化和实效化。这就需要我们在思想政治课教学中,启迪学生在巧妙引题的"触动"、自主学习的"激动"的基础上,进行深度合作探究,达到深刻"震动"的境界,然后在学习和实践中转化为自觉的行动。

比如,山东的周老师在《生活与哲学》"用发展的观点看问题"的教学中,精选了新东方总裁俞敏洪的成长故事——为考上北大,经过三次艰难的高考,为当好英语教师而背下两三万个英文单词,为创办好新东方,每天上课 6 至 10 小时等具体而感人的经历,引导学生结合自身的实际,合作探讨俞敏洪成长的故事带给大家的启示,使全体学生更加深刻认识事物发展是前进性与曲折性的统一,要坚信前途是光明的,道路是曲折;更加清醒地认识到事物发展是量变与质变的统一,要重视量的积累,不失时机促成飞跃,实现事物的不断发展;认识到作为武汉外国语学校的学生更应该抓住当下机遇,坚持德智体全面发展,极大地激励学生为实现自身价值和中国梦而不懈努力奋斗的动力!

总之,在本次全国思想政治课的展示中,参赛的各位政治教师在坚持以生为本,让学生"动"起来,在真正成为学习主人的道路上,又迈出了坚实而可喜的一步。但是,任何事物发展都是反复性、无限性和上升性的,这决定了中学思想政治课课堂教学改革是永无止境的,深化思想政治课教学往后的改革之路更长,任务更艰巨,使命更光荣,这更需要广大同仁百尺竿头更进一步,不断开创思想政治课教学改革的新境界!

在"六个转变"中提高中学思想政治课学法指导的实效

浙江省严州中学新校区　陈志红

指导学生掌握思想政治课的科学学习方法,提高学习效率,为学生的终身学习奠定基础,是素质教育的应有之义。因此,提高学法指导的效能,应该成为广大政治教师自觉而不懈的追求。然而,不少老师在思想政治课学法指导实践中,往往存在着事倍功半的现象,导致教师苦恼,学生痛苦,师生相互埋怨。这就需要我们在学法指导中,深刻反思,分析原因,找准对策,攻坚克难,实现师生和谐互动,共同发展。为此,笔者结合多年中学思想政治课教学的实践,进行了"六个转变"的学法指导尝试,现分享给各位专家同行,不当之处谨请指正。

一、从"复杂"向"简单"转变

科学的方法往往是最简便的方法。我们政治教师在教学中要化繁为简,总结提炼出既有操作性,又简便的学习方法。但是,在思想政治课的教学中,众多教师在指导学生回答有关主观问题时,往往存在分类过细、步骤过繁等问题,导致一个相对简单的问题复杂化,让学生不知所措,甚至使一些学生发出"你不讲我还清楚,你越讲我越糊涂了"的感叹!

比如,不少政治教师把主观题分为图表类、体现类、意义类、分析类、原因类、评析类、措施类、探究类、时政类、综合类等十多种,每种类型又"提炼"较多的操作要点,让学生无所适从,难以把握,更不必说实际运用了。

其实,主观问题按照逻辑关系主要可以分为"是什么、为什么、怎么办"等三类,我们可以主要探究上述三类问题的答法及其相互关系。"是什么"的问题解答可以归纳为三句话:何谓现象问题道理(形式)、设问分层材料分整(审题)、材料观点准确对应(方法)。"为什么"问题的解答概括为三句话:正确性(符合规律与科学理论)、重要性(地位与作用)、必要性(现状与问题)。"怎么办"问题的解答总结为:从审设问到审材料选方向,从审设问材料到书本时政选范围,从材料到措施合理选观点。这样可以大大简化题型、过程与方法,便于学生掌握和具体运用。

二、从"突击"向"常态"转变

许多政治教师为了"强化"学法,在政治课教学活动,尤其是在高三政治复习中,往往采用突击"学法"指导,快速将一整套的"学法"要点,一股脑儿灌输给学生,期盼学生迅速掌握并有效运用,而在平常的教学中很少有机渗透,没有坚持不懈贯彻落实新课程有关"过程与方法"的目标要求。久而久之,导致很多学生在学法上重蹈覆辙,深感茫然。

学法指导是一个长期而艰巨的任务,需要科学渗透在一切教学过程的始终,体现在教学过程的各个环节。教师在日常教学中,在局部学法指导的基础上,集中一段时间进行总结提炼,最终找到系统的破解方法。所以,教师学法指导最重要的是在常态教学过程中的"润物细无声",让学法指导在日积月累中量变达到质变。比如,指导学生掌握教材的知识体系,整体把握教材内容,必须把单元宏观的"知识线"和课文中的"知识面"以及框题(知识点)整合联系起来,只有日常扎扎实实地潜移默化,才能使学生的知识结构形成体系,最终融会贯通。

三、从"生硬"向"自然"转变

不少教师总以为教学内容太多、教学时间太紧、教学方法太少,渴望把自己多年积累的一系列学习经验,在短时间内全部奉献给学生,所以往往在高一年级就过早地系统全面总结提炼出所谓的学法指导要点。比如,当学生刚刚做了一道有关经济生活的图表题,就马上全面总结出有关图表题的解题策略,让学生深感突兀、生硬,难以理解,更难以认同内化,自然也就谈不上自觉有效运用了。

辩证唯物论认识论认为,我们只有占有大量可靠的感性认识,才能由感性认识上升为理性认识。比如,教师指导学生解答"图表题的有关信息",必须让学生在学习和掌握了一定数量的学习材料并进行相应练习之后,通过局部学法指导,在此基础上让学生获得了一定的感性认识之后,再引导学生根据自己的学习经验,总结提炼出"五比五看法",这才能水到渠成。"五比五看法"就是纵比看变化、横比看差异、类比看特点、内外比看联系、特比看问题。总之要努力使学法指导达到"随风潜入夜,润物细无声"的境界,让学生体验水到渠成、瓜熟蒂落的喜悦。

四、从"师法"向"生法"转变

教学是师生双边的活动,学生是学习的主体。但是,传统应试教育的教学活动往往以教师"教"得精彩为出发点和落脚点,很少研究如何让学生"学"得精彩。在课堂上时常出现教师讲得天花乱坠,学生却听得昏昏欲睡。比如,在思想政治课的学法指导中,教师通常把自己课前总结提炼好的某一方面的"学习方法要点",直接呈现给学生,让学生按照"师法"进行有关知识的学习或问题的解答,导致学生难以理解与运用,教师的这一片"好心"并没有获得回报。

最好的学习方法是最合适学生的方法。因此,教师在学法指导中,要从学生的实际出发,充分调动学生学习的积极性和主动性,在师生互动和生生互动中,共同提炼和总结有关知识学习方法的操作要点。比如,笔者让学生经过一定的练习与讨论,自己总结提炼出解答思想政治课选择题的具体方法,各学习小组选派代表在全班交流,再相互取长补短,修改和补充自己的方法要点,最后师生一起归纳出解答政治选择题的"三两法",即"审题干,明主体与主旨;审题旨,辨正确与错误;审答案,选最准与最全",如此学生则易解、易记、易用。

五、从"抽象"向"具体"转变

抽象源于具体,具体体现抽象,这需要我们在学法指导中,从具体到抽象,再从抽象到具体不断反复,修正抽象的内容,指导具体的学习。但是,不少教师在指导学生提炼有关学习方法时,只是比较简单地从一两次的具体联系中,就归纳出抽象的"学习方法",这很难引导学生从感性认识真正上升为理性认识,即实现认识的第一次飞跃;更没有让理性认识多次回到感性认识,即实现认识的第二次飞跃,导致学生对教师概括提炼的某"学习方法"要点的理解半生不熟,更谈不上自觉自如地运用了。

笔者在指导学生如何回答"评析题",在师生合作互动中,抽象出"八字法":

"分点"——分清有几个评析点;

"转化"——把几个评析点转化为一般的简答题;

"解答"——回答已经转化的简答题;

"总结"——总结各点之间的联系,得出正确的结论。

学生开始常常能够认同并运用上述方法,过了一段时间往往会遗忘。这需要政治教师在教学中,适时地不断强化和优化,让学生对此烂熟于心、熟练于手、创新于题,把技能化为本能。

六、从"静态"向"动态"转变

事物是变化发展的,我们必须用发展的观点看问题。坚持与时俱进,求真务实,既要继承以往在教学实践中积累的学法指导的成功经验,更要不断优化学法指导的策略,开辟学法指导的新境界。防止用过时的局部经验来指导新环境下的新学生。

笔者认为,教师在学法指导中一般有"五重境界"——点化、深化、优化、内化、神化。

"点化"是指教师只是简单地讲一个问题,不做任何的反思和提炼的过程。

"深化"是指教师教了一个问题之后,偶尔也指导学生做一点反思的过程。

"优化"是指教师指导学生回答了一个问题后,时而有反思,也有点滴提炼的过程。

"内化"是指师生讨论了一个问题之后,有一定的反思、有适当的提炼、有变式练习的过程。

"神化"是指学生自习了一个问题之后,有深刻的反思、有新颖的提炼、有变式的练习、有在比较中选择最适合自己又比较简便的方法。

综观上述教师学法指导的"五重境界",只有教师不断修炼内功,不断探索学法指导的规律,才能使学法指导从无效走向有效,从低效走向高效,从高效走向成功。

在"六个统一"中打造思想
政治课教学的高效课堂

浙江省严州中学新校区 陈志红

打造中学思想政治课的高效课堂是政治教师的永恒追求。正确全面理解高效课堂之"效"的内涵与外延,并选择科学的对策是打造政治课教学高效课堂应有之义。笔者经过多年的教学实践,总结出高效课堂的"六个统一",在此做粗浅的介绍,以求教大方之家。

一、在"三维统一"中求复效

思想政治课新课程改革倡导"知识与能力、过程与方法、情感态度价值观""三维统一"的教学目标,就是坚持以人为本。也就是说,把学生作为一个完整的人来看待,把课堂教学过程作为一个系统来对待。但是,受应试教育和传统教学惯性的不良影响,不少政治教师的"知本"和"教本"观念根深蒂固,往往在落实"三维教学"目标中,过分强调"知识"目标,而忽视教学目标中的其他(尤其是方法与情感态度价值观等)要求,往往片面追求课堂教学的"知识"目标的"单效",而很难落实"三维教学目标"的"复效",严重偏离素质教育的正确方向,造成学生的畸形发展。

比如,在《政治生活》"党的性质和宗旨"的教学中,不少学生由于受社会一些负面因素的影响,往往难以认同教材的观点,有的同学甚至产生消极抵触情绪。为此,在课堂教学中,教师要更加重视"过程与方法""情感态度价值观"的教学目标要求及教学设计的创新,正确认识真正的共产党员与党内腐败分子的关系、党员个体与党组织整体的关系、学生身边党员与非身边党员的先进事迹的关系,等等。选择"合作探究",课堂辩论与演讲等方法,正确引导广大学生真正认同"党的性质与宗旨",培养学生相信党、热爱党、拥护党、支持党的情感。要防止学生的消极情感,更要防止教师自己带着消极情感,从教材到教材的一般讲述,对学生产生误导,严重偏离"三维"教学目标。

在打造高效课堂的实践中,教师要把"三维教学目标"落实在课堂教学的方方面面,贯穿课堂教学的始终。既要实现"三维教学目标"的措施设计,更要落实"三维教学目标"的教学行为;既有"教"的"三维教学目标"要求,更有"学"的"三维教学目标"策略;既有课堂教学的"三维教学目标"要求,更有课外练习的"三维教学目标"拓展,真正让师生在"三维教学目标"的七彩光芒照耀下共同茁壮成长。

二、在"三法统一"中求正效

唯物辩证法认为,任何事物都是一分为二的,我们要用全面的观点看问题。思想政治课教学之"效",按其性质分为正效与负效。所谓"正效"就是对学生的发展产生积极的影响,"负效"就是对学生的发展产生消极的影响。比如,在《政治生活》"权力的行使需要监督"的教学中,有的教师在教学中使用的反面例子过多、阐述过细,容易对学生产生消极影响。

为此,我们要切实优化教法、细心研究学法、科学选择考法,让教法、学法与考法在有机统一中,最大限度调动积极因素,克服消极影响。比如,在思想政治课教学中,要以正面教育为主,多选用积极的素材,少选择反面的事例,即使选用反面事例也要千方百计进行正面引导,让学生明辨是非,透过现象看本质。在《文化生活》"文化生活中选择"的教学中,教师科学选用落后与腐朽文化等素材,要深入分析其产生的根源与危害,选用先进的文化素材,要充分认识其积极作用,让学生通过举例、自主合作探究、讲故事、测试等方式手段,引导学生在全面比较中认识落后的消极的文化、科学的先进的文化,在现实生活中,自觉抵制消极文化,选择先进文化,真正学会科学选择和自觉学习先进文化,积极主动参加社会主义精神文明建设活动。

三、在"三精统一"中求广效

素质教育倡导"一切为了学生"。这就要求广大教师在课堂教学中促进全体学生的全面发展。因此,我们倾力打造"高效课堂"的"效",应该是面对最广大的学生,而不是少数学生。

比如,《生活与哲学》的"对立统一"观点是教学的一个突出难点。在上述观点的教学中,常常只有少数学生能够初步理解。这就需要政治教师,在理论与实践的统一中,在自主与合作的探究中,在新课与复习的联系中,正确引导最广大的学生,逐步理解唯物辩证法的核心——对立统一观点。既认识矛盾的对立统一关系,又认识矛盾的对立性与统一性之间的对立统一关系,主次矛盾之间、矛盾的主次方面之间、矛盾的特殊性与普遍性之间的对立统一关系,并能够正确运用对立统一的观点分析和回答实际问题。

教师要坚持不懈力求对最广大的学生有高效,需要坚持"三精统一",即"精备、精讲、精练"的有机结合。所谓"精备",主要是指精心做好课堂教学的各种准备,集中体现在如何让最广大学生学会自主、合作与探究学习上狠下功夫,找到充分激发广大学生自主学习的兴趣,优化最广大学生合作的方法和提升学生探究能力的教学策略。所谓"精讲",主要体现面向全体学生,锤炼准确、精练和生动的教学语言,教学语言要在"关键处、疑难处、精彩处与分歧处"大放异彩,而不是天花乱坠漫无边际。所谓"精练",就是要紧紧围绕"教学目标",分清学生的不同层次,精选精编科学性、知识性、趣味性、生活性、校本性与选择性等相统一的练习题,在课堂上给更多的学生比较充分的练习时间,及时精心批改和科学反馈,让尽可能多的学生学有所得。

四、在"三研统一"中求长效

打造高效课堂之"效",按照对学生发展的影响不同可以分为短效与长效。"短效"主要是指对学生眼前的"应试"产生影响,"长效"是指对学生的全面和终身发展产生积极的影响。我们广大教师对一些知识点的教学,往往存在着这样的困惑:课堂内多次讲过、测试中多次考过、纠错中多次强调过,但是许多学生依然是一错再错。究其根本是我们教师在课堂教学中,虽然付出"短效"之苦力,但缺乏"长效"之妙法。

素质教育应为学生的终身发展奠定基础。课堂教学作为素质教育的主阵地,应该有"教"学生"一阵子",影响学生"一辈子"的长远追求。尽管影响课堂教学长效的因素众多,情况异常复杂,但是,倘若我们在课堂教学中,真正做到"教书、育人与管理"研究的统一,就能够在追求"长效"的崎岖之路上勇往直前,品尝甜蜜的硕果。因为教师的根本任务是教书育人。教书是手段,育人是目的。教书育人都需要不断研究。只有在深化研究中,才能发现教书育人的问题和寻觅到解决问题的有效策略,才能不断丰富教师教书育人的智慧,最终实现课堂教学的"长效"。

教学即教育,说明教书与育人不可分割。教学需管理,阐明教学与管理无法分离。因此,教书、育人与管理三者是统一的。在打造高效课堂过程中,整合知识、育人与管理的力量,共同促进课堂教学效能的提高。通过生本教学,发挥马克思主义科学知识的力量;采用生本德育,厚积学生立身处世的力量;完善生本管理,激发学生自我教育、自我反思、自我超越的力量,使学生在中学思想政治课中获得人生的正向合力。

五、在"三度统一"中求深效

学校之间、教师之间、学生之间存在各种差异,导致思想政治课教学的目标达成度也有差异。有的教师好高骛远,教学内容较难,讲解拓展过多,课堂节奏过快,导致广大学生上课听得云里雾里,其教学目标的达成度往往是浅层次的。有的教师科学选择教学内容,精心设计教学过程,深入研究精讲精练,适当控制教学节奏,注重充分调动学生学习的积极性和创造性,其教学目标的达成度常常是深层次的。

在思想政治课教学中,教师要坚持把教学的难度、课堂的进度和学生可接受度有机统一起来。首先,要坚持"以学定教",充分了解学生的知识基础、兴趣爱好和学习特点,选择适合学生的学法与教法,使教师的"有效供给"能满足学生的"有效需求"。其次,要深研教材,准确把握教学重点与难点,精心选择突出重点与攻破难点的方法,竭力通过深入浅出的分析、通俗易懂的事例、风趣幽默的语言,让广大学生能够力克课堂教学的重难点。再次,要科学掌控课堂教学节奏,快慢适宜,宜快则快,宜慢则慢,严防过快或过慢,让广大学生能够跟上课堂教学的节奏。

六、在"三合统一"中求共效

由于应试教育的激烈竞争,一些教师不愿意把自己在教学中的"秘密武器""独门绝学"拿出来分享,导致这些教师在表层应付"合作",深层排斥"合作",片面追求本学科发展的"个效",而损害各学科均衡发展的"共效",导致"各自努力,共同失败"的惨局。

教育是集体智慧的结晶,只有加强教育教学与管理有关方面的深度合作,发挥集体的智慧和力量,才能共同铸就教育的辉煌。一花独放不是春,万紫千红春满园,广大教师只有加强师生之间、同事之间、教师与家长等方面"三合统一",才能共同打造出高效课堂,推动思想政治课教学的均衡发展。

坚持"以生为本"是加强师生合作的基础。政治教师要在课堂教学中,坚持"生活逻辑与知识逻辑"的有机结合,努力从"演员"变成"导演",把课堂学习的舞台交给学生,放心让学生思考,放手让学生实践,放行让学生体验,科学引导学生把疑问主动提出来,把智慧充分展示出来,让个性之花竞相开放,充分实现自主发展。

积极主动奉献是深化同事之间合作的关键。新东方俞敏洪关于"六个苹果的故事"告诉我们:假如你有六个苹果,与别人分享,你会不断分享到香蕉、梨子等不同新鲜水果的味道。这也告诉我们,在工作和生活中学会分享能让你收获更为和谐的人际关系,赢得更多更好的关爱、合作与发展的机会。所以,政治教师要深刻认识"大家好才是真的好"的朴素道理,有更高的境界与更科学的方法,在奉献中共同实现课堂教学效能持续升高。

富有同理心是实现教师与家长合作的保障。教师都是父母的子女,也是或将要是孩子的父母。教师要多站在家长的角度,包容、尊重、理解家长的想法和行为,优化与家长的合作,引导家长齐心协力配合学校教育,比如创造和谐的家庭环境,有利于孩子的高效学习和精神的健康成长。

广大政治教师如果坚持不懈以"三维教学目标"有机统一为正确导向,以"精备、精讲与精练"的统一为主要抓手,以"教书、育人与管理"的相互促进为持续动力,以"学生、同事、家长"的和谐合作为有力保障,以"学法、教法与考法"的科学结合为重要载体,以"教学的难度、进度与学生可接受程度"的完美统一来把控教学节奏,就有希望打造出全面、正向、广泛、长远、深度、共赢的思政课高效课堂!

试谈思想政治课教学的"简单"与"复杂"

浙江省严州中学新校区　陈志红

长期以来,中学思想政治课教学往往在艰难中前行,在低效中徘徊,其中一个重要的原因是许多政治教师在教学实践中,没有科学处理好简单与复杂的关系,往往把简单问题复杂化或者把复杂问题简单化。这迫切需要我们政治教师,在教学实践中,行走在简单与复杂之间,不断研究与正确处理好简单和复杂的关系,持续提升政治课教学的效能。

一、理论学习从简单到复杂,理论指导从复杂到简单

众多的政治教师往往以"忙"为由,而不重视或不深入进行理论学习,特别是对有关教育教学理论和政治理论的学习,常常采取简单化的办法,或置之不学,或囫囵吞枣,或走马观花。这就难以深入把握新理论的精髓,吸取理论研究的最新成果。

缺乏科学理论指导的实践往往是盲目的实践。政治教师要破解教学中的难题,需要加强理论学习与研究,深入了解理论发展与创新的过程和方法,了解和掌握我党理论创新的最新成果和政治理论与政治学科最前沿理论的精华,科学、自觉而深入浅出地运用中国特色社会主义的崭新理论指导中学思想政治课教学实践。

比如,运用"科学发展观"指导中学思想政治课教学,集中体现在坚持以学生发展为本,教学为了学生,教学依靠学生,教学成果由学生共享,实现教师和全体学生的全面发展、协调与可持续发展的和谐统一。用"科学发展观"指导政治教师的师本研究,主要体现在以教师发展为本,研究为了教师,研究依靠教师,研究成果由教师共享,实现全面发展、协调与可持续发展的完美统一,并在教育教学的实践中制定具体而有效的策略,切实而高效地贯彻落实科学发展观。

二、日常备课从简单到复杂，自主上课从复杂到简单

随着信息技术的广泛使用和集体备课的强势推行，许多政治教师的备课日益简单化：或照搬已有的教案，或借用集体备课的"成果"，或下载网上的"教案"，在没有经过自己科学而有效消化的情况下，就匆匆忙忙拿来使用，往往导致上课过程复杂化，许多讲解让学生听得"云里雾里"，许多课堂使学生昏昏欲睡，许多教学任务难以有效达成。

备好课是上好课的前提。政治课教学的备课是一个复杂的脑力劳动过程，需要我们在深研中备学科知识的体系，生活中备典型的事例，在实践中备适合的教法，在合作中备鲜活的经验，在反思中备改革的方略，以优化教学设计，选择科学的教法和学法，最大限度提高课堂教学的效能。

政治教师应该把集体备课的成果与自主创造经验整合起来，倾心打造简约课堂，让教学过程的设计从复杂走向简练，同时闪耀着个性化光辉，让老师讲解从随心所欲走向精致，让学生从枯燥的题海走向精简与有趣，让课堂从死气沉沉走向生动活跃，真正从传统的教师一讲到底、多讲少练的"师本"教学方式，向注重学生"自主、合作、探究"点拨引领等精讲精练的"生本"教学方式转变。

三、教学新课从简单到复杂，复习旧课从复杂到简单

许多学生对中学思想政治课基础知识的"点"不深、"线"不清、"面"不稳、"体"不美，其中一个重要的原因是政治教师没有正确处理好新课与旧课的关系。不少政治教师在上新课时，由于时间紧、任务重，往往对许多基础知识讲解不深不透，让学生一知半解甚至不知所云；在复习旧知识时，由于备课不充分、上课太枯燥等原因，常常是简单机械地重复旧过程与旧知识，导致学生兴味索然，所得甚少，甚至不进反退。

新课程教学既强调"生活逻辑"与"知识逻辑"的结合，又涉及更大的信息量。这就决定了新课教学设计比旧教材教学的设计更为复杂，要科学处理好"生活逻辑"与"知识逻辑"的关系，更加充分实现"三维"教学目标。在复习旧课中，政治教师既要进一步指导学生适度拓展和整合知识要点，更要把知识的点、线、面、体有机结合起来，让知识点更深、知识线更清、知识面更稳、知识体更美，把厚的书读薄，让复杂的方法更加简便，力争既减轻学生的负担，又提升学生准确而全面运用所学知识分析问题和解决问题的能力。

四、教法探讨从简单到复杂，学法指导从复杂到简单

有人说，有的教师有三十年的工龄，但只有两年的教龄，因为他（她）从教学的

第二年开始,基本上重复第一年的教法。这种说法虽然有些夸大,但不乏警示意义:我们对教法的研究不能过于简单,更不能仅凭过去的经验教学,否则,会让我们的教学之路越走越窄,越走越陡,越走越累;教学既是科学,又是艺术,需要在不断变化的教学实践中,掌握并运用客观规律与科学理论,创新教学方法,否则,我们的教法就难以适应不断变化的学生和一日千里的形势。

广大政治教师十分重视对学生的学法指导,总结提炼出很多所谓的学习方法。比如,政治主观题的类型及答题方法等,每种方法又有不少的操作要点,并把这些方法在短时间内强势推行,要求学生掌握,可是实际收效甚微,有的甚至适得其反,究其原因就是教师对学生的学法指导过于复杂。一位教育专家说,最适合的方法是最好的方法,方法越简单越好。这就需要我们从教学的实际出发,引导学生自己总结提炼出最简便的方法。比如,解答选择题基本策略的"三个两":审题干,明两主(主体与主旨);审题肢,辨两肢(误肢与疏肢);审联系,选两最(最准与最全)。

五、科研过程从简单到复杂,成果提炼从复杂到简单

当下,有很多教师把教学科研狭隘地理解为写教学论文,写论文就是为了评职称,一旦评上职称,就不再搞教学科研,这显然是把教学科研简单化了。

教学科研是教师专业发展的第一推动力。真正的教学科研是"从教学中来,到教学中去",即把教学实践中的问题提炼成研究的课题,经过对课题全面而深入的研究,总结提炼出个性化的教学经验,为进一步解决教学中的困惑提供指导。整个过程是一个学习、研究、合作、创新、提炼的过程,需要我们不断学习,持续研究,开拓创新,分享智慧,总结升华,在教学科研中提炼出简单而崭新的具有一定操作意义的研究成果。

比如,笔者主持开展"基于生本理念的普通高中政治课以导促学的行动研究",历时五年多,有多人参与,多次聘请专家指导,反复提炼,最终总结出以导促学的行动研究"一三九"模式。坚持一个核心理念:以导促学;分三个板块并设置九大载体:变革课堂教学机制(即时学案、上课缩时、训练限时),激活教学评价机制(有效分数、有效增量、有效达成),优化学生纠错机制(知识建模、扫描归因、跟踪纠错),对于打造高效的政治课堂有较高的指导价值。

六、教师合作从简单到复杂,人际关系从复杂到简单

许多政治教师对教师合作的重要性与必要性往往认识不足,尤其是一些有一定教学经验的政治教师,在教学合作中会弱化自己,强化对手,使自己在十分激烈的应试竞争中处于不利地位。在教学合作中,有的采用敷衍了事的态度,表面应付,暗中较劲;有的在教学合作不作为,坐享他人的教研成果;有的保守自己的"秘

密",封闭教学的信息,陷入孤军作战、孤芳自赏、孤立无援的困境之中,使人际关系复杂化,更使教学合作低效化。

教师合作是群策群力、分享资源、共同发展的重要措施。只有在教学合作中和谐互动,才能集中集体的智慧与力量,共克时艰,分享他人的成果,切实减轻个人的负担,推动共同进步。比如,政治教师在集体备课中,坚持备新观点、新方法与新思路,充分发挥自己的个性特征与汲取他人新鲜养料的统一,坚持"五定"(定主题、定时间、定地点、定主讲人、定期总结)与灵活的统一,在"磨课""同课异构""主题发言"等集体备课的行动中,真正做好"五有":脑中有"纲"《学科指导意见》,胸中有"本"(教材),目中有"人"(学生),心中有"法"(方法),手中有"题"(习题),力争实现个人发展与集体发展的完美统一。

总之,思想政治课教学是一项复杂的系统工程,需要我们广大政治教师正确认识什么是简单与复杂,哪些应该简单与哪些应该复杂,在思想政治课教学的实践中,不断探索正确处理好简单与复杂关系的新理念与新策略,就能够为提高思想政治课教学的信度与效度注入新的活力。

中小学教师课堂教学的"四本"现象透视

浙江省严州中学新校区　　陈志红

在深化课程改革、推进素质教育的过程中,广大中小学教师在课堂教学中,不同程度地存在着"四本"现象,对课堂教学效能产生一定的影响,也影响着教师的专业成长和学生的发展,需要正"本"清源,提升境界。

一、以"本"为本,过度依赖教材

不少中小学教师坚持以教材为本,过度崇拜与依赖教材,甚至把教材作为教学的唯一资源,以完成教材确定的教学任务为根本目标。这种以"本"为本的课堂教学行为,虽然有一定的合理因素,但从总体而言,不符合新课程改革的方向,不利于实现课堂教学的理想目标,更不利于师生的个性化发展。

在新课程背景下,教师应该从教教材走向用教材,即由过去的几乎把教材作为教学的唯一资源转变成把教材作为教学的主要资源。这是因为教材具有相对滞后性,特别是教材中某些内容需要随着时代与科技的进步而不断完善;教学具有校本性和现场性,教师应该在使用好统一教材的同时,根据学校当时当地的实际情况,适当开发和利用校本教学资源;师生都具有资源性,教师应该整合和利用师生的资源,为提高课堂教学效益服务。

因此,教师要充分发挥"教师是最重要的课程资源"的积极作用,以教材为主要的课堂教学资源,开发和利用校本教学资源,把教材资源、师生资源、环境资源等有机整合起来,调动一切积极因素,克服一切消极影响,不断丰富和创新课堂教学的资源。

二、以"分"为本,过度测试

受应试教育激烈竞争的影响,众多的中小学校及广大的教师产生"考分高就是效益高"的理念,十分重视学生的考试分数,营造出"考考考,学校的法宝;分分分,学生的命根;考分好,家长的骄傲;分数高,教师的自豪"等浓厚的应试教育氛围。

为了最大限度地提高学生的考试分数,广大家长不惜重金聘请教师从事有偿家教,牺牲子女的课外休息时间;众多学校领导秉持"数据说话"的目标管理理念,对教师实行优胜劣汰,千方百计诱导教师为快速提高学校的考试分数而不懈奋斗,让应试教育愈演愈烈;教师在家长和学校的重压之下,不得不大搞题海战术,不断加重学生的课业负担,绞尽脑汁把学生训练成考试的机器,把应试教育推向极致。尽管有关教育部门下达了多重禁令,三令五申要切切实实减轻学生过重的学业负担,但是往往收效甚微,甚至出现明处减了暗处增了,校内减了校外增了,老师减了家长增了的现象,使学生不堪重负,教师苦不堪言,家长无可奈何。

考试是检测教学效果的重要手段,考分也是评价成绩的重要指标。但是,频繁的考试往往使学生厌烦,让老师厌倦,让教学乏味,尤其是那些乱考乱练的行为,更是贻害无穷,使教学误入歧途。这就需要社会、学校与教师齐心协力,让考试成为师生科学发展的重要手段,严防把考试分数作为教学的根本目标来追求。

三、以"师"为本,过多讲授

一些中小学教师或由于受教学行为惯性的影响,或由于教学内容过多与教学时间相对较少,或由于对学生不太放心,往往在课堂教学中过多讲授,很少让学生自学或讨论。有的教师一贯根据原有的教学设计,坚持"一讲到底";有的教师自己讲得头头是道,学生却听得昏昏欲睡;有的教师自己讲得筋疲力尽,学生听得云山雾罩;等等,教师只重视自己如何讲得"精彩",却基本不管学生有何收获。

教学活动是师生的双边活动,需要调动教师和学生双方的积极性和参与性。教师的教是为学生的学服务的。教师的讲对学生的学虽然也有促进作用,但是,教师过分的讲授往往导致学生处于被动的听讲状态,难以让学生有一个充分的展示过程,因而也难以充分调动起学生学习的积极性和主动性。教师讲得再精彩,讲多了也会让学生产生审美疲劳,更何况有些教师讲授枯燥无味,更难让学生始终处于兴奋状态坚持听讲,学生听课效果自然更加"雪上加霜"。

所以开发、整合和利用学生的资源,实现课堂教学的和谐互动,很有必要。教师应该让自己在课堂中的"讲"作为引导学生"学"的基本手段,而不是成为课堂教学的主要目标。在课堂教学中,教师既要防止漫无边际的"乱讲",又要防止整堂课"一讲到底",要紧紧围绕课堂教学的目标,围绕促进学生的个性化发展,充分发挥教师的长处,克服教师的短处,选择"精讲",让老师讲在重点与难点处、讲在关键处、讲在疑难处、讲在精彩处,更把教师的讲与学生的练有机结合起来,促进师生良性互动。

四、以"能"为本，过分重视技能

在深化升学考试改革和新课程改革的共同导向下，更多的教师比较重视培养学生的"能力"，但是这里的"能力"主要是指应试的"技能"。很多教师为了提升学生的应试"技能"，往往打着素质教育的旗号，借用深化新课程改革理念的包装，继续努力把学生培养成考试的机器，引导学生向畸形化方向发展，使课堂教学继续步入应试教育的死胡同。

应试的技能固然是课堂教学目标的一个重要组成部分，但它绝不是课堂三维教学目标的全部；应试的技能是提高学生能力的重要组成部分，但它绝不是学生能力的全部；应试的技能也是学生素质的一个重要组成部分，但它绝不是学生德智体整体发展的全部。过度强调培养学生的应试技能，而轻视学生其他素质的提升，这不仅不能全面持续提高学生的应试效益，还阻碍学生全面而持续的发展，需要正本转向，从应试教学的死胡同迈向素质教育的阳光道。

教师在课堂教学中要把学生的本能、技能与智能有机结合起来，升华学生能力的境界；要把学生的学习力、生存力、合作力、实践力、创新力有机结合起来，拓宽学生的综合能力；要把"知识与能力、过程与方法、情感态度价值观"有机结合起来，不断提高学生的综合素质；要把德智体美劳有机结合起来，不断促进学生的全面发展，从而使学生能力在长度、宽度与厚度方面立体化地齐头并进。

以上"四本""乱花渐欲迷人眼"，繁茂的枝叶掩盖了主干。最重要的"本"应是"以生为本"。教师在课堂教学中坚持以生为本，就是真正实现由应试教育向素质教育转变，心中有学生，具有"教学生三年，想学生三十年"的战略眼光，着眼于学生的可持续发展；眼中有学生，坚持"有教无类"的教育观念，不论学生基础好差、相貌美丑、家庭贫富都一视同仁；手中有学生，践行"因材施教"的教学思想，不断创新教学方法，满足学生不断发展变化的需求；困境中有学生，具有"知难而进，攻坚克难"的勇气，在艰难中坚持，在坚持中战胜艰难，为学生的发展竭尽全力。

坚持以生为本，就要在实现"六个"转变上狠下功夫。在教学理念上，由应试教育向素质教育转变，着眼于学生的科学发展；在教学目标上，由比较单一的"知识与能力"目标向"三维教学目标"转变，着眼于学生的全面发展；在教学方法上，由过度重视教法向注重学生的学法转变，着力推动学生的自主发展；在教学资源上，由只重视教材资源向把教材资源与师生等教学资源有机整合起来，着力推进学生的个性发展；在学生能力上，由重视培养学生的考试技能向培养学生的多种能力转变，着力促进学生的多元发展；在评价手段上，由过分重视考试分数向重视学生的综合素质评价转变，着力引领学生的创新发展。

总之,教师在课堂教学上要务本求实、创新求真。这里的"本"是学生发展为本,要防止以"本""分""师""能"为本等片面现象。这里的"实""真""新"主要是服从全体学生的实际,为全体学生的全面发展而不断追求真理和不断创新。只有这样,我们的课堂教学才更具生命价值,更有生机活力。

"角色扮演教学法"在政治新课程
教学中的运用与思考

浙江省建德市寿昌中学　方昱红

　　高中新课程的全面实施,对课堂教学提出了更高的要求。《全日制普通高中思想政治新课程标准》提出课程的基本理念是"构建以生活为基础、以学科知识为支撑的课程模块",强调新课程应立足于学生现实的生活经验,把理论观点的阐述寓于社会生活主题之中,把学科知识与生活现象有机结合起来,着眼于学生未来的发展需求。教师在课程实施过程中要注意"实践性和开放性",倡导开放互动的教学方式与合作探究的学习方式。而"角色扮演教学法"就是教师根据学科特点和学生心理特点,巧妙、合理地以新课程为载体,根据不同的教学内容联系生活实际,创设一定的情境来组织教学,使教学过程生活化、艺术化,使教学内容剧情化、脚本化,使学生在角色扮演和角色交往中,学习知识,理解知识,从而更好地掌握所学的知识。

一、"角色扮演教学法"运用的四项原则

(一)情景性原则

　　情景教学是指运用具体活动的场景或提供学习资源,以激起学习者主动学习兴趣、提高学习效率的一种教学方法。学生的角色扮演其实也是一种表演活动,让学生更快地进入状态,离不开情景支持。

(二)创造性原则

　　在角色扮演中要挖掘学生的主动性和独特性。充分尊重他们的与众不同,为他们展示创造性的才能提供角色,在角色创造中启发学生体验情感,发挥想象,培养创造性思维。

（三）趣味性原则

角色扮演是以学生的积极参与为前提的，其目的是满足学生的需要，激起学生的兴趣，变被动接受为主动学习。所以无论是学生收集资料，还是教师让学生参与，选择的角色应该是学生感兴趣的。

（四）有意性原则

学生在角色扮演时，有时候在角色活动边沿，思维像脱了缰绳的野马，离题千里，这就需要老师有意识地去调整把控，通过诸如参与角色扮演，把握野马的方向，使活动有序进行。

二、"角色扮演教学法"运用的五个策略

（一）激发学生兴趣，活跃课堂气氛

有人说，任何一种优秀的教学方法只能打开学生的一扇心扉，但有一种方法可以打开学生的所有心扉，那就是激情，选择学生有兴趣的活动形式是上好政治课的关键。教师可以根据活动的内容、目标，选择能激发学生兴趣、刺激学生自主参与欲望的合理的活动形式。角色扮演教学法则能够调动学生学习的主动性和兴趣，让在课堂中参与角色扮演的学生获得成就感和满足感。在此过程中，改变以往教学中"满堂灌"的情形，达到活跃课堂气氛的目的。比如在教学《政治生活》"公民的政治参与"时，笔者设计了下面一个活动方案：首先把班级作为一个小社会，以全班同学作为选民选出县级人大代表，再由人大代表从六位候选人中选出三位分别主管基建、教育、农业的副市长。当选后主管教育的副市长举行价格听证会——关于提高高中择校生的收费标准方案听证会，听证会上不少同学以市民代表的身份发表了自己的意见。而对于主管基建的副市长的贪污行为，不少同学以有正义感的市民身份通过向当地检察机关举报、网上评议等方式终于把这个贪官拉下马。通过学生的角色扮演活动，把现实社会中我国公民政治参与的情景引入了课堂，这样学生对于教材的知识觉得亲切而不陌生，特别是关于提高高中择校生的收费标准方案听证会，更是提高了学生的学习兴趣和参与热情，课堂气氛相当活跃。

（二）引领学生参与，培养主体精神

现代中学生思维活跃、主体意识增强、参与意识提高了，不仅仅满足于课本知识的学习，还会更多地关注现实的社会生活。因此，在教学中，教师要改变传统的教学模式，大胆放权，采用灵活多样的形式将现实的生活场景引入课堂教学中，让

学生积极参与其中,提高学习的积极性,来促进学生达到知识与能力的自我构建。角色扮演教学法可以让学生扮演自己原来没有体验过的角色,通过行为模仿,体验某种行为的具体实践,以感受所扮演角色的心态和行为,把学到的理论知识运用到实际工作中。课堂中教师要积极引导学生参与到教学活动中,让学生进入角色情境中,去处理各种问题和矛盾,这样才能达到帮助学生了解自己、改进提高、掌握知识、提高课堂教学的效率。比如在教学《政治生活》"政府的责任:对人民负责"时,笔者从"探究与共享:解读一个市长的承诺"中想办法,挖掘地方特色,上网寻找了"建德市政府承诺 2009 年为人民办的实事"的题材,让学生了解本地政府的做法,产生亲切感,同时让他们了解政府为我们做了哪些实事,发表意见时有感而发。然后观看"建德市人民政府施政行为"的视频资源,如到山区了解民情、完善公共医疗卫生体系、劳动与社会保障、教育问题等,在情境展示后,设置了开放性问题:"如果你是建德市市长,你该怎样为人民办实事?"学生带着这问题展开探究活动,最后让几位有所准备的学生上台扮演市长,谈谈"如果我是建德市市长,我该怎样为人民办实事?"学生进入角色后,答案是多种多样的。因为是本地的事情,他们说起来都有理有据,有声有色,有些不失为好意见。这就使课堂教育变成"动口、动脑、动手、动情"的活动,学生能积极参与到课堂教学活动中来,使学生在积极、愉快的课堂气氛中提高他们的思想境界,从而提高了课堂的教学效果。

(三)坚持走进生活,贴近社会实际

长期以来,我们的教育是"孩子们入学时是个问号,而毕业时是个句号"(尼尔·史斯特曼语),致使我们的学生缺乏问题意识、创新意识和实践能力,缺乏对生活的感悟、发现和享受。新课程课堂教学变革了传统单一的讲课模式,要求教师在教学中一定要针对学生生活的实际情况、已有的生活经验创设问题情境,从转变学生学习方式的角度采取灵活多变的教学方法,努力构建自主、合作、探究的新型课堂。这有助于唤醒学生的问题意识、生活意识,也有助于培养学生的创新精神和动手操作能力,让学生真正体会到创新的喜悦和发现生活、享受生活以及创造生活的快感和满足。比如在教学《经济生活》"消费心理面面观"时,笔者采用了创设互动平台、角色扮演探究的方法。首先,教师组织学生分组进行角色扮演,将全班分成 4 组,每种消费观由一组学生表演,学生可以自我创意表演,也可以根据提供的素材进行表演。教师课件展示材料:

幻灯片一:女儿:"妈妈,过节时,同学之间相互送礼,不送的话就觉得不好意思,抬不起头。"女儿:"妈妈,听说最近都大兴吃酸菜鱼和水煮鱼,我也要吃。"妈妈:"女儿,你吃了会上火的。"	幻灯片二:甲:"你什么时候也文身了?"乙:"前两天,没啥特别意思,就是觉得好玩。"甲:"我身上的这个图案可是爱情见证。"乙:"真强啊,我还想戴个超大耳环。"
幻灯片三:学生一:"哎,你真是的,都啥时候了,还不买只手机。"学生二:"你的手机什么牌子的,可以下载音乐和拍照吗?我的可是苹果手机最新款的。"	幻灯片四:学生一:"你的运动鞋是什么牌子的,我的这双'耐克'鞋可是我老爸花了1200元买的。"学生二:"我还是喜欢穿'康奈'鞋,质量好又耐用,穿得也舒服。"

学生角色扮演:第1组角色扮演"母女对话";第2组角色扮演"时尚族的一段典型对话";第3组角色扮演"手机对话";第4组角色扮演"耐克与康奈之争"(可能会按教师提供的素材演绎,也可能会表演一些教师始料不及的动作)。通过学生角色扮演分析出4张幻灯片中各属于何种消费观,并解读出它的特点。生活中的快乐和宝藏很多,缺少的是一种发现。通过这样的角色扮演探究,打通了学生的"书本世界"与"生活世界",使书本知识内化为能力。学生们在角色扮演中,也可以感受到同学间的合作精神,领略展示自我的精彩,还可以培养和激发学生的创新精神。

(四)注重创设情境,关注学生体验

现代教学论认为,教育要坚持"以人为本",就是说课堂教学的一切要以学生为中心。在教学中,教师要创设一定的问题情境,引导学生去感知感悟情境,引导学生自己去探讨、质疑并提出问题,引导学生自己去分析和解决问题;引导学生自己去展开讨论、争议、辩驳、概括和总结,引导学生在合作中探究问题,共同体验探究问题的过程和获得成功的喜悦,启迪学生的智慧。比如在教学《政治生活》"我国的人民代表大会制度"时,笔者运用现代化的教学手段,创设特定的模拟环境,让学生扮演模拟环境中的角色,从事指定活动,在活动中让学生亲身体验、理解、应用知识。教师组织模拟县(市)级人大代表选举活动,课中教师利用多媒体投影展示人大代表选举画面,多媒体教学以其鲜明逼真的动态画面、情感丰富的音响效果,刺激学生的视觉和听觉,产生强烈的探索欲望,在此基础上开展现场模拟活动,讲解有关选举的基本知识和模拟规则,将全班分为两个"选区",每个选区以提名或"选民"联合提名的方式推出2名候选人,选举产生1名代表。把获得的感性认识进行分析概括,揭示其内在联系,使学生进一步认识到人民代表大会制度是我国的根本政治制度,人民代表是人民选举产生,对人民负责,受人民监督等课本理论知识。在政治课的教学中通过运用这种动态教学模式,同学们能在课堂教学中动起来、活起来,使抽象、陌生的政治概念和理论变得具体和生动,使教学内容更充实、更形

象、更具吸引力,活跃了学生思维,启迪了学生的智慧。

(五)凸显三维目标,全面提升实效

新课程所设置的活动课都编写了一定量的理论知识,并且这些知识都是相当重要的。将这些重要的教学知识内容,以活动课的形式呈现出来,让学生在活动中掌握,强调的是学生在应用中学,在活动中用。这样学生所学到的知识,要比一般性课堂中所学到的知识分析得更透彻,掌握得更牢固,学得更轻松。而对学生进行思想政治教育又是思想政治课教学的主要任务之一。传统的说教式德育课显然不能适应现代学生。因此,围绕主题内容,组织学生开展喜闻乐见的相关活动,让他们在"角色扮演"的过程中充分发挥想象,并通过研究、探索,在"行"的过程中慢慢体验,从中领悟思想内涵,提高道德认识,在潜移默化中形成良好的行为习惯。比如《经济生活》"依法保护消费者的合法权益"的教学内容,要求教师在教学过程中注重对学生进行法律教育。笔者在教学时,把它设计成活动课的形式,让学生分别扮演不同的角色:消费者、经营者、法官、旁听的观众。首先由"当事人"讲述日常生活中的某一真实故事,然后每个角色的扮演者分别就这一事实陈述自己的观点,最后引导学生分析此次事件中存在的问题,"当事人"的权益有没有受到侵害? 如果"当事人"的合法权益受到侵害,可以通过哪些途径来解决? 最佳的解决办法是什么? 通过这种形式的活动课,学生进一步意识到:法律就在我们身边,我们要在今后的学习、生活中自觉地学法、守法、用法,规范自己的行为。既要尊重他人的合法权利,又要依法保护自己的合法权益。这就很好地体现了政治课教学的德育功能性原则——既教书,又育人。

三、"角色扮演教学法"实践的五点反思

(一)不断提升教师的素养

要求教师具备扎实的专业知识和广博的相关知识及尽可能多的新信息。角色扮演的效果依赖于组织者的技巧,如果组织者的水平欠佳,就很容易流于形式。

(二)选择适合学生的资源

角色扮演演绎的内容一定要是课本的重点或是难点,所选课题要尽量让学生有话可说,有事可做;给学生的任务既不能太难,又不能太容易,要稍稍超出学生的能力,使学生有一种挑战性,有一种成就感。否则看似气氛热闹的课堂,反而会使教学效率大打折扣。

(三)教师做好充分的准备

成功的角色扮演需要教师的精心策划与组织,教师的重要作用就在于如何促使学生自己把握课堂学习与讨论的尺度。所以要求教师首先会设计问题,提出的问题值得讨论,而不是为了讨论而讨论。如何引导,何时介入,介入多少;何时需要提供背景资料或有关信息都要准备。否则,便不会得到预期的效果及气氛,易将表演变成游戏,失去应有的效果。

(四)及时总结与激励学生

学生角色扮演时,教师要注意记录他们暴露出来的不足,比如知识性的错误,最好先引导其他同学对表演进行评价,再由教师充分肯定,激发他们的积极性,再指出不足之处,使同学们有更大收获,切不可演完就不闻不问,只是走过场。

(五)正确处理好师生关系

角色扮演是探究性学习的一种形式,但在实践中要把握好分寸,一切以学生的收获为核心,不可喧宾夺主影响教学,只能是教学的"片段",更不可以创新为名,向课本权威发动不科学的所谓"挑战"。

总的来说,"角色扮演教学法"在新课程背景下,对于我们许多高中政治教师而言还是一种新事物,一种新型的教学法。正如哲学中所说的,任何新生事物都要有一个成长的过程,在这个过程中会遇到很多的困难和坎坷,但只要努力去克服,它就会不断地走向成功。这种新型的教学方法也是如此,它需要一个逐渐被教育者和学生接受的过程。我们广大的政治教师应以积极的态度去面对它,积极地来探讨这种方法的利与弊,努力地去完善它,灵活地去运用它,使其能够更好地向前发展,更好地为我们的政治课教学服务。

新课标下高中思想政治课生活化教学的实践与思考

浙江省建德市寿昌中学　方昱红

《基础教育课程改革纲要(试行)》明确指出:"要改变课程内容过于注重书本知识的现状,加强课程内容与学生生活以及现代社会和科技发展的联系,关注学生的学习兴趣和经验,精选终身学习必备的基础知识和技能。"这从课程内容的角度确定了基础教育课程改革与学生生活的联系。在《普通高中思想政治课程标准》中也提出思想政治课"要立足于学生现实的生活经验,着眼于学生的发展需求,把理论观点的阐述寓于社会生活的主题之中,构建学生知识与生活现象、理论逻辑与生活逻辑有机结合的课程模块"。这就要求我们政治教师在政治课教学中实践生活化教学,根据学生学习的规律,将学生课堂学习的间接经验与现实生活的直接经验有机结合起来,将课堂学习与生活实践有效统一起来,开展各种学生感兴趣并且能够自主进行的学习活动,把生活世界提供给学生理解和体验,使他们在与生活世界的沟通中感受到生命的崇高,学会生存,促进个性发展,最终达到我们的教育目的。

一、生活化教学的含义与功能

所谓生活化教学,是指教师充分利用和挖掘生活中的学科知识,充分利用和挖掘学科知识中的生活内涵,在教学活动中重视学生的生活实际、思想实际、认知实际,从学生身边的生活琐事寻找教学的切入点和联系点,用学生生活中现有的思想认识学习教材、深化教材,以求得理论与实际的最佳结合,从而激发学生作为生活主体参与活动的强烈愿望,同时将教学的目的转化为学生作为生活主体的内在需要,让他们在生活中更好地学习,在学习中更好地生活。通过掌握学科知识和科学思维方法以及学会做人的道理,培养学生学以致用、创造性地解决生活中实际问题的能力,并使人格得到真正的陶冶。其基本功能是:加深对知识理解,利于"三维"教学目标的落实,让学生学会生活,培养学生的实践能力,促进学生的全面发展。

二、生活化教学的理论依据

(一)心理学依据

1. 生活化教学符合记忆的特点

心理学家马多克斯经过研究认为,影响记忆的首要因素是学习材料的性质。如果材料有意义就不易遗忘。进行生活化教学的材料源于生活,有的甚至来自学生生活原型,对自己熟悉的事或亲身经历的事印象深刻,容易记住。

2. 生活化教学符合思维的特点

人的思维是由具体思维向抽象思维过渡的。进行生活化教学(具体思维)去解剖一些复杂的概念、原理等(需要抽象思维),正符合人思维发展的特征。

(二)哲学依据

唯物辩证法认为,矛盾普遍性寓于特殊性之中,没有特殊性就没有普遍性。这一原理要求我们要正确认识事物,必须遵循由特殊到普遍,再由普遍到特殊的认识秩序。生活化教学,向学生展示的是生活中发生的个性事例(即特殊性),通过剖析,揭示出事例中所隐含的同类事物的共性规律(即普遍性)——即教材的知识要求(基本原理),然后再运用这些原理,去解决实际中的问题(即知识运用)。这就遵循了人类的认识秩序,有助于学生理解深奥的课本知识,也有助于培养学生解决问题的能力。

(三)教育学依据

理论联系实际的教育原则,是教育学中一个最重要的原则。在思想政治课教学中,只有掌握理论,才能联系实际;也只有联系实际,学生才能掌握理论。没有实际的支持,学生是很难掌握理论的。只有使理论同实际相联系,使理论回到它赖以升华的事实中去,学生才能通过对具体、形象、生动的感性材料的分析,正确地把握理论所概括的内容生活化教学,对茫然不解的问题霎时多生顿悟。这正是由于生动的实际材料使学生对抽象的问题产生了具体的感受,通过具体的桥梁,达到了抽象的彼岸。

(四)现代生活教育理论依据

"生活即教育,社会即学校,教与学合一"是陶行知"生活教育"理论的核心,也是陶行知教育思想的精髓。就其本身而言,就是生活决定教育、教育改造生活。具体地讲,教育的目的、内容、原则、方法均由生活决定;教育要通过生活来进行;整个的生活要有整个的教育;生活是发展的,教育也应随时代的前进而不断发展。其实质是使教育与生活和社会实际紧密联系,科学地遵循教育和教学规律,适应时代和社会需要,建立一种与社会生活实际密切结合的新教育。

三、生活化教学的基本原则

(一)启发性原则

生活化教学从本质上来讲是一种启发式教学。启发教学首先要有激因,包括外在激因(启发原型)和内在激因(学习动机),它是启发教学的逻辑起点;其次是中间变量,其主要方法有联系和想象、分类与比较、分析与综合、抽象与概括、归纳与演绎等;最后是顿悟,即问题的解决。生活化教学在这里就起到了启发原型和学习动机的作用,教师在这一基础上采取形象感发、背景提出、思路点拨、变式分析等手段促使学生顿悟(对重点和难点问题的理解)。

(二)情景性原则

情景教学的特征是以"形象"为基本手段,以"美"为突破口,以"情"为细节,以"周围世界"为智慧源泉,把认知与体验完美地统一在教学活动之中。如充分利用现代教学手段,通过声形结合,图文并茂,既给学生理解带来直观的感性材料,又让学生从中得到美的享受。

(三)愉悦性原则

在发展中求愉快、在愉快中求发展是愉快教学的真谛。"发展中求愉快",即让学生在发展过程中不断获得愉快。这是对学生苦学的反抗,是对轻松愉快、生动活泼教学局面的呼唤。愉快有助于学生的发展,也只有获得了发展,才是真正的愉快。"在愉快中求发展"即学生的愉快以发展为导向或目标。把抽象、深奥、枯燥的道理,用浅显、明白、易懂的生活化事例通过讨论、对话、声像、表演等一系列手段,使学生的口、脑、手、眼、耳等各种感观充分运用,可谓精神放松,思维活跃,效率倍增。

(四)趣味性原则

这是激发学生兴趣,引发学习动机的要求,也是愉悦教学原则的体现,有趣才能引起学生的好奇,有味才使学生产生愉悦,这一原则与愉悦性原则可谓相得益彰。生活化教学中不乏令人可笑,荒诞无稽,却饱含哲理能给人某种启示、某种警示的典型事例,将它们搬入课堂,运用于教学,只要教师善于捕捉,勤于搜集,精心包装,往往能够成为课堂教学的"亮点"。

四、生活化教学的主要内容

(一)资源挖掘的生活化

生活化的教学资源是营造生活化的教学氛围的载体。一直以来,人们对思想政治课已经形成了固定不变的认识——特别强调教材内容的系统传授,枯燥乏味不说,而且空洞,严重脱离学生生活的实际。虽然为了说明教材中的某些观点,在教材中也列举了一些例子,但这些例子是理想化的、成人化的。新一轮的课程改革,高中思想政治课教材进行了大刀阔斧的修订,出现了可喜的变化,与学生的实际联系得更加紧密了;同时,给教师和学生留下了更加广阔的发挥空间(教材的正文内容少,更多的是相关链接和阅读材料)。面对这样的机遇,教师应更新观念,树立新的教材观,通过各种途径了解学生生活,关注学生生活,努力开发学生的现实生活资源,积极以学生的视角来关注社会生活、新闻时事,尤其是学生所关注的热门话题,同时创造性地使用教材,灵活变通教材中学生不感兴趣、滞后于学生发展的内容,适时适度地把一些现实生活中更贴近学生的内容充实到课堂教学中来,使教学与学生的生活实际紧密相连,从而最大限度地调动学生的积极性、主动性和创造力,使学生的学习投入绚丽多彩的现实生活中。例如,在上"神奇的货币"之前,我有意和学生进行交谈,得知对于他们而言,更关注人民币的有关知识及信用卡、支票的使用问题。为此我上网查阅了如人民币来历、套数、符号等基本常识,以及如何辨别伪钞、爱护人民币、有关人民币的法律法规等内容,并收集了各种银行的信用卡和各种支票,把这些一股脑儿地带进了课堂,学生反响强烈,都称增长了见识,对他们的现实生活具有很强的指导意义。生活中蕴含巨大的无穷无尽的教育资源,教师在教学活动中,不妨仔细思考一下学生的实际与教材的联系,挖掘更多的生活资源为教学做铺垫,让教学活动烙上生活的印记,使课堂教学生活化。

(二)新课导入的生活化

常言道:"良好的开端是成功的一半。"教育心理学家认为,在几十分钟的授课讲演中,开头的几分钟是十分重要的。在课堂教学中要培养激发学生的兴趣,首先应该抓住导入新课的环节,一开始就把学生牢牢吸引住。最好的方法就是从学生感兴趣的、为他们所熟知的日常生活入手,将教学知识与学生熟悉的生活素材相融合,并设计成富有挑战性的问题让学生借助课前收集的资料和以往的生活经验加以解决。由于学生只能找到一些简单的办法,不能将问题彻底解决,从而进入一种

"心求通而未通,口欲言而不能"的悱愤状态。让学生带着满脑子的疑问进入新的教学活动中,这样既可激起学生兴趣,又可启迪学生思维。如,我在讲"具体问题具体分析"时,由于我们的学生大部分来自农村,所以先提出一个问题请学生回答:"雨水对农作物的收成是有益还是有害?"我刚说完,学生不约而同地笑了起来,几乎异口同声地回答:"当然有益。""既然是有益的,那么雨水越多对农作物的收成越有益吗?"我这样反问,课堂气氛顿时活跃起来了,学生们相互热烈地议论着。这时,我因势利导地告诉学生要正确回答这个问题,就必须具体问题具体分析。这样扣人心弦的疑问,学生印象深刻,能引起兴趣,使学生注意力集中,有"一石激起千层浪"的作用。就这样,在轻松、愉快的学习氛围中,学生带着浓浓的学习兴趣与我一同进入新课教学活动。

(三)情境创设的生活化

教学要走进学生的生活,不仅是用生活来印证,理解知识,更重要的是通过创设情境,激活学生的学习兴趣,通过师生交流、生生交流,引导学生借助知识经验分析与研究,达到对理论的理解和应用,并有所感悟。而新课导入使学生感受到旧有的知识经验已不能解决眼前的问题,从而产生学习新知识的紧迫感。这时,教师可以通过提供相应的教学资源,让学生在具体的生活情境中探究知识的发生、发展,感受知识的本来面目,最终达到既学习新知识又解决实际问题的目的。例如,在高一经济常识"劳动者权利和义务与社会保障"的教学中,我设置了这样一个情境:学生甲的爸爸在某化肥厂工作,每天上班 8 小时,月薪 2700 元。过了一年化肥厂被私人承包了,每天常常劳动 10 小时以上,双休日也经常上班,而又未能及时领到工资,最终因经营不善,化肥厂倒闭,甲爸爸下岗了。但由于其掌握一技之长,会修理自行车,便去街道摆了一个自行车修理铺,恰巧此时,街道争创全国卫生城市,当地城管办同志与甲爸爸发生了争执……请问:(1)这一则材料从过程上来看可分解为哪几个阶段,在不同阶段中,你是如何看待甲爸爸、化肥厂领导、城管领导三者关系的?(2)你阅读了上述材料有何启示?我让大家争论,各抒己见,使大部分学生置身于思考探索的氛围中,然后将各种解答方案让全班同学评议、争辩,最后指导学生阅读和小结,当一些学生看到教材中叙述的内容与自己的看法基本一致并有新的见解时,脸上充满了成功的笑容。这就告诉我们,学生创新能力的培养和发展,一要向他们提供尽可能多的创新机遇;二要根据所授的课题安排创设生活化的、刺激思考的情境,提出引起思考的问题,适当地暴露、产生、激化学生认知结构上的矛盾,使整个课堂充满积极创新的气氛,从而激发学生向上进取的精神和创造力。

(四)活动运用的生活化

有这样一句格言:"我听到了就忘记了,我看到了就记住了,我做到了就理解了。"这句格言倡导了体验教育是实现学校教育方式变革的一条有效途径,并且适合思想政治课的课程。按照新课程改革的目标,活动教学成为其一大亮点,在书中每一课的后面都有开展活动课的要求,从而使活动课在总课时中的比例达到20%。可见,在教学中,按照课程标准的要求,就多了主题活动课,在强调活动方式多样化的同时,可以尝试着采用一些生活化的活动方式。比如,在学习"市场配置资源"的"平等原则"时,我曾创设了这样一个表演活动:昨天我在街上散步的时候,看到一个摆地摊卖帽子的小商人在那里大声吆喝。(邀请一位女同学上台,和老师共同表演小品《卖帽子》)"走过,路过,千万不要错过!买机会,买优惠,买实惠啊!我的帽子质地精美、样式新潮,全市最低价啊!姑娘戴了更漂亮,小伙子戴了更潇洒,老人戴了变年轻,儿童戴了更可爱……哎,那边来了一个小姑娘,嗨,('宰羊仔'的机会来了!)这位小姐,你长得真漂亮,真有气质!你看,这顶帽子就像是专门为您做的。试试看,只有您才戴得出那个味儿。小姐,我这帽子原价500元,看你戴着这么合适,这样吧,我五折优惠卖给你,250元,怎么样?交钱吧,什么?你不要?那可不行!你看都戴变形了,还不买,我跟你说清楚,今天你不买的话,就别想走人……"表演后,让学生讨论:这个卖帽子的人的行为违背了什么原则?假如你真的遇到了这种情况,你怎样运用刚学的平等原则的知识来反驳和制止这种行为呢?这样,学生边看表演边议论,课堂里既充满欢声笑语,又洋溢着学生精彩的发言、独特的见解。不知不觉中,既实现了教学活动贴近学生生活实际的要求,又达到了学生积极参与教学的目的。

(五)氛围营造的生活化

心理学研究表明:人与人之间的信息传递与交流,需要在很好的心理认同和情感共振的基础上进行。在民主、宽松、和谐的环境里,在平等、友爱的师生关系中,学生的情绪容易受到感染,容易激发学生学习的积极性,从而让学生自主参与课堂教学,自主大胆地进行探索。此时学生的思想开放、思维活跃,容易产生联想,产生灵感,发现问题、提出问题,容易获得创造性的思维成果。而我们所施教的对象,不是工厂里听凭处理的原料,而是生动活泼的青年学生,他们的内心世界是一片波涛汹涌的海洋,他们渴望丰富的情感体验、强烈的情感共鸣和适时的情感宣泄。因此,在思想政治课教学中,就需要教师转变角色蹲下身子与学生对话,形成平等民主的师生关系,从而营造温馨和谐的课堂氛围。教师要用充满情味的生活化的语言去拨动学生的心弦,把学生带入饱含正义情感的意境之中,让他们的心灵深处受到强烈的震撼而产生共鸣,从一个静态进入一个情感涌动的世界,使之"登山则情满于山,观海则意溢于海"。如在讲"矛盾普遍性"时,我联系学生的学习和生活中的实际情况,精心设计了一段充满人情味和生活化的语言:"人的一生充满矛盾。同学们正值花季、雨季,不能说已经饱尝人生矛盾的滋味,但起码是初尝了人生的酸甜苦辣。当你们的考试成绩'潮起又潮落'的时候;当你和同学的友谊发生裂痕,渴望理解的彩虹在心灵的蓝天重新飞架的时候;当望着新华书店那本新到的梦寐以求的名著而又囊中羞涩的时候;当你们的节假日被旧教育模式的秋风从青春生活的大树上轻轻吹落的时候;当丘比特之箭过早地射向你们,情感的野马即将挣脱理智的缰绳向着学业荒废的悬崖狂奔的时候……"这样的教学语言,饱含情味的语流,潺潺流过学生的心田,让知识、情愫和思想自然渗入并积淀在学生的意识深层,引导学生很快深入所描述的情境中,任思想感情的野马与其一道驰骋,达到情理交融,以情动人,以情明理之目的,拉近了老师与学生之间的距离,使课堂成为教得愉快、学得开心的场所。

(六)问题设计的生活化

课程改革的目标之一,就是培养学生具有初步的创新精神、实践能力、科学和人文素养以及环境意识,具有适应终身学习的基础知识、基本技能和方法。日常生活实践中包含着丰富的学科知识,在教学中从学生已有的生活经验和知识储备出发,提出一些生活化的问题,引导学生关注生活,在自己的生活中去搜寻,从他人的经历中去感悟,让学生经历一个"从生活到知识再到生活"的螺旋上升过程。能启发学生的思考,消除他们对学科知识的陌生感,真正激发他们学习的兴趣,这同时也符合学以致用的原则。如在"树立正确的消费观"的教学中,针对目前校园中学生对手机的消费心理呈现多元化的特点,我设置了几个讨论题:"你会购买手机吗?""中学生带手机,会有什么影响?"在讨论过程中,学生对买手机发表各种各样的意见,各种观点在讨论中得到了交流,在交流中同学们理解了书本知识,提升了能力,思想上得到了教育,并对生活有了一定的感悟。又如,在"价格变动的影响"的教学过程中,针对今年粮油价格攀升的现象,我设置一个讨论题"请分析粮油价格上升的原因,并分析其影响"。在学生从供求关系分析原因后,因势利导,提示学生打开思路,从经济、政治等方面分析原因及影响,这样学生的思维从狭小的生活被引导到"整个社会"之中,提高了分析问题能力,加深了对党和国家政策的理解。

五、生活化教学的反思

(一)生活化事例的真实性和典型性

建构主义学习理论强调创设真实情境,并作为教学设计的最重要内容之一。新课标下思想政治课要让学生感悟生活的真理,如果学生认为老师选的教学事例不真实,在生活中是不可能发生的或发生的可能性很少,缺乏一定的典型性,那么对于这个教学事例中所蕴含的观点学生就不会接受,达不到思想政治课的教学目的。教学事例的选择最好是发生在学生身边的人与事,问题来源于学生的生活,解决学生成长中的问题,并且带有典型性的。只有这样,学生的体验才会深刻,观点才能内化,觉悟才能提高。

(二)教学方式转化的及时性和有效性

教师应该克服仅把直观感性材料作为说明某一观点的事实例证来看待的偏向,改"观点+例子"的教学模式为"事实—认识—现实"的模式。思想政治课教学最终要形成学生关于自然和社会的抽象的理性知识,但学生掌握知识却不能从抽象理论到抽象理论。因此教师应该从感知丰富的直观感性材料开始,指导学生通过自己的思维,把感性认识上升到理性认识阶段,形成抽象知识。然后再把"自己得出"的结论——抽象的知识应用于实际生活现象的分析和解释中,进一步验证和巩固所学得的知识。这是我们进行生活化教学得到的收获与启示。

(三)教学资源的生活性与科学性

生活化必须建构在科学化的基础上。让政治课走向生活化,已经成为共识,但要防止出现过于追求生活化而背离科学世界的倾向。有些教学内容比较适合做生活化处理,有些则并不适合或无法进行生活化处理。然而有些教师在教学过程中,为了能达到生活化的目的,忽略学科自身需承载的教育功能,不自觉地加进了许多与学科教学无关甚至背离的环节,加进许多非学科因素,也就失去了教学的本身意义。因此,我们必须视各板块教学内容,进行具体问题具体分析。不能离开科学化片面去谈生活化,更不能为生活化而牺牲科学化,否则思想政治课的生活化教学将陷入形而上学。

(四)防止课堂教学形式性和低效性

在追求生活化的课堂上,很多老师只关注课堂活动的外显状态,热衷于学生参与活动的积极性,热衷于课堂气氛的活跃性,表面上课堂气氛是活跃了,学生的思维发展了,表现欲强了,却出现了生活化的课堂质量不高、实效性欠缺和学生学习不扎实、跳跃性大的问题。而目前教育体制还是以考试成绩为评价的主要标准,所以在强调学生个性发展的同时,还是要保证其基础知识的掌握。

运用多媒体技术辅助教学在农村高中政治课教学的实践与思考

浙江省建德市寿昌中学　方昱红

当今世界飞速发展,现代技术大量涌现,教师和学生都面临着"信息爆炸"这一问题,知识的容量、要求与有限的学习时间、空间产生了尖锐的矛盾。怎样在同等的时间内提高教育教学的效益? 这就必须要有新的手段。同时,新一轮基础教育课程改革的大潮已向我们袭来,如何在新课程改革形势下搞好教育教学,是广大教师正积极思考和求解的现实问题。近几年来,在教研人员和一些教师的努力下,政治课在深化课堂教学改革、优化教学结构等方面做了很多有益的探索,总结出了许多好的、值得推广的经验。特别是尝试通过制作多媒体课件的方式来吸引学生的"眼球",对学生进行潜移默化的影响,从而改变传统的思想政治课的灌输模式,给学生提供条件来引导学生自主学习和接受马克思主义的基本理论。

一、在"五个转化"中认识价值

(一)化被动为主动

美国教育学家布鲁纳说:"学习的最好刺激,乃是对所学材料的兴趣。"我国教育家孔子也曾说过:"知之者不如好知者,好知者不如乐知者。"心理学的研究也表明,青少年的学习目的与兴趣是相辅相成的。兴趣是一个人力求接触和认识某种事物的意识倾向。一旦有了这种意识倾向,学生的思维就会被充分调动起来,而多媒体辅助教学运用多种现代化手段,集光、声、色、像为一体,对信息进行加工处理、显示与重放,并配以动画、闪烁效果,为学生创造了一种身临其境的情景教学氛围,借助它的形、声、色唤起了学生求知欲,提高了学生学习政治课的极大热情,同时计算机及时给予评价,并输出正确的信号加以强化,这样多媒体就较好地创设了问题情境,使学生能积极参与且能获得成功后的喜悦。

例如,在讲授"提高企业经济效益"这一课题时,我首先播放了一段海尔公司从一个集体企业逐步发展成全球闻名的大企业的录像,同时投影上不断显示海尔发展的数据材料(条形上升图),这一下子就吸引了学生的注意力,进而我提问:①海尔的成长依靠的是什么? 当学生回答是经济效益时,我通过点击鼠标使得答案出现,学生马上有了直观的答案。②什么是经济效益呢? 用公式如何表示? 学生回答后,我又用鼠标点出:经济效益＝生产总值/生产成本。③从公式中我们怎样得出经济效益提高的结论呢? 这个问题我先让学生进行讨论,当他们形成比较一致的认识后点出这样一张表格:

			同时提高	同时降低	
生产总值	不变	提高	增速快	降速慢	提高
生产成本	降低	不变	增速慢	降速快	降低

这样一来,整个材料的分析一目了然,使枯燥的理论知识在有感性材料的参与下变得形象生动,易于思考,从而提高了学生理论联系实际的能力。另外,我在让学生做选择题时,在ABCD四个选项中,分别设置了不同的音像效果。在错误的答案后面利用卡通人物剪辑画设置了沮丧的脸谱,同时配以滑稽音乐;在正确答案后面则设置了舞蹈卡通人物并配以轻松愉快的音乐。所有这些设置都是通过鼠标单击控制。美的画面和音乐使学生的眼、耳都受到了强烈的刺激,这样一来,学生的兴趣被调动起来,参与的积极性大大提高,很直接地使课堂气氛达到一个高潮阶段。

(二)变枯燥为有趣

思想政治课教材有大量的概念和原理,这些概念和原理很抽象,如果只单纯地靠讲述和文字表达,就会让学生觉得十分枯燥抽象,理解起来常常感到力不从心,对学生吸引力不强。同时有许多概念、原理,由于学生对其缺乏感性知识,也使得教师的讲解在学生心目中缺乏可信度,难以激发学生的求知欲和学习兴趣。如果我们通过多媒体把这些在普通条件下无法观察和体验到的内容生动、形象、直观、科学地表现出来,优美的画面,动听的音乐,配上教师简练语言的讲解,给学生以多重感官刺激,激发了学生的学习兴趣,并能引起有意注意,集中学生的注意力,大大增强学生对抽象事物的理解和感受,使得枯燥乏味的学习变得轻松愉快,获得极好的教学效果。同时,通过动画模拟可以将事物发展过程及其内在联系动态地展示在学生眼前,又增强了教师讲解的可信度。

例如,我在讲解"社会存在和社会意识辩证关系原理"时,制作了一个课件。播放了一段关于张家港两个文明的录像,引出社会存在和社会意识;制作了一个关于林妹妹与焦大的动画来表明鲁迅的"贾府里的焦大永远也不会爱上林妹妹",说明社会存在决定社会意识;放映一组关于"法轮功"的图片,尤其突出陈果自焚前后的照片对比,说明"法轮功"的危害,进而说明落后的、反动的、不科学的社会意识对社会存在的发展有重大的阻碍作用,同时教育学生树立科学的社会意识;播放"走进新时代"(师生跟着一起唱,气氛很好),分析歌词所包含的哲理,培养学生分析综合能力,同时进行现代化教育。

(三)化繁重为轻松

传统教学的一个重要原则是"精讲多练"。在这一原则的指导下,学生在课后要完成大量的作业,许多知识都需要学生课后去死记硬背,不仅教师无法及时检查教学效果,而且给学生造成很大的负担。同时,思想政治课的教学内容知识面广、综合性强、信息容量大。在课堂教学中,如果详讲,课时不够,如果不讲或者过于略讲,又会影响教材的系统性、完整性,甚至会妨碍学生对后续教学内容的准确把握。而运用多媒体技术辅助教学,可以浓缩教材精华,再现典型历史场景,使学生在几分钟内能跨越几千年的历史时空,纵横跋涉于广袤的多种学科领域,从而有效扩大了教学容量,使许多抽象深奥的理论知识在生动有趣的动态画面中揭示出来,学生在不知不觉中就能理解和掌握,课堂效率明显提高。并能通过人机对话,既让学生自己的学习情况即时得到检验和反馈,又大大减轻了学生的课业负担。

例如《哲学常识》(上册)中"意识是客观存在在人脑中的反映"——框题内有一个知识点:意识是物质世界长期发展的结果,意识是人脑特有的机能。教师如果用传统的语言阐述去讲解复杂而漫长的人脑进化过程,势必相当困难。在这里我们可以通过多媒体课件来展示古猿从树上到下地生活,猿人劳动,猿人钻木取火……猿脑量与人脑量对比图等典型历史场景与画面,让同学自然得出结论:意识不是从来就有的,是出现了人脑这个特殊物体之后才有的。在猿脑向人脑进化过程中,劳动起决定性的作用。

(四)化烦难为简易

心理学有关记忆的理论研究表明,主体加工信息时受信息特点和主体经验及需求等因素的影响,因而学生的理解记忆效果同教学内容的性质有关,教学信息如果新颖有趣,就容易形成独立而清晰的记忆痕迹,尤其对一些难以理解的抽象理论的把握,如果能通过多媒体课件来创设情境,创造气氛,再现有关场面,就会吸引学生的注意力,启发学生的思维。而计算机多媒体技术提供的教学信息,不受时间与空间、宏观与微观的限制,根据教学需要,把教学内容涉及的事物、现象、过程全部再现于课堂,从太空到海底,从远古到现在,从自然到社会,从异国到本土,都可以通过多媒体手段表现出来,让学生身临其境,使抽象的教学内容化深为浅,化难为易,化远为近,更加形象化、简单化,这有利于帮助教师突出教学重点,突破难点。

例如我在制作"人生的真正价值在于对社会的贡献"的课件时,我利用电脑从网上找了三个典型人物。第一个是海尔集团首席执行官——张瑞敏(图),介绍他获得的一系列称号以及他能得到这么多称号的原因。第二个是"海空"卫士王伟(图),让学生简单介绍王伟的英雄事迹。第三个是"杂交水稻之父"袁隆平,强调他为中国及世界创造了巨大的物质财富,同时他高尚的情操、博大的胸怀,对我们有深刻的教育意义。然后让学生分析三位人物各突出了他们的什么贡献?由此归纳出评价一个人的人生价值,既要看他在物质方面对社会的贡献,又要看他在精神方面、思想道德方面对社会的贡献。至于哪一方面贡献大,则是因人而异的。同时理解精神贡献可以转化为物质贡献。最后让学生分析三位人物的共同本质和共同特征是什么。自然而然地得出本课的中心观点:人生的真正价值在于对社会的责任和贡献。如此设计既突出教学重点,突破难点,又进行了时事教育、思想道德教育,达成了教学目标。

(五)化低效为高效

加拿大学者马歇尔·麦克卢汉在《媒体通论:人体的延伸》一书中说:"媒体是人体的延伸。"比如无线电广播、扩音系统相当于人的耳朵的延伸,电影、电视相当于人的视听的延伸;录像机、录音机的信息存储功能,电子计算机的信息存储和逻辑运算功能相当于人脑部分功能的延伸。在思想政治教学中,恰当引进现代化教学手段,可以提供图文并茂、动静结合、声情融汇的教学环境,为教学提供逼真的表现效果,扩大人的感知空间和时间,提高主观对客观世界的认知范围,增强教学效果,达到教学过程的优化。

例如在上高二哲学"事物是普遍联系的"这一课内容时,我用VCD放出《说句心里话》这首歌,让同学们跟着画面齐声唱,培养学生的合作能力,然后用电脑动画设置问题情境让学生明白在"我"和"她"之间,"家"和"国"之间充满联系,进而导入新课。在讲授新课的过程中我放出录像"三峡截流"片段,问"三峡工程蕴含着哪些联系?",让学生各抒己见。然后联系江泽民访美事件升华到"中国要发展就要坚持对外开放,加强与其他国家的联系与合作"。在讲到联系的客观性时,通过欣赏"种瓜得瓜,种豆得豆……"的漫画设置问题情境,让学生得出"联系是客观的,是不以人的意志为转移的"的结论,再让学生联系身边实际举例,锻炼学生能力。

再比如在讲述高二哲学"人生价值的含义及特点"这一课时,先用多媒体播放贝多芬的《命运交响曲》配以他的生平事迹导入新课,激发学生的热情。然后问几个学生是什么时候开始思考人生价值的,学生在一片笑声中得出"思考人生价值是人们走向成熟的标志之一"的结论,进而分析"价值"的含义;我用电脑打出"眼镜与正常眼和近视眼"的漫画,得出"哲学上的'价值'包含两方面"的结论;同学们在一曲深情的"爱的奉献"的歌声中畅谈对人生价值的认识,畅谈班级中涌现的好人好事,同学们的心在这里贴近了,同学们的情感在这里得到了升华,有些同学讲到动情处甚至溢着泪花,这样扣紧教材内容恰当地对学生渗透了思想教育。

二、在"五项原则"中把握方向

(一)统一性原则

现代教学媒体作为一种辅助性教学手段,它的运用始终是为教学内容服务来达到教学目的的。无论是在课堂上播 flash、放录音还是运用计算机辅助等,都需按照既定的课堂教学目的去设计,都要服从、服务于教学目标这个大局,绝不可本末倒置,主次不分,更不能喧宾夺主,单纯地为使用多媒体而使用多媒体。课件的制作应以内容为依托,课件的流程操作应以教学内容的循序渐进为线索,课件的重难点不是技术的重难点,而是以教学内容重点的强化、解析、展开、运用、升华,以突破教学难点寻求最佳效果为攻坚点,为教师传授知识扫清障碍和学生发现学习、培养能力、提高觉悟提供前沿阵地。脱离、割裂于内容之外的任何形式的教学手段的运用都是有悖于教育教学规律的。课件所对应的每个教学内容,开展的每一个活动都应有效地发挥现代化手段的优点和专长,始终如一地为内容服务,达到内容与形式的有机统一。

(二)直观性原则

多媒体教学的最大优点,就是运用计算机技术优化组合动态视频(录像)、动画、照片和声音,将一些现实生活中用口述板书难以表达清楚的抽象内容向学生展示,来突出教学活动中的重点,化解教学内容中的疑点和难点,以达到最佳的教学效果。因此,无论选择何种媒体进行辅助教学,一方面要考虑其能否刺激学生的感觉器官,激发学生的学习积极性;另一方面也要根据学生的身心特点及思维接受能力,选择那些直观的,能让学生看得懂、说得出,看了之后有感而发的材料。在整个教学过程中,各种媒体按照预定的程序紧密结合起来,使自然流畅的播放产生强大的共鸣效应,达到课堂教学效果的最优化,并把教学知识、能力、情感的效果层层推向高潮。

(三)交互性原则

政治课教学的精髓就在于师生的交流。因此,运用计算机多媒体辅助教学时,教师依然是教学的主导,学生依然是教学的主体。在教学中,要充分发挥教师这个多面手的作用,教师依然要靠自己的声音语言、体态语言去引导学生思考和探讨。否则,教师就成了计算机多媒体的奴隶,将大大影响课堂教学质量,无法完成教育教学任务。

(四)现实性原则

思想政治课不同于其他学科。作为一门以德育为主的社会学科,其理论性和时效性是比较强的,但不论多深的理论都源于实践,在生活中都能找到现实依托。因此,在思想政治课教学中,必须贯彻理论联系实际的原则,这就要求我们政治课教师在运用多媒体进行辅助教学时,选择音像、图片等材料时,要注意两个因素:一是学生有所见有所闻的现实的真实材料,要避免人为地编造材料。二是典型的、当下的材料。思想政治课具有很强的时效性,在教学中选择的材料应该是最近的、最新的,而不是三四年前,更不是五六年前的。

(五)适度性原则

多媒体运用并非多多益善,以多媒体教学代替、取代教师讲授是不可取的。尤其是政治课的思想性、情感性等学科特点决定了教师的授课过程,不仅是一个传授知识的过程,而且也是一个师生情感交流的过程,是一个对学生心理活动进行积极引导的过程,是一个培养学生良好情绪智力的过程。机械的多媒体展示,不仅对学生的个性心理活动难以捉摸,而且不利于运用教师的体态语言对学生的情绪进行调控,难以引起学生情感上的共鸣,落实提高觉悟目标也就成了一句空话。心理学研究表明,当人们注视屏幕时,头脑活动会减慢,20分钟后脑电波显示大脑活动处于睡眠状态,思维活动受到屏幕内容的抑制。因此,要实现政治教育的情感目标,达到知、情、意、行的统一,政治课堂上教师的讲解,教师与学生的交流是任何现代媒体都难以取代的。

三、在"五个把握"中明确要求

运用多媒体辅助教学的目标是要实现教学过程的最优化,在一定时间内给学生最大的信息量,获取最大效益。要实现这"三最",就要注意以下几个方面的要求:

(一)把握《新课程标准》的要求

现在有很多教师确实在探讨教学手段和教学方法方面下了很多功夫,但是却忽视了对教材本身的研究,其结果往往是形式挺热闹,却没有真正把握住教学的精髓。因此教师在授课之前,一定要根据《新课程标准》的要求,认真研究教材、吃透教材,研究学生,精心设计教学环节。《新课程标准》不仅对教学内容做出了质的规定,还对教学内容做了量的规定,明确了学生对知识的掌握程度。它对教学内容的知识点,均按能力要求分解为"提高用马克思主义立场、观点和方法面对实际问题,做出正确的价值判断和行为选择的能力;提高主动参与经济、政治、文化生活的能力;提高在社会生活中正确处理竞争与合作关系的能力;培养为未来生活而自主学习、选择、探索的能力;增强依法办事、依法律己和依法维护自身权益的能力;发展采用多种方法特别是现代信息技术,收集、筛选社会信息的能力"。这有利于教师在教学过程中,按"基本要求"的规定,结合学生知识水平的特点,有意识有目的地进行知识的传授、能力的培养和觉悟的提高,准确地把握教学尺度。因此,教师只有认真研究《新课程标准》,才能真正在教学过程中落实对学生能力的培养,如果对政治学科的基本框架、基本内容不熟悉,根本不可能把握知识的内在联系,多媒体技术辅助教学运用得再多,也只能是不着边际的花架子。

(二)把握知识结构的全面性和技能

由于专业因素的影响,政治教师所受计算机方面的系统训练比较少,要上好课就必须刻苦学习系统论、信息论、CAI设计理论的基本观点和方法,同时利用一切机会学习操作计算机和使用教学软件。但多媒体技术辅助教学并不就是单纯使用计算机一种媒体,而是采用多种媒体组合教学的形式。因此还必须学会与计算机配套使用的投影机、实物投影仪等专用设备的操作。

(三)把握多媒体对备课的特殊要求

一般的备课仅要求备教材、备学生,对此我们的教师轻车熟路,但多媒体技术辅助教学还要求备媒体、备教师。多媒体技术辅助教学一般是以计算机教学为主,课本及其他教具为辅的多媒体综合运用。为此,教案中除了要写清一般教案的各项要求外,还必须精心设计教学媒体的使用过程。在什么时候运用什么媒体,如何引出,达到什么目的,教师一定要统筹考虑,全面规划,合理安排,使媒体之间、媒体内容之间达到最佳组合;并在上课前对所有引用的媒体材料进行预看、预演,做到心中有数。

(四)把握主导与多媒体技术的关系

多媒体是现代教学工具,在教学中确实可以提高一定的教学效果,并且多媒体技术在政治课教学中的运用,与政治教师主导作用的发挥并不矛盾,政治教师不能因为多媒体技术而放弃了自身的作用。教师在运用多媒体技术的过程中,不能只当"解说员",而应精心设计教案,收集多媒体教学素材,选择多媒体辅助教学内容,通过对教学过程的设计和灵活多变的操作,探讨多媒体在教学运用中的基本教学规律和要求,使多媒体在教师的驾驭下有的放矢地发挥作用。从这个意义上说,教师的主导作用更重要、更突出,对教师的要求更高、更严格,不能以多媒体技术取代教师的作用。

(五)把握板书与多媒体的关系

现实中不少教师利用多媒体技术辅助教学时已经脱开了粉笔和黑板,但"尺有所短、寸有所长",作为传统课堂教学象征的黑板仍有一些地方是现代教学媒体无法替代的。首先是黑板即时呈献力强,随写随看,内容还可以方便地增删;教师在使用多媒体技术辅助教学有时会有突然而至的灵感,这些灵感往往是教学艺术的动人之处,却往往无法加到板书中去而留下许多遗憾。另外,好的板书有提纲挈领的作用,学生抬头一看,便对本节课的重点一目了然;运用多媒体是为了辅助教学,其出发点和落脚点是为了提高教学效果,但运用多媒体技术辅助教学不是提高教学效果的唯一途径和手段,教学中不能为了多媒体而去使用多媒体,应针对教学内容采取与之相应的教学方法、方式,合理地综合和利用各种教学媒体,包括传统媒体,取长补短。这样才能发挥各种教学方法的综合功能,取得最佳效果。

四、在"五个问题"中反思改善

(一)多媒体教学万能论

许多教师认为,运用多媒体技术进行辅助教学就是在进行素质教育,将两者等同起来;还有人认为,多媒体技术辅助教学是万能的,甚至未能充分尊重不同年龄段学生的学习和身心发展的规律,完全抛开常规教学方式,利用自制或现成的课件,让课件充当主角,完全抛开老师的主导作用,使教育教学主观能动性发挥不到最佳效果。

(二)课件制作过于复杂

许多老师往往更多地想到"自己怎样上课"心理体验和传授知识的教学流程,喜欢将自己所会的软件功能全部体现,将自己能收集到的素材全部用上,一味追求表面形式的新颖、花哨和动感效果,无论什么图形、图像、音乐、动画效果都制作进去,结果导致课件内容主次不分,杂乱无章,也导致上课时学生一味地注意课件中的图案和动画效果而忽视了老师对具体内容的讲授,因而就达不到预期的教学效果。由于缺乏对众多材料的筛选和取舍,导致材料缺乏典型性,臃肿泛滥,虽然有趣味性,有一定的服务性特点,但表面上的"容量大"而实际结合不佳,说服力不强,而导致新的"满堂灌"。由于太注意趣味性而涉入更多的材料,由于演示的最佳时机没掌握,过早、过迟、过多地出现,引起学生注意的迁移或无意注意,从而大大影响教学的达成度。

(三)课件交互性不强

多媒体教学忽视学生的不同反映。人机交互是计算机的显著特点,但是由于教学课件的僵化单一,所以这类课件大多是传统教育思想、教学方式、教学内容的电子化、声像化翻版。尽管课件内容图文并茂、生动活泼,但在教学策略创新上存有明显不足,人机交互的过程与作用极为有限;且课件是教师沿着自己的思路一页一页地展示,始终牢牢控制着学生的思维,学生不能"越课件半步"。如学生有不同的反应,则课件往往无法继续展示下去,这时的教师则会极力"启发"学生的思维朝课件设计好的方向上靠拢,直到学生符合"标准"了课件才能继续展示下去。尽管我们强调要培养学生创造性思维,但在这时就不得不以牺牲学生创造性思维为代价来完成课件展示了。

(四)理想与现实存在矛盾

有些多媒体课件像"时装"一样好看但不"实用"。它常常被用来上公开课、示范课或教学比试课。在日常教学过程中,它难得几次闪亮登场,又大大影响教师驾驭现代化教学媒体的熟练程度,使媒体课的效果大打折扣。而农村学校技术设备滞后,无法满足教学需要。有的教师一节课下来,旁边总离不开电教教师的帮助,由以前课堂里的"一人主导"变成了多媒体教室里的"二人转",有时因为技术问题出现被迫中途停课,而去寻找课件内容,这种缺乏"运用自如"的教学机制注定它没有"生活服装"的实在和大方。

(五)多媒体教学使用过量

运用多媒体技术呈现信息的速度快,教师容易不自觉地加快课堂教学速度,忽视与学生思维节奏的合拍。如果学生在这种快速的教学中思维跟不上教师的讲解,或信息呈现的速度无法完整地做笔记,则会影响学生对所学知识的复习和巩固。如果传输知识的时间短于学生对其感知的时间,则是节奏过快,会造成学生感知的不充分,理解就不深刻、不透彻,从而对教材内容产生的疑问不断增加,最终失去学习的兴趣。反之,如果节奏过慢会造成学生的情绪涣散,由于求知欲不能得到满足,同样会失去学习的兴趣。多媒体技术呈现的容量也大,这就容易加大课堂练习,多媒体技术成了代替教师向学生灌输知识的机器,变"人灌"为"机灌",甚至"人机共灌"，把学生当作接受信息的容器。所以运用多媒体技术进行辅助教学，一定要做到内容适量，使学生有理解和记忆所学知识的余地。

　　总之，时代的发展要求我们农村高中教师必须学会合理运用现代化的教学手段。适时地运用现代教学技术，促进教学思想、教学内容的变革，推动教学模式、教学方法和教学过程的改革，优化教学过程，创设生动活泼、主动学习和多元化学习的环境，减轻学生过重的课业负担，提高思想政治课教学的实效。

思政课实施个性化教学的实践研究

浙江省建德市寿昌中学　方昱红

近年来,在课堂教学的改革与实践中,广大的政治教师建构和运用了多种多样的教学模式,这对改进思想政治课课堂教学,提高思想政治课教学质量,无疑具有重要的意义。但是我们也应看到,长期以来,由于"应试教育"的影响,出现了教学过于程式化、模式化倾向,教育行政部门和学校在有意无意地用同一种教育体制、同一种教学目标、同一种教学模式、同一标准的教学评价来培养学生,这在一定程度上扼杀了教师的个性和艺术创造性,不利于学生个性的形成和创造性的培养。没有个性就没有独特性,没有独特性就没有创造性,我们的课堂教学就会失去生命力。所以,我们在重视思想政治课课堂教学模式建构与运用的同时,特别有必要强调思想政治课课堂教学的个性化。

一、个性化教学的内涵

个性化教学就是要充分尊重和发挥学生的学习积极性,重视学生个性的和谐发展,并通过教学唤起学生的求知欲和对个人全面发展的追求。同时,引导学生依据自己的兴趣、能力进行自由探索和独立思考,主动获取信息,实现知识、能力和人格的协同发展。这一教学方式不仅能够提高学生的学习效率,而且可以培养学生的创新能力,挖掘学生的发展潜力,提高其综合素质。个性化教学的基本理念是:教学以学生为中心,以主体间平等的关系为纽带,以自主、自治为基本策略,以信息技术媒体为辅助手段,以创造性教学、情意教学和民主教学等为要求,充分尊重学生的自主性,学生在积极主动的学习过程中,形成自主学习的行为习惯和运用知识的应变能力,建构自己完整的人格。

二、个性化教学的理论依据

(一)加德纳的多元智力观

加德纳认为"智力是解决问题或生产具有某种或多种文化价值的产品的能力"。"智力是多元的,至少有 7—8 种,每一种智力都涉及不同领域的内容"(七种能力:言语/语言智力,逻辑/数理智力,视觉/空间智力,音乐/节奏能力,身体/运动智力,人际交往智力,自我反省能力。后来他又提出了自然观察智力和存在智力。)加德纳认为,每个人都具有上述九种才能的潜能,人们可以根据各自的智力倾向来发展这些能力,由于智力总是以组合的方式来运作的,每个人都是具有多元智力的个体,而不是只拥有单一的用纸笔测验,可以测出的解答问题能力的个体。诚然,学生与生俱来就不相同,他们都没有相同的心理倾向,也没有完全相同的智力,而都具有自己的智力强项,有自己的学习风格。如果考虑这些差异,如果考虑学生个人的强项而不是否定或忽视这些强项的话,教育以最大程度的个别化方式来进行,那么教育就会产生最大的功效。多元智力观的核心在于认真对待个别差异。如果在政治课教学中考虑学生之间的个别差异,在教学中使用不同的教材(学习材料)就会使每个学生都有学会教学内容的机会,并将所学的内容向他人展示。这样不同的学生都可以得到同样好的教育,每个学生都可以得到最大程度的发展。因此,个性化教学的设想呼之欲出,即强调在可能的范围内使具有不同智力的学生,都能受到同样好的教育。

(二)人本主义的观点

人本主义认为,人的本性是积极向上的。这种积极向上的动力来自其自身许多基本的内在需求,人在自由活动中不断满足自己的需要,从而实现自我价值。由于每个学生都有自己不同的需要和抱负,教学就必须尊重每个学生的特性,使每个学生能够最充分地发展自己的潜力。

(三)新课程标准的要求

新颁布的《普通高中思想政治课程标准(实验)》(以下简称《标准》)指出:"思想政治课要重视学生的全面发展,尊重学生的个性差异和各种生活关切,倡导开放互动的教学方式与合作探究的学习方式,鼓励学生独立思考、合作探究,为学生提供足够的选择空间和交流机会,富有个性地发表自己的见解。"这主要体现在"以人为本,以学生发展为本",关注人的自然发展、生命的健康成长,承认个体差异,尊重个性的健康发展,尊重个体的独特体验。可见,倡导个性化的教学,是思想政治课人本化教育的重要体现,也是《新课程标准》所追求的目标。教育的本质,就是以人为本,把人的潜能发掘、激活,素质教育就是发展人的可持续发展的潜能。个性的发展,不仅是人身心发展的需要,而且是社会发展的需要,崇尚个性,注重创造正是当今知识经济时代人才培养的目标。在教学中如何适应学生的个别差异,促进学生的个性全面自由地发展,已成为广大教师日益关注的话题。

三、实施个性化教学的原则

(一)平等性原则

平等地与学生相处,平等地对待每一个学生。平等要建立在理解学生、尊重学生的基础上,我们教师要从高高在上的权威地位走下讲台,走到同学中去,真正成为学生学习上的"良师益友"。

(二)差异性原则

每一个学生都有着各自不同的潜能,想把不同的材料都压成统一的模型往往是不现实的,也是没有必要的。只有承认学生有不同程度的差异,因材施教,才能符合学生个性发展的需要。

(三)激励性原则

教师要扬学生之长,采用正强化理论,用各种激励语作为强化物强化学生的行为,成功的喜悦会再次激励学生富有个性地发表自己的见解,从而达到全方位地提高。

(四)创新性原则

人都有喜新厌旧的心态,学生的新鲜感尤为突出。教师要经常改变自己的形象,改变课堂教学方法,改变说话的语气,在自己的教学中融入自己的情感,最终实现创造性的教,学生实现个性化的学。

四、实施个性化教学的策略

(一)创设和谐氛围,彰显学生个性

英国教育家洛克说过:"每一个人的心灵都像他们的脸一样各不相同。正是他们无时无刻地表现自己的个性,才使得今天这个世界如此多彩。"是的,每一个学生都蕴藏着想学习的可能性,每一个学生都拥有学习和发展的渴望。我们教师就必

须真正把学习的自由还给学生,把学习的权利还给学生,把学习的空间还给学生,把学习的欢乐还给学生,让学生有充分的条件去自主探索,去参与研究,真正实现自我发现和发展。而美国心理学家罗杰斯说过:"成功的教学依赖于一种真诚的尊重和信任的师生关系,依赖于一种和谐安全的课堂气氛。"民主课堂要营造一个使个性得以自由发展的宽松氛围。教师要走下讲台真正成为学生学习上的"良师益友"。要允许学生对教材知识进行个性化的理解,允许有不同的表达方式,不同的解题思路,不同的解答结果。对有独到见解的要大力表扬,对不完善的要加以补充,对那些不合常理的奇思异想要给以呵护。只有这样,学生才敢于在课堂上大声说话,敢于发表自己的意见,敢于向教师提出不同的想法。学生的个性才能得以表现,学生的创新火花才能迸发出来,才能让学生在知识的探索、能力的发挥上达到最佳状态,从而充分发挥学生的自主性,促进学生个性的充分发展。因此,我们要努力展现课堂的真实性,尤其是在学生交流的时候,鼓励学生亮出自己的观点,允许学生独树一帜,允许学生与老师争论,允许学生随时质疑,允许学生自由表达,也允许学生保留看法。教学时要正确引导和热情鼓励那些平时会"耍小聪明"、能使出"雕虫小技"和敢于"吃螃蟹"的学生,使学生的个性得以彰显,人格得以健全。

例如:在讲授经济常识"价值规律的作用"时,提出这样的论题:连年来,我国经济每年都以7%以上的速度增长,但国有企业下岗职工却日益增多。对这一社会现象你是怎样认识的?后组织学生分组讨论,每组6人。课堂一时活跃起来,各抒己见,讨论热烈。然后各组推出代表发言、交流看法。综合如下:有的学生认为,下岗分流可以减轻企业负担,减低生产成本,使企业有更多的资金添置新技术、新设备,从而提高企业的竞争力和经济效益;有的学生认为,下岗分流同企业本身采用先进的技术装备有关,由于企业为了在竞争中获得更多利益,因而采用了先进的技术装备和先进的管理方法,使劳动生产率得以大大提高,原来需要几个人干的活现在一个人就可以完成了;有的学生认为,我国实行经济结构战略性调整,企业实行改组、兼并、优化组合,以致一批职工下岗分流;也有的学生认为,在市场经济条件下,企业之间的竞争更加激烈,但部分职工文化水平低、素质差,与企业的发展不相适应,因此必须下岗分流;也有的学生认为,随着我国加入世界贸易组织,外资企业大量进入我国市场,将会对我国的一些企业带来冲击,这不可避免地使国有企业职工下岗增多。最后由教师归纳小结。组织这种形式的课堂讨论,把学生的学习情绪调动起来,让每个学生都加入到讨论之中,使课堂真正焕发出生机和活力,打破沉闷,克服思想政治课那种枯燥乏味、由教师一手扮演的单一教学模式;也使学生的思维方式从单一到多元、从静态到动态、从被动发展到主动,为课堂教学营造宽松、愉快、民主、和谐的教学环境,彰显了学生的个性,为学生的自主学习创造了有利条件。

(二)给足选择空间,尊重学生个性

要发展学生的个性,就必须真诚地尊重学生学习的选择性,为学生的学习和发展留下充足、自主的时间和空间,从而让学生在学习中有更多选择的机会。从根本上讲,学生的学习活动是创造性的劳动过程,创造性越高,学习的效果应当越好。然而,如果学生长期按教师的指令学习,只会用简单划一的方式去学习,这必然使学生的创造性受到限制。学生长期失去个人选择的机会,个性的发展也必然受到压抑。给每一个学生自主性活动实践的机会,让学生在学习中学会自主选择,在选择中学会判断。只有这样,我们才能尊重学生独有的个性。因此,在教学过程中,增加选择性能为学生提供广阔的学习空间,让学生以适合自己的认知方式投入学习活动中去,从而使他们的创造潜能得到最大限度的发展。

在新知应用中,可根据自己的理解与生活实例紧密联系起来,解决一些实际问题。只要我们能深入挖掘课堂内外、学校内外适合学生个性发展的教学因素,精心设计适合学生个性发展的主题,使每个学生都能按照自己的学习节奏自由学习,就一定能够促使学生在学习中不断完善,达到能跑的跑起来,能飞的飞起来的目的。思想政治课教学中,教师可以给学生提供自主学习的广阔空间和渠道,学生可冲破政治课堂和学科的局限,自主能动地开展形式多样的活动,如:辩论会、研究性学习、社会实践和网上的学习活动等。此外,布置作业时,我们也可以根据学生的实际情况,设计有层次性的作业练习,允许学生在作业的数量和深度上有一定的选择。把选择的自主权大胆地交给学生,充分相信学生,让学生根据自己的具体情况有选择地完成作业。这样无疑会大大激发学生的自主意识,更有利于学生个性的发展。

例如:在学习高一经济常识的有关内容时,开展了以"价格战"为主题的研究性学习活动。在老师的指导下,将学生分为若干个研究小组,并根据各自的爱好、兴趣、选择确定研究课题:"建德超市的现状调查和思考""明天的超市——竞争与发展并存""手机价格战——你心动了吗""国产轿车价格战的思考"等。学生在开展研究性学习活动中表现了很高的热情和积极性,他们查阅了大量报纸、书籍和利用互联网收集资料;实地采访了有关老师、学生家长、商场经理、售货员和消费者;向本校同学、专卖店和消费者做调查问卷。通过广泛的社会实践,学生掌握了大量的第一手感性材料,在此基础上进行加工制作、整合分析,使认识得到升华,最后撰写了调查报告,并在学校组织的答辩会上进行小论文答辩,收到了很好的效果和评价。学生是这样体会的:开展研究性学习活动,使我们学会合作、学会搜集资料、数据统计、实际操作、计算机运用等综合方法和技能。也感受到研究过程的乐趣,扩大了视野,拓宽了知识,提高了实践能力和写作水平。教师对教材进行了再创造,给学生以充分发挥的空间,尊重了学生的个性。这些都是在封闭式教学环境下所无法实现的。

(三)注重开放教学,放飞学生个性

学生对问题的理解常常是稚嫩的、不成熟的,但同时这种理解又是最具个性的。珍视这种最初的朴素思考,并抓住契机及时引导,不仅能鼓励学生用自己的方式大胆将自己的思维过程展示出来,保护学生参与学习的热情,引起学生对问题不同侧面的再认识和再思考,从而自觉地对自我认知系统进行整理、修正与补充,达到思维的深入和发展;而且有利于他们相互启发,培养开放、创新的品质。教师也可以在学生思维过程展示中发现和了解学生的智力强项,为更有效地实施个性化教学提供参考。

例如:我在有关银行和储蓄知识的经济常识复习中,曾向学生提出这样一个开放性的问题:如何看待 2002 年底我国城乡居民 9.81 万亿元储蓄存款? 有学生回答说:这是我国经济持续稳定增长,人民收入水平提高的结果;也有学生回答说:这是我国社会保障制度不完善,居民为养老、医疗、住房、教育等开支做预防的需要;还有的学生说:这是因为我国居民投资渠道过少,合理消费没有得到满足的结果,势必会影响居民消费的扩大和经济的发展……课后,有个学生兴高采烈地告诉我:"老师,你这种把时事和课本知识相结合并让我们自主学习的方式真好!"足以说明:在政治课教学中,注重课堂教学的开放性,相信学生,让学生主动参与,自主探究,不仅能激发学生独立思考的积极性,而且效果比单纯由我们老师讲授要好得多。这样的教学更能深化主题,使学生在轻松、快乐的气氛中掌握知识,同时又放飞了学生的个性。

(四)丰富教学资源,拓展学生个性

现代社会科技日新月异,竞争日趋激烈。科学技术尤其是高新技术成为社会生活的重要内容,成为推动社会进步的重要力量。伴随着科学技术的进步,国际竞争与合作的加强,全球一体化已成为不可逆转的趋势。这一深刻的时代背景对我们的政治课教学提出了强有力的挑战,按照马克思关于人的发展的理论,不同的人对同一方面的发展存在差异,同一个人对不同的方面发展亦有差异。人有一种禀赋,希望把自己的优势最大化。这就要求我们政治教师在进行教材处理时,应该有信息头脑、新闻鼻子,及时把握时代脉搏,围绕社会热点、突出时事重点,为我们的教学注入新鲜的血液,为学生选择适合自己的发展道路提供更多的信息,让每一个学生都能选择到适合自己的最佳信息,让学生的自主发展达到最大化,使我们的学生及时了解世界的发展变化,感悟时事,提高观察社会、了解社会、分析社会和解决

问题的能力,从而拓展学生的个性,培养学生的特长,让每一个学生都能感受到成功的喜悦。

例如:在讲到国际组织中关于世界贸易组织的相关教学内容时,我及时介绍了多哈谈判的有关情况,并拓展性地设计了诸如"经济全球化与中国加入 WTO""我看经济全球化""关于中国加入世贸后的思考"等问题,引导学生去查找、收集资料,主动讨论和探究。并借助多媒体放映关于加入世贸对中国影响的时事点评等节目以拓展学生的视野,把自由发展的空间和时间还给学生,让学生多方位展现问题思考的角度,使他们的个性和特长得到充分的发展,创新思维能力得到较快的提高。另外,在讲述"家庭联产承包责任制"之前,我让农村学生回家做一个调查:(1)家里承包的田亩数是多少? 粮食产量有多少? (2)上缴的乡统筹、村提留分别是多少?(3)自家与乡(镇)政府签订的承包合同中享有哪些权利,应该履行哪些义务? (4)自家的粮食作物、经济作物比例多少? 在调查得比较好的同学中选几位在课堂上讲一讲。通过实践调查,使同学们对有关"家庭联产承包"有了一定的感性认识,避免了教学中的空洞说教。

(五)改善教学方法,关注学生的个性

个别化即不同的教学个体、不同的教学内容采用不同的方法,重视差异,因材施教,让每一位学生都能在自主的基础上取得进步,得到发展,让每一堂课都成为精品。这就要求我们在教学过程中多注重探究教学突出以学生为中心和全体参与,让学生通过探索发现来解决问题,如"问题教学法""启发式教学法""讨论法"等;要求我们在教学过程中关注体验教学突出和关注学生的个体性、独特性、多样性和差异性,让学生以自己特有的方式去认识和感悟知识,并将之内化为自己个人的智慧与价值,如"角色游戏法""音乐熏陶法""实践活动法""即兴演讲法"等;要求我们在教学过程中把教学活动定位为师生互动、交流合作以实现双方主体性的建构与发展过程,如"实话实说式"的教学法。多样化即在具体的教学过程中运用多种多样的教学方法,实行优化组合的教学方案以达到最佳的教学效果。例如,我们可以在教学开始的时候采用情境教学法使新课导入达到高吸引度的效果,中间采用讨论式教学法达到学生参与高密度,最后总结归纳时采用即兴演讲法达到总结效果高浓度,形成"情境体验—研讨—概括"的组合方式,当然也可采用"自学—发现—讨论—建构"的组合方式。总之,我们的教学方法设计要因人而异,因教学内容而异,使师生的个性和创造性达到多样化的统一,同时又具有鲜明的个性特征。让每一位学生动起来,用嘴说、用眼看、用脑思考、用手脚活动,成为自主学习者,不断地更新自我、超越自我,应对多变世界的挑战,使学生喜欢我们的政治课。

例如:在教学"银行的性质与职能"这一课内容时,我采用了小组合作活动教

学,效果很好。先把全班同学分成几个小组,分别代表"中国银行""商业银行""中国工商银行""中国农业银行""中国进出口银行"等几大银行。课前布置每一小组去收集本组所代表银行的资料,课堂上每组指定一位代表上台讲述,要求打出银行的牌子,叙述银行的性质、职能、在现实生活中有何重大作用等。教师根据每小组表现进行打分。这极大地丰富了课堂教学内容,课堂上同学们互相补充,气氛十分活跃,学生的个性得到充分的发挥。

(六)实施多元评价,保护学生个性

教学评价在课堂教学中起着举足轻重的作用,在一定的程度上操纵着学生的命运,它是教学的指挥棒,指引着学生朝着预定的方向发展。但长期以来,我们的教学评价只是在单一分数指挥棒的引导下,培养了一大批高分低能儿和分数的奴隶。大教育家苏霍姆林斯基曾提醒我们教师要记住:没有也不可能有抽象的学生。可以把教学和教育的所有规律性都机械地运用到他身上的那种抽象的学生是不存在,也不存在什么对所有学生都一律适用的在学习上取得成就的先决条件。

学习上成就这个概念本身就是一种相对的东西:对一个学生来说,"五分"是成就的标志,而对另一个学生来说,"三分"就是了不起的成就。教师要善于确定:每一个学生在此时此刻能够做到什么程度,如何使他的智力才能得到进一步的发展,这是教育技巧的一个非常重要的因素。这就要求我们教师评价学生时要因人而异,实施多元化的评价,不能搞一刀切。

首先,评价主体的多元化。实施新课程,我们必须实行学生、伙伴、教师、家长四位评价主体对学生的学习进行评价,这就能比较全面地对学生做出中肯的评价,促进每个学生健康发展。其次,评价反馈途径的多元化。评价反馈至少有作业分析、学习质量形成性分析、学习质量终结性分析、课情分析。从学生课堂内的表现来评价学生三方面目标的达成情况。特别是就课情分析来看,教师在课内要根据学生的不同情况适时地给予激励性评价。同一个问题,不同的学生回答,差异是必然存在的。对于智力发展较好的学生不要轻易给予表扬,当他们经过自己的独立思考解决了比较难的问题或是有创新的时候给予适时表扬和鼓励,对于这些学生来说会起到很大的推动作用,使他们产生后续学习的动力。而对于智力发展较慢的"学困生"则不妨多鼓励几句,只要他答出简单问题或只要肯回答问题就应给予充分肯定,或者全班掌声鼓励。这样的评价不仅能鼓励不同类型的学生积极参与学习活动中,更重要的是保护了学生个性化的学习品质。另外,还需采用个别激励与集体激励相结合的方法给所有的学生以激励。最后,评价方法的多元化。实施新课程,评价必须促进所有的学生的发展。因此,评价内容应有多样性,评价方法应多样化,可以包括适时评价、形成性评价、终结性评价。终结性评价应将适时评

价和形成性评价有机结合,给学生做出中肯的具有个性的评价,促进学生不断发展。

五、个性化教学对教师提出的要求

(一)坚持以生为本,以学定教

《新课程标准》指出:"政治课教学必须根据学生各自的特长和关切出发,关注学生的个体差异和不同的学习需求。"这就要求我们教师要摒弃"长幼有序""师道尊严"的传统宗法观念,尊重学生的独立人格,认同学生的主体地位,把自己置于与学生平等对话的地位。作为学生学习活动的引导者和组织者,我们教师首先能够创设民主、平等、宽松、和谐、友爱、合作的课堂教学氛围,全方位调动学生学习的兴趣和内在潜力,引导和鼓励学生带着自己的知识、经验、思考、灵感、兴趣参与教学过程,参与知识获得的过程。其次,要从以往的"标准划一,关注少数"转向"面向全体,关注个别化的学习需求",能根据学生的个体差异和不同的学习需求来设定和及时调整教学目标,关注每个学生的发展,在充分尊重个性的基础上实现因材施教,灵活组织课堂教学,因势利导,使教学成为教师启发和激励学生充分发挥主体作用,积极主动掌握知识和发展智力及能力的活动过程。

(二)转变学生的学习方式,让学生"自主、合作、探究"学习

《新课程标准》倡导"自主、合作、探究的学习方式",就是要改变学生被动应付、机械训练、死记硬背的政治学习现状,从而确保学生学习主人的地位,把个性化教学落到实处。"自主"指学生有学习的主动权和选择权,学生可以根据自己的学习程度,按照自己的意愿去选择学习的内容,这在一定程度上可体现学生分层、目标分层、施教分层的个性化教学操作策略。"合作"是指学习的组织形式,在以班级授课制为主的教学组织形式下,采用小组合作学习的形式,可以改善传统的秧田式教学师生单向交流的方式,有助于构建全班教学、小组集体合作学习、学生个体学习的教学动态组织系统,通过师生、生生多向互动交流,使每一个学生都有自我表现的机会。"探索"指在实践中进行探究性的学习。学生的个性发展,只有通过学生的主动探求、实践参与才能完成。教师要在课堂学习中,创设主动、互动、生动的学习局面,在师生互动、生生合作的动态组合中,给各种类型的学生提供适合他们各自发展的实践机会,让学生在各种活动中陶冶情操,培养个性。

(三)科学利用现代信息技术来帮助学生自主学习与教师进行教学管理

网络学习环境可以为学习者提供丰富多样的学习资源,学习者可以根据爱好

和需求选择不同的课程进行学习;同时可以不必依据线性的组织结构全部学完,而是可以自由选择学习内容。教师通过对学生学习进度的个案记录,可以对学生的学习状况进行追踪研究,提供反馈,从总体上把握学生学习的进度。

(四)注重联系学生实际,树立"因材施教"的教育观

针对学生中存在的一些实际问题,运用一些既贴近学生又具有说服力、感人至深的事例,加强对学生进行情感和信念的熏陶,加强对学生日常行为规范的引导,并将政治课教学上课内延伸到课外,坚决避免空洞无力和脱离实际的说教。这样,既可以解决实际问题,又可以拓展学生的思维,发展学生的个性。

"因材施教"的教育观,不仅要求对不同智力特点的学生"因材施教"——不同的智力领域都有自己独特的发展规律,这就要求教师的教育方法和手段应该根据不同的教育内容有所不同;而且要求针对不同的学生"因材施教"——每个学生都是各有智力特点和发展方向的可塑之才,这就要求教师的教育方法和手段应该根据不同的教育对象而有所不同。

(五)树立并实践"终身教育和学习"的理念

新课程改革对广大政治教师的专业理论素养和知识结构提出了新的挑战。一方面,教师要经常自觉地学习教育教学理论和教育家的名著,吸取国内外先进的教育教学思想、方法和最新成果。另一方面,要根据自己政治学科需要,或从教学体验出发,有针对性地重点研读一些对解决实际问题有借鉴指导作用的专著、论文,如新课程改革实施中的《走进新课程——和课程实施者的对话》《课程标准解读》等。

总之,我们教师应该像根雕艺术家一样,能根据每个人的个性特征去雕琢、塑造。在根雕艺术家眼中是没有废料的,每一根木头都有自己的特点,都能挖掘出它的艺术价值。我们的学校也一样,不应该有"笨学生"存在,只有各种智力特点、学习类型和发展方向的学生。《新课程标准》凸显的以生为本,注重学生个性发展人本化教育,使我们感到我们的教育,将努力使所有学生都学有所成,让每个学生的潜能都得到最大限度的发挥,每个学生个性都能得到最充分的发展。

新课程理念下的高中思政课
教学生活化的实践与思考

浙江省严州中学新校区　叶志娟

一、研究的主要缘由

(一)现实背景

思想政治理论课的知识很抽象,内在知识结构错综复杂,知识的本质属性相对隐蔽,学生学习起来有一定的难度。思想政治课中有关概念的形成、原理的展现、各种技能技巧的培养和训练,分析问题、解决问题的要领和方法,理论如何应用于实践等方面,都需要政治教师去动脑筋、想办法,寻求有实效的解决办法,以提高政治课教学效率。而让思想政治课回归生活是使课堂焕发生命力,提高课堂实效性的一种行之有效的方法。

高中思想政治课教学生活化,就是让教育回归生活,将社会生活贯穿于教学的各个环节之中,师生在教学活动中由社会生活导入课题,运用生活实例理解知识,并运用所学知识分析解决社会生活的实际问题。

它要求将学生融入现实生活中,在生活中学习,把理论知识和生活实际更好地结合起来,用以解决他们生活中的实际问题、现实问题,提升他们对生活的认识、态度、价值观等,丰富学生情感体验,能为学生的可持续发展奠定良好的基础。

(二)基本功能

优化思想政治课的生活化教学可以变抽象为具体,变深奥为通俗,变枯燥为生动,化难为易,化繁为简,变被动为主动,化腐朽为神奇。

(三)理论依据

1.心理学依据

影响学生学习的两个重要因素是记忆和思维。生活化课堂教学正好反映了这两点:

(1)符合记忆的特点。心理学家马多克斯经过研究认为,影响记忆的首要因素是学习材料的性质。如果是有意义的材料就不易遗忘。生活化事例来源于生活,有的甚至来自学生生活原型,对自己熟悉的事或亲身经历的事印象深刻,容易记住。

(2)符合思维的特点。人的思维是由具体思维向抽象思维过渡的。运用生活化(具体思维)去解剖一些复杂的概念、原理等(需要抽象思维),正符合人的思维发展的特征。

2.哲学依据

唯物辩证法认为,矛盾普遍性寓于特殊性之中,没有特殊性就没有普遍性。这一原理要求我们要正确认识事物,必须遵循由特殊到普遍,再由普遍到特殊的认识秩序。生活化事例,向学生展示的是生活中发生的个性事例(即特殊性),通过剖析,揭示出事例中所隐含的同类事物的共性规律(即普遍性)——即教材的知识要求(基本原理),然后再运用这些原理,去解决实际中的问题(即知识运用)。这就遵循了人类的认识秩序,有助于学生理解深奥的课本知识,也有助于培养学生解决问题的能力。

3.教育学要求

首先,教育是一种生活。教育的内容——知识来自生活,而教育的对象是人。教育的出发点是使人学会生存、学会生活、改造生活。构建主义理论认为,学习不是简单的知识转移和传递,而是学习者主动建构自己知识经验的过程,学习者要将正式的知识与自己日常的直觉经验联系起来。学生的生活经验是课程的重要组成部分,同时也是课程生成和发展的基础。学生的生活和经验是我们实施教育的基础,同时也是激发学生兴趣的"原动力"。为此,思想政治课教学要引领学生关注生活,在具体知识的呈现中充分做到"把理论观点的阐述寓于社会生活的主题之中",把基本观点、原理融入鲜活的题材中,切实发挥学生的学习主体作用,引导学生积极地参与学习过程,让学生在学习中体验和反思,在经历与失败中对比、选择,有利于学生个性的发展,促使他们积极感悟、体验生活的价值和生命的意义,倡导他们做自己生活的主人。

4.新课程基本理念和新教材特点

《高中思想政治课程标准(实验)》中指出:"课程要立足于学生现实的生活经验,着眼于学生的发展需求,把理论观点的阐述寓于社会生活的主题之中,构建学科知识与生活现象、理论逻辑与生活逻辑有机结合的课程模块"。新课程目标关注学生在生活世界中的生存与发展,培养学生的生存能力,也就是学会学习、学会做事、学会与他人共同生活。在课程目标的具体内容上贴近生活,"引导学生紧密结合与自己息息相关的经济、政治、文化生活",时刻关注学生的生活需求。在此理念上,教材要注重学生的生活经验,关注学生的生活体验,因而教师必须将学生课堂学习间接经验与现实生活直接经验结合起来,课堂学习与生活实践结合起来,构建学生感兴趣的生活课堂。

二、基本的实践研究

(一)备课要用好"生活材料"

思想政治学科由于时政性强,现实又总是处于变化发展之中,即使修订的教材收录了很多新的材料,但总赶不上现实的变化。所以要让思想政治课与时俱进,首先要做到的一点,就是要选用生活中的材料。这里的"生活材料"包含两层意思:一是新近发生的事情;二是符合学生心理特点、学生能接受的材料。如在讲人生价值的实现时,我就提前准备了2008年汶川地震中的"小英雄林浩"和"教师典范谭千秋"等舍己为人的事迹材料,这样的生活材料让学生受到心灵的震撼,有利于学生更深入地思考人性,完善自己的性格。

教师通过提炼丰富多彩的生活素材,将生活的"活水"引入课堂。教师既要在学生的生活中备课,关注学生生活,努力挖掘学生的现实生活资源,结合班级事迹进行案例式教学,激发学生的情感;又要在自己的生活中备课,捕捉丰富而新鲜的教学素材,使呆板的教学内容注入鲜活的生活元素,引导学生用丰富的感性材料去理解抽象的道理。这不仅可以营造趣味盎然的学习情境,为教学增添乐趣,还能叩开学生的心灵之窗,开启学生的思维之门,在生活中活化理论知识。

(二)课堂要做好"有机结合"

高中政治新课程立足于学生现实的生活经验,着眼于学生的发展需求,把理论观点的阐述寓于社会生活的主题之中,使学科知识和生活现象结合起来,使学生感受到经济、政治、文化各个领域应用知识的价值和理性思考的意义,体验到政治课的真实性和现实性,而不是被空洞枯燥的理论所窒息。只有真实的东西才是有说服力的,只有源于现实的东西才有生命力。

比如,我在设计"弘扬民族精神"这个课例的时候,给学生设计了一个问题:"2008年,有多少让你感动的瞬间?"这个问题把大家的记忆拉到2008年。这一年,中国发生了太多的事情,有让人兴奋的,有让人悲愤的,有让人感动的。从年初的大雪灾到奥运圣火的传递,再到震惊中外的5·12大地震,大家充分感受到在悲壮中成长的中华民族。用汶川大地震的视频重现了当时的情况,从悲惨的地震废墟中的人物,到解放军战士、医护人员、国家领导人、各行各业的志愿者团结协作、众志成城,让学生受到强烈的视觉和听觉的刺激,从内心深处激发了学生的爱国热情。当学生还沉浸在大地震中那种民族凝聚力的时候,我又引导学生思考在如此艰难的情况下又如何成功举办奥运会,最后在"神舟升天"的视频中感受中华民族的伟大,并且真正感受到了中华民族精神的力量。在这个课例的设计中,材料取自当年的生活,学生能够感受到政治课的基本理念,从而引起学生情感上的共鸣。在这个过程中,同学们一定能够感受到政治课的真实性和实用性,而不是空洞的毫无生命力的说教。这样的政治课让同学们在课堂上感受到生活的亲切和如沐春风的真实感。

(三)情境要激活"有效需求"

学习不单单是知识由外向内的转移和传递,而是学习者主动地建构自己知识经验的过程,即通过新经验与原来生活知识经验的相互作用,来充实、丰富和改造自己的知识经验。因此教师在紧扣教学模块主题的前提下,要善于挖掘教学内容中的生活情境,让教学贴近生活,以"生活情境"为基础,将问题巧妙地设计在生活情境中,激起学生学习的内在需要。

如:在学习"人民代表大会制"的人大代表这块知识时,学生感到抽象,难以理解和接受。上课时,我邀请我校的一名市人大代表(胡老师)到教室,做了一个现场采访:(1)你是哪一级人大代表? 是怎么产生的?(2)作为人大代表你要做哪些事情?(3)你的权利和义务是什么?(4)你跟人民的关系是怎样的?(5)你能否举一些具体的提案……我校的胡老师一一做了详细、耐心的回答。由于人大代表就在身边,他说的话自然可信度高,学生对人大代表这块知识就不会觉得很远很空洞,而是拉近了距离,感受到了政治课的真实性、可信性。

(四)讲解要关注"问题导向"

在思想政治课教学中实施生活化教学,要面向丰富多彩的社会生活,选取学生关注的话题,开发和利用学生已有的生活经验,围绕学生在生活实际中存在的问题,开发和利用生活中的课程资源,引导和帮助学生获得对生活意义的领悟,获得对生活、世界、人生的反思和感受,获得对现实生活中人性的丰富性和复杂性的认识,开拓学生丰富而独特的精神世界,使学生形成正确的人生观、价值观和世界观,为他们正确认识自我,处理好自己与他人、集体、国家和社会的关系提供必要的帮助。在坚持正确价值观导向的前提下,将典型的生活引入课堂,组织学生对比认识,会产生震撼作用。例如,在学习"正确对待金钱"一课时,可以这样安排:首先,让学生列举金钱的用处;其次,谈获得金钱的种种方式;第三,让学生收集古今中外对待金钱的具体事例;第四,组织讨论,总结对待金钱的不同观点,如视金钱为粪土,有害物、怕金钱的观点,把金钱当作生命,金钱至高无上的观点,得出对待金钱的态度是"取之有道、用之有度"的观点。经过讨论使学生在对生活的辨析和感悟中把握人生真谛,认识真善美。这些生活问题的设计,创造了生活课堂。它关注学生的主体地位和学生的学习过程,贴近学生的生活,把知识技能的教育与学生的日常生活联系起来,还有利于帮助学生树立正确的情感态度和价值观。

三、打造"生活化课堂"的几点思考

教学生活化的过程中也遇到了新的问题:如现实中的学生只有学习经验,而其他社会生活经验是贫乏的,这在一定程度上造成了课堂教学的双重困境:一是知识本身具有难度,离学生较远;二是学生对现实社会生活比较陌生,缺少平时体验和理论运用的基础;另外社会生活的高速变化,政治学科理论的不断更新,也对教师的生活经历和知识水平提出了新的挑战等。此外,还要注意生活化不能等同于庸俗化,在教学中既要联系个体的生活经验,又不能忽略科学知识的重要性,那种把政治课教学只停留在生活琐事层面的做法,实际上是把政治课堂引向庸俗化。思想政治课堂教学生活化还应防止过滥举例,导致基本的课堂教学目标不能实现。

综上所述,"生活即教育",政治从根本上是与生活密切相关的。社会是一幅广阔的背景,更是学习政治知识的一片天地。应该把政治学习与现实生活联系起来,让教学内容来自学生生活,教学形式回归学生生活,教学评价服务于学生生活,重视从学生的生活经验中学习和理解知识并用这些知识来分析和解决问题,创建生活化的政治课堂教学,使课堂知识和学生生活有机地结合起来,促进政治课堂教学的生活化和社会化,激发政治课堂的活力和效率。正如陶行知先生所说的那样:"我们深信生活是教育的中心,生活教育是给生活以教育,用生活来教育,教育要通过生活才能发出力量而成为真正的教育。"

基于学科核心素养培养的高中政治课选考教学策略研究

浙江省严州中学新校区　　叶志娟

　　2014 年新版《高中思想政治课程标准》在"课程的基本理念"中提出："要重视高中学生在心理、智力、体能等方面的发展潜力,针对其思想活动的多变性、可塑性等特点,在尊重学生个性差异和各种生活关切的同时,恰当地采取释疑解惑、循循善诱的方式,帮助他们认同正确的价值标准,把握正确的政治方向。"新标准强调建设"学科核心素养"培养的课程标准体系,把学科教学的目标定位为"培养基本的学科素养"。思想政治学科素养是学生通过思想政治课教育及自身的实践和认识活动,获得相关的政治学科基础知识和技能,情感、观念和品质,逐步树立建设中国特色社会主义的共同理想,初步形成学生正确的世界观、人生观、价值观,培育政治认同、科学精神、法治意识和公共参与等终身受益的思想政治素养,为其终身发展奠定思想政治素质基础。

　　2017 年浙江省实施高考改革方案,高中政治学科被列为高考选考科目。"思想政治选考考试说明"不仅明确要求考查学科的基本概念、基本原理、基本观点以及分析、比较、归纳等基本能力,也把树立科学的理想信念、确立现代公民意识和世界意识等情感态度与价值观考核渗透在知识和能力的考核之中,即学科素养在政治选考考试中的渗透。通过政治学科选考教学,教师面向学生应当达成有针对性地制定教学目标、合理安排教学内容建构知识、优化选择教学方法进行深度教学,有效提升政治学科学习能力,培养其终身受益的思想政治素养。

一、目前政治选考教学的困惑

(一)受考试科目和结构变化影响,导致学生核心素养培养效率低下

　　两种不同的考试要求落实在同一份试卷中,对学科教学带来了极大的冲击。

教学中既要重视学考基础知识的落实,又要考虑选考的能力提升和思维的发展,增加了学科教学的广度和深度。缺乏原来既有的高考压力与氛围,学生的学习热情下降,教学时间和教学的容量之间必然带来了很大的矛盾冲突。目前,政治学习的意义已不再是单纯记忆知识,而要构建好学科思维,提升学习能力。因此,我们的课堂复习教学也更应该着力于教学课程资源的优化整合,在教学中渗透学科思想,更加注重学生理性精神的培养,理解学科的本质,把握学科的精髓,提升学习能力,在有限的时间内提高选考教学效率。基于学生核心素养培养的课堂教学应该既有教学知识的"深度",又有教学情感的"温度";既有教师的点拨引导,又有学生的主体参与。只有这样,才能既探索学科知识,又提升学科素养,使学生的情感得以升华,达到政治学科核心素养培养的高层次目标。

(二)受教学内容多与时间的限制,导致学生核心素养培养落地困难

实施政治选考以来,教学的时间大量减少,教学内容反而增加,迫使教师更多地关注政治知识与技能的培养,没有认真系统地做好加法与减法,依赖考纲将原有的教材知识体系人为肢解为所谓的知识考点,知识体系碎片化严重,破坏了学科之间的系统性、整体性和规律性,忽视了能力培育,知识教学过于表层化,教学过程的发展性不足。在教学中,不少教师不能理解学科思想、学科方法、学科能力培养的重要意义,致使学科教学缺乏思想高度,缺少逻辑主线,师生缺乏情感的深度交流、智慧的深度碰撞,核心素养培养难以落地生根。

(三)受选考走班教学与管理束缚,导致学生核心素养培养认同感差

由于在实际的教学中,政治学科教学大多实行走班教学。在教学班课堂教学结束后,学生就被分散到不同的行政班或者其他学科的教学班进行走班教学,以往的班集体认同感被严重削弱。由于教学班级的学生可能来自不同的行政班,选考情况和学习基础各有差异,加上学生的学习在行政班和教学班之间不断变动,师生之间、生生之间了解和交流的机会减少,给学情掌握增加了难度,师生情感相对淡漠,不利于师生合作互动,不利于教学效率的提高。对于政治学科素养教学而言,班级认同感较差也影响了学生的公众参与及政治认同素养的形成。

(四)受传统教学方式弊端的困扰,导致学生核心素养培养手段落后

从目前的教学实践来看,很多教师的教学方式和学生的学习方式仍然沿袭旧的高考模式,没有适应新高考的变化要求。由于教学时间紧张,教学中死记硬背和题海战术大行其道,忽视了对学生情感价值观以及自主学习能力的培养,不利于学科素养的养成。新课程改革背景下,评价手段仍然是以考试为主,知识点的记忆和

考纲的把握依然是政治课教学的重中之重。面对选考的压力,教师过分追求逻辑的严谨和答题技巧的训练,使得课堂缺乏生气,学生积极性调动不起来,主体地位没能够充分发挥,核心素养的培养更是无从谈起。课堂上教师还是较普遍地沿用"教师讲演——学生听记"的传统模式,没有将教学定位于有意思和有意义的真正统一,而是将课堂重点放在对原理概念的解读上,使政治课变成了脱离学生生活的空谈,内容枯燥乏味、空洞抽象,学生难以信服,情感、态度、价值观目标难以实现;而教师观念落后导致在核心素养培养过程中发挥的引领作用不够。

面对新高考制度下的选考新要求和教学困惑,如何开展以"核心素养发展"为导向,围绕学科素养培养目标,改进教学方式,如何基于学生的核心素养培养,改进学习方式及评价方式,需要我们思想政治课教师深入思考和探索。

二、基于核心素养培养的选考教学策略探究

(一)统筹安排,有机整合

新高考模式下,教学时间愈趋紧张,学考与选考教学内容繁多,要求各异,迫使我们教师在教学上要对有限的教学时间进行统筹安排,对教学内容进行有机地整合,自主建构知识体系,以提高课堂教学的效率。教学中要把握课堂教学内容的核心知识点、关键能力点和主要的情感态度价值观,提炼教学主题,对教材的内容进行适切的增减,调整教学顺序,替换教学内容和活动。由"死教教材"变为"活用教材",由"分析教材"变为"研究教材",通过自己独立的思考探索、整合教材、激活教材、超越教材、创造性使用教材,把握学科知识体系与思想精髓。

在教学上教师要重视对教材的合理使用,发挥教材的"拐杖"作用。在当前的政治课教学中,教师脱离教材、忽视教材的现象较为严重。为了避免落入"教教材"的嫌疑,往往会忽视教材,甚至抛弃教材而去搜寻教材之外的新材料组织教学,最终只留给学生以孤立的概念、原理和观点,失去了鲜活的、有生命力的知识,从而失去了自我学习的能力。教材是教师教学的基本材料,也是学生学习的重要"拐杖",在信息技术日益冲击学科教学的形势下,作为思想政治课教师,我们要保持清醒的头脑,练好"钻研教材"这一学科教学的基本功,把教材用活、用好、用足,创造性地使用教材。通过知识之间的联系与整合,构建知识体系,从宏观上整体把握学科核心素养。

(二)突出主体,优化主导

教与学的本质属性是教师价值引导和学生自主构建的辩证统一。教师的角色定位应当由传统的知识传授者向学生学习的参与者、引导者和合作者转变。课堂

教学是学科核心素养培养的基本载体,教师要使课堂教学向学生核心素养的培养方向延伸发展。在课堂教学中,教师要注重突出教学的引领作用,既注重课堂教学中知识的"深度",又注重课堂教学情感的"温度",做到深度和温度的有机结合。结合时政述评、时政小论文、设计辩论会等,丰富并延伸政治课堂,体现学科特色,增加学生的学习热情,引领学生通过自主活动主动构建学习意识,对知识进行探索,成为所学知识的构建者。教师成为学生学习环境的设计者、学生自主学习活动的引导者、组织者和观察者。教师要在课堂教学中有意识地进行问题对话和情感素材分析,引领学生进行思考,进而在思考的基础上表达自己的感想和认识。学生在掌握基本知识的同时,通过情感体验升华思想道德品质,养成基本的人文素养,达到政治学科核心素养的层次目标。教师通过促进学生学习方式的转变,引导学生开展研究性学习,使学生逐步增强对核心价值观的政治认同,使主流价值观内化为基本的价值取向,进一步明辨是非、端正态度,不断提高分析问题解决问题的能力和素养。通过教师的引领作用,学生能够运用马克思主义哲学的观点和方法观察事物、分析问题、解决矛盾;理性面对国家和社会治理中的各种问题,以负责任的态度和行动促进社会和谐;理性面对经济建设过程中的各种问题,做出恰当的解释、判断和选择;理性面对文化发展的各种问题,树立文化自信和文化自觉,从而促进学生理性精神素养的提升。

(三)关注生活,丰富思想

知识前面是生活,知识的背后还应该有思想。思想政治课教学不仅要完成基本知识与技能的传授,而且要关注生活,引导学生关注国家、关注世界、观察社会、思考人生。思想政治课教学应当坚持有意思与有意义的深度统一,追求学科逻辑与生活逻辑、理论知识与现实生活的统一。让有意义的教学活动显得有意思,让有意思的教学活动变得有意义,应当是当前思想政治课教学的一种追求。有意思且有意义的政治课堂,才会充分展现其活力和生命力。思想政治课一旦脱离生活,便不可能真正深入学生内心,课程的生命力也就失去了根基,教育便无从发生,更无从论及核心素养的培养。教师要拥有能把有意思的内容与有意义的思想相转化的能力,赋予其特殊的学科素养教育意义,培养其政治认同、理性精神、法治意识和公共素养等学科素养。思想政治课教师要立足于学生现实的生活经验和社会实践,着眼于学生长远的发展需求,把正确的价值观寓于社会生活和学生活动的主题之中,让学生在体验社会生活及自身的思维活动中理解学科原理的旨趣,呼应社会脉动与时代精神,在践行正确价值观的过程中逐渐内化成自觉的价值取向。

(四)问题导向,务求高效

新的选考教学注重个性与多元,以满足学生学习的个性化、选择性需求,彰显主体地位,尊重个性差异与个性发展。因此在选考教学中应当尊重个性差异与个性发展,充分尊重学生的人格、情感、态度,对学生的不同见解、偏颇甚至错误,进行有针对性的引导,体现了"以人为本"的理念和"公平正义"的价值追求。选考教学从尊重学生发展差异的角度出发,以学定教、学为中心。课前组织学生进行前置性学习,收集、整理学生在理解教材文本时存在的"概念性"问题、"原理性"问题和学案中的"习题性"问题,充分了解学情。在已收集的"概念性"问题、"原理性"问题、"习题性"问题的基础上,提炼出学生"共性"而有效的问题,旧题重做或通过变式训练从而达到对知识原理的掌握。在对基础知识理解的基础上,构建相对独立完整的知识体系,形成相应的学科意识、理性思维、逻辑思维、辩证思维能力。对于学生差异性的问题,则采取问诊式教学,重视分层教学和个性辅导,创设问题情境,培养学生理性探索精神,渗透辩证思维,提升学生理性思考能力,鼓励质疑问难,发扬学生理性批判意识。

综上所述,新高考制度下的选考教学,应该以"核心素养发展"为导向,围绕学科素养培养目标,改进教学方式、学习方式及评价方式,有机整合教材,突出教师引领和学生主导作用,关注生活,关注有意义的深度教学,构建个性化的课堂,促使学生政治学科核心素养的提升。

教学事例在高中思政课教学中运用的三项原则

浙江省严州中学新校区　黄宏菊

在新课程突出"生活逻辑"的背景下,生活事例越来越引起大家的注意。而事例教学法的作用已被大家认可,它有利于学生提高学习兴趣,有利于情感教育目标的完成,有利于教师教学行为的改变,等等。新课改以后的高中政治教材以生活主题为基础统筹教学内容,积极体现和反映时代特征。综观高中政治教材,不难发现,每一框都有"情景导入、情景分析、情景回归",中间大都插有探究活动、专家点评、相关链接等。教参上也提供了很多事例供上课选择,再加上现代传媒的发展,报纸、电视、互联网上的教学事例也是应有尽有。面对这些资源,许多教师在教学过程中都会遇到以下一些问题:上课事例展示过多,整堂课显得有些凌乱,知识体系缺乏逻辑;为举例而举例,学生兴趣是调动起来了,课堂氛围也很活跃,教师自我感觉可能也良好,可学生注意力被转移了,只记住了事例,对于知识一点也不理解,等等。

那么,作为教师到底应该如何选取事例呢?

一、趣味性原则

尽量选用乡土事例,可以让学生感觉到知识就在生活中,增强对知识的理解。而且近年来,探究类题型经常要求学生举家乡的事例,来考查学生的应用知识能力。俗话说,家事、国事、天下事,事事关心。学校也提供了很多途径供学生了解课外知识,如电视、广播、报纸等。但事实上,学生对于自己所处的外部环境并不熟悉,对国家的路线方针更是不知所云。所以我们要从学生的生活出发,鼓励学生积极地参与社会生活,让学生用自己的亲身实践来检验枯燥的理论,用事实说话,以此培养学生热爱家乡的情怀。如在讲"体味文化"这一框时,我选用的教材全是建德市的本土事例:新叶古民居、寿昌文昌阁、玉泉寺石头上的凤凰、龙舟漂游、新安江边晨练的人们、里叶白莲、梅城干菜鸭等。学生都很惊讶,原来文化就在他们身边,无处不在,无时不在。他们还了解到我们建德也有很多特色,我们的文化也是别具一格的,也是很丰富的。

理论是灰色的,而生活之树是常青的。我们应把平常生活引入课堂,活化教材。尤其在导入时,更是如此,因为好的开头是成功的一半。如在讲述"生活处处有哲学"这一课内容时,我针对刚刚期中考试考完,学校里进行成绩排名,学生心理压力较大这一事实,列举了几位同学对于成绩排名的看法:观点一认为,考试分数排名好,因为它让我们了解考试成绩的位次与学习成绩的进退步情况,以便更好地扬长补短;观点二认为,考试分数排名不好,因为它让学习成绩好的同学沾沾自喜,让学习成绩差的同学悲观失望;观点三认为,我们不能盲目地张扬名次,也不能简单地否定名次。我针对这一现象设计了两个问题:对于考试成绩排名的认识为什么会出现上述不同的观点?你同意哪种观点?为什么?

学生们对于这个事例都有自己的切身感受,而且也有很多困惑。这样一来,学生的注意力就马上被集中起来了。思考之后,学生不难得出这样的道理:我们认识世界、办好事情、好好生活都需要智慧,对问题的高明认识,解决问题的巧妙办法,都与一定的哲学智慧联系在一起;哲学总是自觉不自觉地影响着我们的学习、工作和生活,哲学就在我们身边。

课后学生说学哲学真是实用啊,还可以帮助我们解决多年来思想上的困扰!

二、时代性原则

所谓时代性,是在思想政治课教学中选择的事例必须做到思想新、观点新、故事新、角度新,具有鲜明的时代气息,明显的个性特点,见解独到,与时俱进。这就要求政治教师始终站在时代前列,在进行教学事例选择时要选择那些真正反映时代精神的事例,紧扣时代脉搏,不断推陈出新,反映现实问题,反映社会热点,从而使学生能正确地认识时代发展中的新情况,解决新问题。

任何事物都是变化发展的,不同时代哪怕在年龄上相差4—5岁的学生在心理上、观念上、认知上都有明显的差异。面对不同时代的学生,教师不能总是老调重弹使用同一个事例。知识有新旧之分,我们上课所列举的事例要体现时代精神。特别是思想道德往往带有时代的烙印,而国家的一些新政策、方针也应在课堂上得到及时体现,拓展学生的知识面,这是政治课的要求。

在讲"坚定地维护我国的利益"这一知识点时,涉及"国家的主权和安全要始终放在第一位"。我向学生介绍了《反分裂国家法》的颁布,我把这一内容作为教学事例,为什么这个时候出台《反分裂国家法》呢?放在教材的这一块内容来介绍,学生就能很好地把所学原理与热点材料联系起来。这部法律充分体现了我们和平解决台湾地区问题的诚意。解决台湾地区问题，实现祖国完全统一，是海内外中华儿女的共同心愿。上课时我还用了"亚投行"和"南海"问题的例子，学生都非常感兴趣。

如在讲"弘扬中华民族精神"这一框时，就教材内容而言，说教性比较突出。尤其是教材提到了中国共产党领导全国人民丰富和发展了民族精神，具体表现在新民主主义革命、社会主义革命和建设时期。所以针对这框内容，我就列举了各个时期的事例，从"长征精神""井冈山精神"到"大庆精神""两弹一星精神"，再到"抗击非典精神""航天精神"，再到最热的"女排精神"。每个时代都有自己的精神典范，这样学生也能自然而然得出以下原理——民族精神是变化发展的，是永不泯灭的。各个时期的民族精神都是以爱国主义为核心的民族精神的体现，都继承了党的优良传统，都是一脉相承、与时俱进的。

三、艺术性原则

政治教学不应只有理论修养，更要有情感熏陶，而在结尾时显得更突出。政治课堂的结尾应更多点诗情画意，让学生回味。在日常的教学中，教师一般都非常注重导入时事例的引用，但往往忽略结尾时的事例，一般以课堂知识小结作为一堂课的句号。明朝著名诗人谢榛语："凡起句当如爆竹，骤想易彻；结句当如撞钟，清音有余。"这话讲的虽是写作，可同样也适用于课堂教学。课堂教学不仅要有一个响亮的引人入胜的开头，而且也应该有一个让人感到余音绕梁、不绝于耳的精彩收尾。那么应该选取些什么样的教学事例来结尾呢？

诗歌、小说、散文等经典作品，可以引起学生强烈的共鸣，从而更深刻地去感知教材，理解知识。可以培养和提高学生的意象思维、想象力和审美能力，丰富了情感，发展了个性，大有令人耳目一新、引人入胜之感，由此达到听课的最佳状态。如在讲述"文化塑造人生"这一框时，我引用了普希金的《假如生活欺骗了你》和余光中的《乡愁》作为整堂课的结尾。

假如生活欺骗了你

普希金

假如生活欺骗了你，

不要悲伤，不要心急！

忧郁的日子里需要镇静：

相信吧！快乐的日子将会来临。

心永远向往着未来；现在却常是忧郁：

一切都是瞬息，一切都将过去；

而那过去了的，就会成为亲切的怀念。

乡　愁

余光中

小时候乡愁是一枚小小的邮票

我在这头

母亲在那头

长大后

乡愁是一张窄窄的船票

我在这头

新娘在那头

后来啊

乡愁是一方矮矮的坟墓

我在外头

母亲在里头

而现在

乡愁是一湾浅浅的海峡

我在这头

大陆在那头

　　这两首诗在课堂结尾时让学生朗诵,从中感悟优秀文化可以丰富人的精神世界,增强人的精神力量,促进人的全面发展。

　　课堂结尾还可以巧设悬念,预示新课。这样的结尾使原本由热闹变冷清的课堂又活跃起来,达到"第二次"教学飞跃。这就要求我们在选择事例时既要体现本节课的知识,又要注意章节之间的内在联系,为下一节课做好铺垫,以达到"一箭双雕"的作用。如讲完"我国的国家结构形式"后,我展示了亲民党主席宋楚瑜的大陆之旅图片,并请学生注意观察胡锦涛会见宋楚瑜时桌子上的那盆花:是一盆什么花? 一共几种颜色? 那盆花的整体形状像什么? 这么别具匠心的设计有什么意义? 这就是我们下节课所要讨论的问题"一个国家,两种制度"。学生顿时兴奋起来,纷纷交头接耳,有的想从这节课中找到些线索,有的在赶紧预习下框内容,寻找新知识点以求能解答这个问题。

高中思政课"一例探到底"
教学要求的"三思"

——以"坚持唯物辩证法,反对形而上学"为例

浙江省严州中学新校区 黄宏菊

"一例探到底"教学法是指在一堂课中以一个典型案例为主线,以问题为引导,师生之间"导""学"并举的课堂教学方式,是一种特殊的案例教学法,是围绕本课的理论内容展开的多个角度的具有目标性、综合性、时代性和生活性的典型事例。而综合探究课由于它本身的特殊性,用"一例探到底"的教学方式更合适。下面我以《生活与哲学》第三单元综合探究"坚持唯物辩证法,反对形而上学"为例,谈谈我的观点。

一、"一例"必须典型,突出主题

在进行"一例探到底"的教学方式时,一定要选好贯穿整个课堂的这"一例"。怎么选呢,首先要进行全面细致的教材基础知识的梳理,明确教学目标并且划分教学中的重点难点,理清教材的内在逻辑结构。可以把这一课的教学目标概括为以下几点知识:

(1)把握唯物辩证法的基本观点和形而上学认识方法的局限。

(2)明确唯物辩证法和形而上学的根本分歧。

(3)理解科学发展观的内涵和哲学依据。

理解五位一体总体布局的哲学依据。能力目标:让学生学会运用唯物辩证法的基本观点和基本方法分析问题和解决问题;情感态度价值观:培养学生大胆创新意识和精神;理解和支持党的方针政策,为实现国家可持续发展而努力奋斗、出谋划策;重、难点:唯物辩证法和形而上学观点的分歧。梳理了知识后,教师要收集与此项内容相关的材料。选取的材料应符合学生的认知和年龄特点,引起学生的学习积极性和主动性,使学生参与到分析和讨论中。因此案例和材料的筛取,不但要

考虑教师的需求,而且要考虑对学生的吸引力和影响力。

本着以上原则,在上这一节课时我选择了"北京特大暴雨案"这一案例。

首先,从时代性上看,这个事件新闻性强、影响大、震惊全国,给全国的城市现代化建设敲响了警钟。

其次,从生活性上看,浙江省每年都有台风暴雨,这样的情景我们的学生一点都不陌生。如果这场灾难发生在其他城市,其带来的危害可能更加令人震惊。因此,这种反思应当是集体的、全面的和深刻的。

最后,从典型性上看,城市规划问题和我们今天所讲的知识点完全吻合。北京特大暴雨带来了严重的财产和人身损失,我们应该怎么办?承认矛盾才能分析矛盾、解决矛盾。灾难已经发生,我们只有直面它,才能避免它。

这场暴雨确实仍有诸多值得反思之处。"北京特大暴雨案"有自然的原因,更有一些人为的因素。这就体现了形而上学的观点和辩证法观点的分歧,也让学生体会到形而上学观点的危害。是否承认矛盾,是否承认矛盾是事物发展的源泉和动力?是用联系的观点还是孤立的观点看问题?是坚持发展的观点还是静止的观点?是全面的观点还是片面的观点?

最后,北京的城市规划今后的路在哪里,要多听专家学者的意见,要多学国外先进的经验,也要多看国内其他城市成功的规划。这些都要求城市管理者用联系的观点、发展的观点、矛盾的观点来规划城市,坚持科学发展观。

由此可看出,"北京特大暴雨案"这一案例完全满足实施"一例探到底"教学方式的条件。这样我就明确了这节课你的主题是什么。比如本节课的主题我就确定为"雨啸京城,拷问城市规划——唯物辩证法思考"。

二、"探究"必须有好的设问

确定案例后设计问题是非常重要的一步。怎样才能激发学生的求知欲望?怎样才能让学生有话可说呢?针对比较抽象、深奥的哲学知识,设计问题不宜过于专业,不宜过深,否则就无法调动学生学习的积极性,课堂就没法激发学生,课堂气氛就会沉闷。要设计能引起学生争论的问题,并且要科学合理,要有引导性,这样的问题就必须是启发式和开放性的。可以设置一组连贯的或对立的问题,来解决单一的问题无法满足需要的情况,引导学生多角度的思考。设计问题还必须针对不同层次的学生,使绝大多数学生能够参与其中。设计的问题还应具有梯度,这样问题才可以随着材料的展开而逐步深入,激发学生问题探究的连续性。根据教学需要,教师可以帮助学生形成案例材料与知识点的一一对应,通过设定具有针对性的问题,帮助学生形成对案例的逻辑分析。对比这一课的主干知识,我设计了与之相对应的四组问题,并请学生分组讨论:

第一组：

1.面对北京特大暴雨，相关部门要求进行及时、全面的跟踪报道。

2.一些网友认为：对这些负面新闻要少报道，最好不报道，影响我国的国际形象。

第二组：

1.网友小张认为，即使平日看似微不足道的一丁点儿疏忽，关键时刻也可能让人付出生命的代价。

2.中华人民共和国建立之初，一些城市管理者提出了"重地上、轻地下"的发展思路。

第三组：

1.中华人民共和国建设初期，城市排水的设计理念是"想尽办法省钱，只求能满足当时的需求就行"。

2.不少学者认为，虽然北京暴雨很罕见，但为了顾及长远的发展，我们仍需要花大力建设排水系统。

第四组：

1.北京暴雨，不少人认为所有的责任都归咎于脆弱的排水系统。

2.许多专家提出：排水设施建设滞后，路面硬化指数过高，城市天然蓄水池少，管理缺陷，等等，很多因素都可能带来积水和城市内涝。

通过这四组问题，学生既很好地了解了"北京特大暴雨案"的一些人为因素，又明确了唯物辩证法和形而上学观点的分歧所在。

三、"一例探到底"要坚持师生和谐互动

在课堂教学中教师要达到良好的课堂教学效果，选取适合的"一例"和设计好问题只能是成功的一半，教师还要根据学生的实际情况选取恰当的呈现方式。一般有学案导学式、叙事讲述式、合作探究式。由于本课是综合探究课，故采用合作探究式。由于综合探究课涉及一单元的知识，面很广，并且设计这一课知识的目的就是让学生学会自主学习，合作探究。因此，这个时候教师的课前指导就显得尤为重要。

教师必须在课前告诉学生下节课的主题，分成几个小组，组内应如何分工，一般可以从哪些渠道收集资料。探究的活动可以多样，比如进行访问、访谈或进行调查问卷等形式，最后在课堂上进行交流和展示，达成共识。如讲解"坚持唯物辩证法，反对形而上学"时，在课前可以让学生结合北京特大暴雨分三个阶段，三大组。第一组，情景再现，主要搜集北京特大暴雨造成的损失，要有图有真相，不能纯文字。第二组，祸根何在。收集从中华人民共和国成立初北京以及其他城市的规划

建设,分析在当时的国情下为何会有这样的规划,并加以比较。在课堂上可以采取答中外记者问、新闻播报、时空连线的方式展示各组的探究成果,并引导学生进行分析和总结。第三组,今后方向。要看到暴雨后新的投资方向。不仅要收集其他国家城市规划的先进经验,更要从国内找榜样,从古到今我们都不缺城市规划的优秀榜样,不能让学生觉得"外国月亮特别圆"。最后,教师再出两道练习作为巩固,加以点拨。有了这样的分工,整堂课大家的参与性都很高,课堂效率也很高。

　　"一例探到底"的情境设计突出一个主题,以学生的生活逻辑为教学主线,开展生活化教学的态势。以问题为学生思维的导火线,围绕一个主题,使学生的思维逐渐展开,层层深入,激发学生的学习兴趣,理解运用教材原理,达到学以致用的目的。

高中思政课实施课堂对话教学的行动研究

——以"坚持唯物辩证法,反对形而上学"为例

浙江省严州中学新校区　黄宏菊

教育部《关于全面深化课程改革　落实立德树人根本任务的意见》这份文件中有个词引人关注:核心素养体系。研究提出各学段学生发展核心素养体系,明确学生应具备的适应终身发展和社会发展需要的必备品格和关键能力,突出强调个人修养、社会关爱、家国情怀,更加注重自主发展、合作参与、创新实践。核心素养体系被置于深化课程改革、落实立德树人目标的基础地位,成为下一步深化工作的"关键"因素,是提升人才培养质量的关键环节。思想政治课作为德育课程、五育之统帅,对学生进行本学科核心素养的培养,使学生树立正确的世界观、人生观、价值观,形成良好的道德品质起关键的作用。在高中政治教材中,每个单元都有一个相应的综合探究,为学生自主学习提供了拓展、延伸的平台,引导学生自主参与,培养和提高其解决实际问题的能力。

那么,高中政治学科的素养是什么? 新课程认为高中学生政治学科素养是指学生能够运用政治这门学科所特有的思想方法、思维方式去分析、解决问题;能运用学过的学科术语组织答案;对所学的学科知识,能全面、系统地认识、理解;不断掌握学习本学科的特殊方法,能在学习中真正做到融会贯通,学以致用;能够树立正确的学科素养意识,树立正确的世界观、人生观和价值观。可以概括为四个方面:政治认同、科学精神、法治意识和公共参与。本文就从《生活与哲学》第三单元综合探究"坚持唯物辩证法,反对形而上学"为例,谈谈如何利用课堂对话来培养学生的政治学科核心素养。

一、选用情感素材,为课堂对话造势

情感素材引领是指教师应有意识地选择那些既符合学生所学习的内容,又利于提升他们核心素养的素材,并引导他们结合自身生活经验对这些素材进行多元

的解读,同时还启发学生把理解和体验外化,用个性化的语言或其他方式展示自己的内心感受,让自己的情感在教师的引领下得到升华。本框内容,教师上课时以"北京特大暴雨案"为情景素材。

课前,学生分组收集相关资料,围绕三个不同阶段"情景再现、祸根何在、今后方向"。通过情景再现阶段资料的收集,引导学生去关注社会生活、民生,体会珍惜生命、保护环境。当课堂上一张张灾难图片,一个个灾情数字出现的时候,全场是无声的,而此时无声胜有声。因为在场的所有人都和北京人民产生了共鸣。有了这个共鸣,自然就会去分析祸根所在,去主动寻找解决问题的办法。这就是我们政治学科所讲的培养学生公共参与素养:公民主动有序参与社会公共事务和国家治理,承担公共责任,维护公共利益,践行公共精神的意愿与能力。通过本课程的学习,学生能够具有人民当家作主和勇于担当的责任感,了解有序参与公共事务的途径、方式和规则,积累参与民主管理、民主决策、民主监督的实践经验;提高通过对话协商、沟通与合作表达诉求、解决问题的能力。

二、坚持科学引领,为课堂对话导航

在课堂教学过程中,教师要有意识地进行问题对话,以此引领学生积极思考和探索,充分表达自己的所思、所想、所悟,在掌握知识的同时学会做人,在情感体验中升华思想品质,从而达到政治核心素养提高的目标。

课堂对话引领就是指学生在教师的指导下,进行开放式的、发展型的讨论,使学生在你来我往的课堂答辩中弄清问题,明辨是非。

例 1

师:北京特大暴雨为什么会造成这么大的损失?

生:雨太大了。(学生大笑)

师:你能首先看到客观事实很好,这是北京 50 年不遇的大暴雨。其他地方有出现过这样的暴雨吗?

生:有!

师:哪里?

生:江西赣州。

师:很好,说明查过资料了。为什么江西赣州经受住了大暴雨考验?

生:因为他们有福寿沟,那里有成熟、精密的古代城市排水系统。

师:为什么北京没有这么成熟、精密的排水系统?

教师引导:事实上那时的中国还很贫穷,百废待兴,所以中国建设初期,城市排水的设计理念是"想尽办法省钱,只求能满足当时的需求就行"。不仅北京,全国很多城市的建设都面临同样的问题。

这些生活化的亲切对话,能让学生感受到政治课不是在说大话,讲大道理,而是真实的。我们就在这自然的问题对话情境中,培养了学生实事求是的精神,增强了他们的社会责任感。而这些正是我们政治学科素养所强调的理性精神:是人们在认识和改造世界的过程中表现出来的理智、自主、反思等思维品质和行为特征。通过本课程的学习,学生能够运用马克思主义哲学的观点和方法观察事物、分析问题、解决矛盾,面对经济、政治、文化、社会和生态文明建设中的问题,做出理性的判断、解释和选择,坚定理想信念,树立文化自信,以负责任的态度和行动促进社会和谐。

例 2

师:同学们,你们觉得我们国家现在能把城市排水系统建设好吗?

生:能!

师:好! 说明同学们都有为人民服务的心。如果现在请你来当北京市市长,暴雨过后,你会采取哪些措施?

生1:我会好好治理北京的排水系统。

师:具体如何好好治理? 不能说大话!(学生大笑)

生2:可以向国外学习先进经验。我听说法国有下水道博物馆,我想带相关领导和专家去学习。

师:不错,是位知道博采众长的市长!(学生笑)那学好回来后,怎么办? 按照法国的模式推倒重来?

生:不行,不行。

师:为什么不行?

生:那样太浪费,也会影响老百姓出行。

师:大大地点个赞! 是位勤俭节约的好市长!(学生笑)可是出国考察也很费钱的呀(学生大笑)。国内有可以学习借鉴的城市吗?

学生举了哈尔滨濒危湿地变身雨洪公园、西安人工蓄水池一物多用等例子。

这些对话,既让学生明确什么样的政府领导是人民需要的,又让他们意识到不能照搬照抄他国的经验,是对我国社会制度和意识形态的认可和赞同,这是政治认同素养。通过本课程的学习,学生能够确信发展中国特色社会主义是国家富强、民族振兴、人民幸福的根本保障;理解中国共产党的领导是中国特色社会主义最本质的特征,拥护中国共产党的领导;认同社会主义核心价值观是建设什么样的国家、建设什么样的社会、培育什么样的公民最基本的价值标准,自觉践行社会主义核心价值观。

三、力求和谐互动，为课堂对话增色

　　课堂对话是师生双边的活动，只有充分调动师生双方的积极性，力争师生和谐互动，才能演绎精彩，增添对话教学的亮色。

　　例3

　　师：看来同学们都是勤政为民，有智慧的好市长。那市长赶快命令法院出台"北京市排水系统管理法"吧！

　　生：(先是愣住，而后摇头)不行，不行，市长不能命令法院出台法律文件。

　　师：为什么不行？

　　生：法院、检察院是监督政府的，市长不能命令他们。

　　师：哦，我糊涂了，是我记错了。(学生大笑)那市长就自己赶紧颁布这个法律，好抓紧治理北京的排水系统。

　　生：不行！

　　师：这也不行，那也不行，急死北京市市长了。

　　生：法律必须是经过人大审议通过的。北京市政府可以先提交方案给北京市人大常委会，讨论通过就可以了。

　　公民法治意识的教育，是培养合格公民非常重要的内容。法治意识是人们对法律的认可、崇尚与遵从，是关于法治的思想、知识和态度，主要包括规则意识、程序意识和权利义务意识等。通过本课程的学习，学生能够理解法治是人类文明演进中逐步形成的国家治理方式，形成宪法至上、法律权威、法律面前人人平等的观念，懂得行使权利与履行义务的关系，养成依法办事、依法维权、履行法定义务的习惯，具有法治让社会更和谐、生活更美好的认知和情感。

在高中思政课教学中培养学生
理性认同意识的策略初探

浙江省严州中学新校区　黄宏菊

浙江省建德市新安江中学　徐　展

增强思想政治课教学的"信度"，是提高思想政治课教学"效度"的前提和保障。培养学生的理性认同意识，是让思政课的基本理论入脑、入心和导行的现实需要。

一、研究的缘由

只有培养学生的理性认同，才能引领学生用马克思主义基本观点和方法，观察事物、分析问题、解决矛盾；才能解放思想、实事求是，才能面对经济、政治、文化、社会和生态文明建设的实践，做出理性的解释、判断和选择；才能珍重人生价值，展现人生智慧，以锐意进取的态度和负责任的行动促进社会和谐，树立坚持和发展中国特色社会主义先进文化的文化自信；才能真正确信中国特色社会主义是国家富强、民族振兴、人民幸福的根本保障；才能真正展现中国特色社会主义道路自信、理论自信、制度自信和文化自信；才能真正理解坚持中国共产党的领导是中国特色社会主义最本质的特征，拥护党的领导；才能明确社会主义核心价值观是建设什么样的国家、建设什么样的社会、培育什么样的公民最基本的价值标准，才能自觉践行社会主义核心价值观，坚定中国特色社会主义理想信念。

二、基本的策略

（一）深挖教材资源，优化设计

现行教材遵循新课程理念，重视对学生知识、能力和情感态度价值观的培养。无论是必修部分的《经济生活》《政治生活》《文化生活》和《生活与哲学》，还是选修部分的《生活中的法律常识》和《国家和国际组织》无不包含着引导学生强化理性认同的丰富素材,是全面系统进行理性认同教育的最好载体。高中政治教师要充分利用教材资源,扎实上好每一节课,努力完成立德树人的根本目标。接下来以必修2《政治生活》第二单元综合探究"政府的权威从何而来"为例,探讨如何优化教学设计,利用好教材资源。

1.首先对教材进行结构分析

(1)明确相关理论:有权威的政府的特征,政府权威的含义,有权威的政府与无权威的政府的区别。

(2)明确本节课所需要研讨的主题:比较有权威的政府与无权威的政府权力行使的不同效果。教材列举了正反两个事例,要求学生举出其他事例,并分析其后果。

(3)要求学生践行体验主题是如何树立政府的权威。对于高一学生来说,对政府权威的理论研究是欠缺的。因此,我们首先安排了一定的篇幅阐述政府权威的来源以及政府应如何树立自己的权威。接着要求学生对当地政府进行把脉,即列举一年来与当地政府有关的几件大事,分析其起因、过程、后果与政府的权威有什么关系。然后写一份"关于树立政府权威的建议书"——浙江省公务员考试录取工作已结束,假如你被录取了,在J市市政府工作,你准备怎么做好自己的工作?

2.其次,明确设计意图

本活动依据课程标准内容目标第二单元第六条的建议而设计。我们的国家是人民当家作主的国家,政府是人民的政府,理所当然具有历史上任何政府不可比拟的权威。树立和维护政府的权威,有深远的历史意义和现实意义。通过活动,学生应关注政府的权威,懂得维护政府权威的意义。

3.最后,课堂的首尾要能呼应

导入要引人入胜,结尾要能启迪思考,鼓励实践。本节课的导入以四张图片的形式呈现美国卡特里娜飓风和5·12汶川地震中两国政府的救灾表现,鲜明的对比让学生惊叹不已。教师顺其自然地抛出问题:为什么中美两国政府在面对灾民时的举措会有这么大的差别?表现在哪些方面?会导致怎样不同的结果?学生自然会得出政府权威的相关知识。这个时候再趁热打铁,请学生举例说明:体现我国政府权威的事件?学生举了我国政府应对金融危机的举措,我国在利比亚、也门的撤侨行动等。这样的导入非常自然,学生对于中国的认同,对于社会主义制度的认同,对于中国共产党领导的认同,都在这一刻更加深入人心。课堂的结尾要引导学生将认同落实到实践中,增强青年学生的爱国、爱家乡之情,增强他们为国家、为家乡贡献青春年华的责任感和使命感。

(二)精编学生练习,科学引领

在新课课堂中,利用情境教学法,学生容易产生情感认同。但在做作业巩固时仍会出现这样的现象:知识点本身会背但老做错题。除了学生对知识点本身不够理解外,还有就是不能判断该题旨是否与材料无关。而后者除了涉及考查学生获取材料和解读信息的能力外,还考查了学生的知识迁移能力,因为不能举例怎么样的材料才能选该选项。学科核心素养实际上就是一种将所学的知识和技能迁移到真实生活情境的能力和品格。因为没有对教材原理真正的理性认同,所以在做练习时总会有偏差。教师可从以下两个方面加以引导。

1.选好命题素材

教师在命题时应选容易引起学生理性认同的素材。比如,有的命题者总喜欢以"苹果手机是如何创新机抢占市场先机的"为背景素材,这会无意识地让考生觉得国产的东西不行,不认可我国当前的经济制度。笔者上次在命题"企业经营成功因素"考点时,就用了这样的素材"国家知识产权局给出的消息称,2015年华为向苹果许可专利769件,而苹果向华为许可专利98件,华为2015年投入92亿美元进行新技术和新产品的研发,占销售额的15%,已经超过苹果的85亿美元研发投入,占销售额3.5%"。平时的命题我也会尽量用些学生不太会关注的,但会引起学生共鸣的材料,比如中国十大领先世界的科技:航空航天技术、超材料技术、弹道导弹、量子通信技术等。

2.讲好试题分析

教师在讲解练习时,应该多去了解学生答案形成的过程,从而更好地引领学生形成科学的思维方式,达到理性认同教材原理的目标。

如在高三复习课中,运用"社会主义市场经济"有关知识回答这一类问答题时,学生能马上联想到宏观调控的知识,总是有部分学生遗漏市场经济的作用。后面了解到,不少学生对市场经济的三个局限性印象很深刻,并且平时新闻媒体关注的都是政府如何进行宏观调控。在讲解这个试题时,我让学生运用哲学中"矛盾的主次方面"原理来分析。如:

师:你是如何看待社会主义市场经济的?

学生都能从利弊两个角度来分析,也明确了我国为什么要发展社会主义市场经济。

师:社会主义市场经济有什么优点?

学生从公有制、共同富裕、科学宏观调控三个角度回答。

师:资本主义国家有宏观调控吗?为什么我国能实行更加科学的宏观调控?

资本主义国家行吗？

这个问题学生没有及时回答上来，但可以看出我问出了他们的心声。我仍然从哲学知识入手。

师："什么样的宏观调控才是科学的？"

生："遵循经济社会发展客观规律的。"

师："经济社会发展的客观规律是怎样的？"

生："生产关系一定要适合生产力状况的规律。"

师："当生产足够发达，达到社会化大生产水平时，它会要求什么样的生产关系？"

（生个别学生交头接耳后说，应该是公有制）

教师追问：为什么？资本主义私有制为什么不适应社会化大生产？

学生根据所学历史知识得出：生产社会化和生产资料资本主义私人占有之间的矛盾是资本主义固有的。教师顺势引导：所以，社会生产力水平越高，越要求生产资料在全社会范围内流动，从而真正达到资源优化配置的作用。

师：现在，我们再来看看社会主义市场经济三个特点之间有什么内在联系？

学生自然会运用教材知识回答，经过这样的思维引导，学生对于"社会主义市场经济能够发挥国家集中力量办大事的优势，社会主义市场经济宏观调控的优越性在于社会主义市场经济坚持公有制的主体地位，以共同富裕为根本目标，这让社会主义条件下的宏观调控更能符合市场经济发展规律和人民需求，能够更科学"。这块知识应该能够更接近理性认同了。

我看学生热情高涨，就继续抛出问题引申现实情况：大家觉得我们现在的市场经济作用发挥得怎样？你觉得怎样才能更好地发挥市场经济的作用，充分发挥市场在资源配置中的决定性作用？

设计这一问的目的是引导学生关注我国的经济社会发展情况，客观评价我国的社会主义市场经济发展阶段，提出合理意见。让学生认同自己国家的经济制度，他们才会更关心未来的市场经济应该怎样发展才更健康。

（三）发挥学生作用，内化结构

美国著名教育家杜威认为"最好的教育就是从生活中学习"。教学内容的铺陈和展开，不仅是为了让学生获得知识、形成能力，更应是一种心灵的抚摸和触动，是人格的净化和升华。这就要求我们在教学活动中要坚持以生为本，尊重学生主体地位，关注学生亲历亲为的思考和行动，给学生独立思考的时间，给学生独立探究的空间，促进学生自主质疑、自主探究，促进创新能力的培养。如何在教学活动中更好地"以生为本"，笔者从三个角度谈谈自己的想法。

1.课前体验

平时的备课基本都是教师准备上课素材,学生很少有自己的体会。有时甚至出现老师累瘫了,教学目标还未落实。由于学科特点,高中思想政治知识面宽、理论性强,多数学生因缺乏对经济、政治、文化生活的深入了解,学习起来总是觉得抽象、空洞、枯燥乏味。所以,一个好教师应该把课堂还给学生,让学生有很多事可以做。平时学生的预习大多是把教材浏览一遍。而合作学习可以把学生从简单的看书中解放出来,因为这要求学生必须充分理解教材原理、积极思考问题所在。而老师只需要根据自己的需要,提出几个主题,根据学生能力和个性的差异把学生分成若干个小组,让他们通过多种方式收集上课资料。这既考验了学生的信息素养,也锻炼了学生的组织能力、合作能力。因为这个实践活动要想比较好地完成,在行动前学生会进行周密部署,内部分工,密切合作。采集、编辑、汇总,手抄报或PPT这些都会让学生更好地去关注教材原理,去分析现实情况。高中思想政治课教学中开展合作学习能有效整合有限的经济、政治、文化等方面的感性认识资源,让学生在贴近社会现实的生活情境中,自主认知、观察、体验社会情境中的现象,学会探究解决社会问题的方法和路径,从而帮助学生更理性地认识社会,促进学生知识的理解、情感的共鸣、行为的传递和价值的认同。

2.课中提问

古人云"学贵有疑"。质疑是拥有创新能力的人必须具备的思维品质。在课堂教学中,学生可以把先前课前小组合作中发现和生成的问题提出来。如在上必修2《政治生活》第六课第三框"中国共产党领导的多党合作和政治协商制度"这一课时,学生通过课前资料了解到中国八大民主党派的发展史,他们质疑:有些民主党派在中华人民共和国成立前对中国的发展也做出了卓越的贡献,为什么不能参与执政呢?我国为什么不能实行西方的两党制或多党制?我国当前的多党合作和政治协商制度与西方的多党制在形式和内容上都有什么不同?在我国,中国各民主党派未来的路应该如何走?等等。这些问题五花八门,但这些问题都是学生认真思考后提出来的。这是他们的困惑,如果不解决这些问题,如何让学生信服当前的政党制度是适合我国国情的,是具有强大的生命力和显著的优越性的。

我把这些问题呈现在黑板上,组织学生讨论交流、互助学习。学生之间互动、互教、互学,在教别人的过程中加深自己的体会。在交流过程中可能会生成新的疑问,可以再讨论、再交流。对于一些学生确实不能解决的问题,教师集中点拨。

3.课后反思

思想政治学科培养科学的思维方法,核心是培养学生自觉运用唯物辩证法的观点思考和解决问题的能力,使思维更灵活、更严密、更辩证。理性认同要求学生在课后学会用马克思主义基本观点和方法，观察事物、分析问题、解决矛盾，多关注时事政治，运用所学的知识分析现实世界的问题，这才是真正内化了教材理论，才能做到真正的理性认同。

在上必修1《经济生活》"我国基本经济制度"后，就有学生来与我交流，他认为任何一种制度都有局限性，他觉得在有些领域公有制的优势不突出，比如保障公民个人权益时，私有制能更好地保障公民个人利益。为什么会有这个疑惑呢？他看到新闻媒体上播一些农村拆迁户上访受挫的事件，觉得在公有制条件下土地都是集体和国家的，农民个人利益得不到很好保障，非常崇尚国外的"风可进，雨可进，国王不可进"的私有财产制度。

我首先肯定了他的一些观点：任何一种制度都不是完美的，随着时代的发展必然要不断完善。所谓的"风可进，雨可进，国王不可进"，说的主要是平等。在当今时代，几乎没有哪一个国家还在提及私有财产神圣不可侵犯了，因为私有财产和社会公益相比，本来就不是神圣的社会契约，想要自由，那么人人均需让渡一定权利，如果在整个社会需要面前，你来谈私有财产神圣不可侵犯，那是为整个社会不能接受的。私有财产如何能超越自然权利和社会公益？将个人利益置于社会利益之上，是不合社会发展需要的。接下来我和他一起查阅了"我国公民的合法私有财产是不是受到国家保护"的问题，答案是肯定的。《中华人民共和国宪法》第一章第十三条：公民的合法的私有财产不受侵犯。国家依照法律规定保护公民的私有财产权和继承权。国家为了公共利益的需要，可以依照法律规定对公民的私有财产实行征收或者征用并给予补偿。我国在宪法和物权法中都明确规定私有财产是不可侵犯的。只有鼓励学生去课后反思，甚至去实践、学习，才能真正将理性认同自然融入学生的认知结构。

我们必须通过合理的教学设计，利用好学生的课堂练习，尊重学生的主体地位，培养学生的理性认同，使学生在面对复杂的、不确定的现实生活情境时，能综合运用特定学习方式下孕育出来的学科甚至跨学科观念、思维模式、探究技能，结构化学科知识和技能等都内化为自己的能力和品格。让思想政治课教学从"本能认同"到"情感认同"再到"理性认同"，这是我们不懈追求的目标。

初高中政治课衔接问题探究

浙江省严州中学梅城校区 姜 雷

众所周知,在现阶段初高中的教育中,政治课是不可分割的一项重要课程,但是在对初高中政治课的探索和研究中,人们并不一定清楚这里"政治"一词的真正含义。而且在学生中普遍存在这样的问题,大多数学生都认为高中与初中政治课"大同小异",无非是学习作为公民所要知道的一些基本政治理论,而这里的政治也就是人们通常理解的一些党和国家的意识形态的指导理论,如国体、政体、马列主义关于国家、政党的理论。基于这样的理解,绝大多数的学生在高中思想政治课的学习中只机械地沿用初中的学习方法,即以识记为主的学习方法,从根本上忽视了对所学知识的本质理解及运用。显然,这样的学习方法只是达到了学习的基本目标,而对学生素质的提高完全没有起到思想政治课应有的作用。所以教师对高一学生在学习"政治课"观念转变上应引起高度重视,这对学生在高中阶段的思想政治课学习是非常重要的。因此我认为,在初中与高中政治课的衔接教育中,教师在教学初期就应在做好自身对教学方法和教学观念转变的基础上"因材施教",对学生在教材内容、学习方法以及学习观念转变中做好充分准备和引导作用,在教与学的过程中达到质的飞跃。

一、教学内容和要求,从相对简单走向更加复杂

在初高中政治课的教育中,首要目标就是完成学生对教学内容和基本要求的转变。

初中思想政治课主要教学内容和基本要求是对学生进行有理想、有道德、有文化、有纪律的社会主义公民的基础教育,使他们初步明确我国社会主义道德准则,树立集体主义的思想,培养学生忠于祖国、忠于人民、关心集体、遵守纪律、热爱劳动、艰苦朴素、尊重他人、孝敬父母、遵守社会公德、诚实守信等良好品质和分辨是非的初步能力。懂得维护祖国的统一与安全,维护国家的利益和荣誉是公民应尽

的义务；对学生进行社会发展常识教育，使他们初步了解社会主义、共产主义是人类历史发展的必然趋势，帮助学生树立初步的劳动观点、群众观点、阶级观点；对学生进行我国的基本国情及建设有中国特色社会主义有关内容的教育，使他们初步认识我国社会主义初级阶段的基本路线和奋斗目标，初步树立只有在中国共产党领导下建设有中国特色的社会主义才能使中国强盛起来的信念，了解人民民主专政的社会主义国家的性质和任务；对学生进行社会主义民主与法制观念教育，使他们知道法律的作用，帮助学生树立维护宪法权威的观念，培养学生依法享有公民权利和依法履行公民义务的观念，公民应依法办事和违法受制裁的观念，正确运用民主权利，提高遵纪守法的自觉性，树立公民的社会责任感。

　　高中思想政治课主要是对学生进行马克思主义经济学的常识教育，使他们懂得商品、货币、价值规律、社会主义所有制结构、分配制度、市场经济体制等基本经济理论观点，了解与公民的经济生活密切相关的社会主义市场经济的基本知识，使现在的高中生能够顺利适应日益完善的市场经济社会；对学生进行马克思主义哲学常识和科学人生观教育，使学生了解辩证唯物主义和历史唯物主义的一些基本观点，并学习、运用这些观点观察和分析问题，正确理解和对待人生的理想、价值等问题，为树立科学的世界观、人生观奠定基础；对学生进行马列主义、毛泽东思想关于阶级、国家、政党、民族、宗教等问题的基本科学观点的教育，引导他们正确观察和分析两种社会制度的本质区别，懂得坚持四项基本原则和改革开放的重要意义，具有民主与法制观念，树立为建设社会主义国家而奋斗的政治责任感。

　　参照初高中思想政治课的教学内容和基本要求的对比，我们可以很清楚地看到，高中政治课程的安排比初中更系统化、内容更丰富，对学生的要求也上了一个更高的台阶。从初中课程的要求看，学生对知识的掌握一般只需要达到识记程度即可，如了解、知道，旨在学生头脑中树立起观念。而高中的要求则更进一步，不仅要求学生能够识记内容，而且很大程度上要求学生能够理解这些内容，消化课本中所识记的内容，内化自身的思想意识，能够使用掌握的知识去指导实践，建立起理解、分析、解决问题的完善系统。

二、教学方法，从相对被动走向更为主动

　　基于内容和要求的不同，学生的学习方法也应随之而变，是初高中政治课衔接问题探索的关键所在。

　　目前，教学面对的最大问题是大量学生从初中升入高中的过程中，根本无法意识到进入高中应当转变学习方法，或者有些学生尽管意识到并且努力地去转变却不得要领，四处碰壁，失去了学习的主动性和积极性。这种情况在高中所有课程的教育中是普遍存在的，导致这一现象的基本原因有以下几点：

第一,思想观念未转变——只见表皮,未见血肉。在结束初中学习转入高中课堂的过程中,很多学生只是关注学习环境和学习课程的转变,根本没意识到初中和高中思想政治课在内容特别是要求上已经发生了很大变化,与之相适应的学习方法就应该及时调整。基于这种情况,教师应该在高中新生入学之初向学生详细系统地介绍高中思想政治课的主要内容,并强调应当适时转变学习方法,让学生深刻认识到学习方法转变的重要性和迫切性。

第二,学习目的不明确——精而不学,学而不精。部分学生认为思想政治课只是讲大道理,毫无实践可言,而且理科高考也不用考,只要依样画葫芦,熟读熟背,到时候能顺利过关就行了。基于这种情况,教师需要让学生对思想政治课的性质以及作用有深刻的了解,让学生切实感受到这门学科的作用,培养学生的兴趣,调动学生的学习积极性,化被动学习为主动学习,不再是为了学而学,而是尽最大的兴趣和动力将这门学科纳入高中生涯最重要的课程,这样学生对学习方法的自我调节也将起到重要的作用。

第三,学科本身的联系——积极引导,善于突破。作为思想政治课,尽管在教学内容和基本要求上存在很大的不同,但是对于掌握基本知识最基本的方法——识记,要求是一致的。而且从学习的步骤上来看也都是从识记开始的。由于学习方法上的惯性,在没有接受指导之前,高中学生很自然地在学习中习惯性地沿用原有的学习方法。所以教师在高中政治课开始之前,应当在强调识记的基础上在学生头脑中树立理解运用的观念,使学生在今后的学习中对知识的学习自觉沿用识记、理解、运用的步骤。

另外从教师的教学经验和对教材的研究中得出的一些教学方法来看,很多教师在教学过程中的一些做法值得探讨。

第一,"识记"要求抓得较紧,但只是停留在表面上。例如,短时间内要求学生将识记内容背得滚瓜烂熟,但时间稍长,就几乎全部忘光了。其实质不过是追求和满足所谓的机械记忆,并没有真正激励学生去思考和体会,达不到理解记忆的目的。

第二,对要求"理解"类的问题满足于就题论题,"条条过关"。例如,"基本要求"中有不少"理解"题,要求学生阐述概念、举例说明、比较异同、分析特征等,学生一时答不出来,或答不好,或举例不恰当。这时候,有的老师就显得十分急躁,往往会自己举例,自己分析,把答案硬塞给学生。其结果导致学生的思考与分析能力进一步萎缩,助长了他们的依赖思想。这样的教学,学生的理解能力根本无法得到培养。

第三,在"运用"类问题的处理上,除了存在上述问题,还存在一个突出问题,许多老师尚不能独立地拟一些材料题、图表题等。有的只是简单地出示"基本要求"

层次的问题,按照教参填写答案;有的只搬出一些陈年旧题;有的虽然也编一些题目,但在筛选剪辑材料、设问方面对激发学生思考、培养能力的效果较差。

三、教学观念,从注重教法走向注重学法

要让学生能够适应高中思想政治课的学习,学习方法的转变是非常重要的,而要形成新的学习方法,学习观念的转变是前提和基础。只有从思想上树立新的观念,才有可能使学生发生新的行为。

要让学生转变观念,从前面的论述中可以得出这样的结论,一方面需要学生的努力,另一方面也需要教师的努力。

从学生的角度讲,学生要正确对待学习内容和要求的转变,要努力适应,关键是要实现学习方法的转变,要树立发展的观念,要根据学习的发展调整自我发展的方式。我们知道,人的行为受到人主观意识的支配,而主观要符合客观,所以观念的转变对学习的影响是至关重要的。

从教师的角度讲,学生的行为很大程度受到教师行为的影响,特别是教学中学生是主体而教师是主导,作为主导方面观念必须是明确的。而教师的行为又受到教师主观意识的支配,所以教师同样要有正确的观念。通过调查发现,大部分同学能意识到初高中教材内容和要求的变化,但对知识的理解特别是运用较难把握,所以教师理应重视对学生的学法指导。而目前一些教师从应试教育的角度出发,一味要求学生去看去背,学生考试成绩不理想就认为学生主观不努力,看得不够,背得不够,而这其中教师往往忽视了让学生去想一想。这就出现了有些同学尽管背得多仍考不好,有些同学背得不多同样也考得不差,所以我认为教师作为学生行为的指引者,其自身的观念首先应该转变。只有教师的观念正确,才有可能引导学生树立正确的观念,才有可能促进学生的学习。

综上所述,正确处理好初高中的衔接问题,对高中阶段的教与学都有很大的影响。而正确处理好这个问题需要教师和学生双方的共同努力,其中教师的作用是主要的。高一对学生来说是一个新的起点,教师正确的引导往往会很好地调动学生的学习积极性,从而为今后的学习打下良好的基础;反之,如果引导不利或缺乏引导,就可能使学生对政治课的学习目的造成误解,以致对政治课的学习失去兴趣,甚至产生厌恶心理。所以作为教师应当对这个问题引起足够的重视。

高中思政课学习"九法"初探

浙江省严州中学梅城校区　姜　雷

作为一名身处教学一线的政治课教师,近几年来,对新课程条件下如何提高思想政治课教学质量的思考一直没有停止。学习方式的转变是新课程改革的显著特征。改变政治课原有的单一、被动的学习方式,建立和形成旨在充分调动、发挥学生主体性的多样化的学习方式,促进学生在教师指导下主动地、富有个性地学习,自然成为政治课教学改革的核心任务。就教与学的关系而言,教师教育观念、教学方式的转变最终都要落实到学生学习方式的转变上。

所以在思想政治课教学过程中,尊重学生的差异性,允许学生用自己的方式学习是可取的,但同时教师的有效指导是必不可少的。由于学生智能优势不同、生活背景不同、性格特点不同、接受的教育影响不同,他们的学习方式也带有鲜明的个性化特点。学生的学习方式存在着显著的个体差异是不争的事实。实际上,有效的学习方式都是个性化的,教师的教学应该承认并尊重学生学习方式的差异,为每个学生富有个性地发展创造空间。在思想政治课新课程教学的实践过程中,我始终贯彻这样的思想,对政治课多样化学习方式进行了实践探索,并归纳和总结出了一些关于多样化学习方式的成果。

高中生正处在心理上的"断乳期",随着自我意识的日益成熟,独立思考和处理事务能力的发展,高中生在观念上与行动上表现出强烈的自主性。他们自信、自尊,热衷于显示自己的力量、才能。不管是在个人生活的安排上,还是对人生与社会的看法上,开始有了自己的见解和主张。他们已不满足父母、教师的讲解,或者书上的现成结论,对成年人的意见不轻信、不盲从,要求有事实的证明和逻辑的说服力。敢于发表个人意见,并为坚持自己的观点而争论不休。

一、辩论法

有句话说得好:"真理越辩越明"。在辩论的过程当中,为了维护自己的观点,辩论者会竭尽所能地去寻找支撑自己观点的证据，并反驳对方的观点，而借助此过程能够使参与者获得对知识的认识，并且能够留下深刻的印象。

根据高中学生这样的心理特点，教师则可以通过引导学生进行辩论，让学生在辩论的过程中获取知识，并且留下深刻的印象。

比如利用教材的知识点设置辩题，让学生通过辩论实现对事物的正确认识。例如在高中思想政治必修2《政治生活》第二课"我国公民的政治参与"第一框"民主选举：投出理性的一票"的教学时，当时超女风行，"海选"一词也为大家所熟知，各种形式的海选风靡，于是就借助海选为学生设计了一组辩题，内容是：直接选举比间接选举好，差额选举比等额选举好——我眼中的海选。通过事先的调查知道学生们对海选有不同的看法，有的认为很好，理由是很民主，人人有机会；也有的认为海选也很容易被主办者操控；还有人提出海选太随意，真实性不强。于是根据学生的情况进行分组，并安排大家分头准备。上课那天，双方派出辩手进行了针锋相对的辩论。在辩论的过程中，为了维护自己的观点，各种选举方式的优点一一显现，并得到很好的阐述和解释；为了驳倒对方的观点，各种选举方式的缺点又一一显现，同样也得到很好的阐述和解释。最后，在"坐山观虎斗"的我的引导下，大家认识到各种选举方式都有自身的优点和不足，在使用的时候要具体问题具体分析，并且我也很自然地引导学生去思考下一个问题"珍惜自己的选举权利"。

二、讨论法

高中阶段的学生由于年龄和学识的制约，认知、分析、判断等能力既不成熟又不稳定，通过一个讨论的过程来产生结论，有利于其形成一个较为完整和正确的认识。

俗话说："三人行，必有我师"。如果大家能够互相学习，取长补短，就有可能取得更快的进步。就像两个人各有一个苹果，交换一下还是各有一个苹果；如果两个人各有一种思想，交换一下，两个人就会各有两种思想。

讨论学习法是在教师指导下，学生以全班或小组为单位，围绕教材的中心问题，各抒己见，通过讨论或辩论活动，获得知识或巩固知识的一种教学方法。讨论法的优点在于可以培养合作精神，集思广益、互相启发、互相学习、取长补短，加深对学习内容的理解，还可以激发学生的学习兴趣，培养学生钻研问题的能力。

对于讨论法的使用，除了课堂学习以外给我感触最深的是解题能力的提升。比如在高三复习过程中，许多学生遇到不同题型但同样知识点的题目经常做错，如何让他加深印象呢？我认为讨论学习法很有成效。我建议学生四人一组，每次完成同样的练习，四人都完成后一起核对参考答案，对于不是全部做错的题目，由做错的同学说明自己的解题过程，并提出疑问供大家讨论，其中做对的同学主要负责疑问的解答；对于大家都做错的，每个人都说明自己的解题过程，并共同探讨，找出错误的原因所在，如果遇到大家都无法解释的问题，再向老师请教。在实际操作的过程中，我发现，由于是复习课，学生在掌握知识的情况下，绝大部分的问题在学生讨论过程中都能够得到解决，并且知识的巩固和能力的提升都能得到较好实现。

三、问题抛锚法

俗话说："士别三日，当刮目相看"。高中生的成长是迅速的，随着年龄的增长，学生也会越来越多地受到社会大环境的影响。高中生对现实生活的很多现象都很感兴趣，喜欢探寻新鲜事物，很想像大人那样对周围的问题做出评论，他们在思想的触角方面已经远远超出学校的范围，社会责任感、使命感日趋增强。高中生的注意指向发生了变化，内容更广阔，范围也更大，从关注自身逐步扩大发展到关注他人、关注社会。

面对学生旺盛的求知欲，教师可以充分加以利用，引导学生通过对问题的思考而获得知识的增长和能力的提升。教育心理学认为，动机是激励人们去行动以达到一定目的的内在原因，而动机又产生于需要。人有了某种需要，就产生了要求满足需要的愿望，当有了能够满足这种愿望的条件时，就产生了行动的动机，产生了积极性。而心理学研究的结果表明，学生思维是否活跃，除了与他们对学习某种知识的目的、兴趣等有关外，主要取决于他们是否有解决问题的需要。因此，问题是思维的出发点，思维又总是朝着尚未弄明白的问题前进，疑能促思，有问题才会思考，通过设疑质疑，可以调动学生全身心地投入课堂学习的全过程之中。

在平时的思想政治课教学中，对于一些内容相对比较通俗易懂的章节，通过问题的设置引导学生思考，并利用教材得出结论来获得知识，这样既增强了学生学习的主动性，又提高了课堂学习的效率。而且学生在思考问题的过程中又能够发现新的问题，使得思考的层次得到提升。

在设问的方式上，根据人们对事物的认知规律，结合教材内容实际，主要框架为：是什么？为什么？怎么样？例如在高中思想政治必修2《政治生活》第一课"我国公民的政治生活"第二框"政治权利和义务：参与政治生活的准则"的教学时，我就设计了三大问：第一，公民有哪些政治权利和义务？第二，公民为什么会有这些政治权利和义务？第三，公民该怎样行使这些政治权利和履行这些义务？当学生带着这些问题去钻研书本之后自然能得出结论。同时，就有同学提出了一些问题：我们村里村民选村委会的权利是不是选举权？我们学生是不是一定要服兵役？现实中不同年龄的人犯同样的罪处罚不同，公不公平？而对于学生提出的这些问题，我根据教学的需要，有的当堂解答，有的就要求学生课后自己解决。就这样，通过对问题的解决使学生有效获得知识的增长和能力的提升。

四、体验学习法

"我们的实际生活,就是我们的全部课程;我们的课程,就是我们的实际生活。"因为"整个社会是我们的学校,全部生活是我们的课程"。以生活为源头活水,课程资源观是对于课程资源的全新思考。思想政治课教学的源头活水就是丰富多彩的社会生活。思想政治课涉及社会生活中的经济、政治、文化等领域,它们都来自真实的生活,课堂教学应回归生活,加强教学与社会实践相结合,让学生在生活中思考与体验,在实践的矛盾中探究、感悟和内化。

不断改进的政治教材虽然具有很强的可读性,但与鲜活的社会生活相比,教材永远是滞后的。社会生活是丰富多彩、变化发展的,它为思想政治课教学提供了取之不尽、用之不竭的素材。在教学中,教师应积极面向丰富多彩的社会生活,开发和利用学生已有的生活经验,选取学生关注的话题,围绕学生在生活实际中存在的问题展开教学,把思想政治课教学置于无限的社会大背景之下,做到"小课堂"与"大社会"密切结合。

例如,在学习高中思想政治必修1《经济生活》第一单元"生活与消费"时,我设计了一堂模拟实践课,作为学习主体的学生同样也是市场经济条件下经济活动的主体,但比较特殊的是他们是比较单纯的消费者而非生产者,并且在市场活动中他们往往扮演的是买者的角色却很难体验卖者的感受。

为了使学生能够更好地体验第一单元的相关知识内容,我首先请学生利用双休回家挑选一些可以用来交换的物品带回学校,然后将教室作为市场开展不同形式的交易活动。

活动第一阶段的安排是:让一半的学生为卖者,一半的学生为买者,要求卖者自行定价,定价后不得更改价格,买卖自愿,可以以物易物,不得强买强卖,10分钟后买卖双方身份对换,要求不变;第一阶段结束后,能够成交的非常少,有的东西定价高了有问者无买者,有的东西买者很多,学生感觉定价低了又不愿卖。许多以物易物的交易由于不同物品单价差异过大无法成交。

活动第二阶段的安排是:让全体同学自由贸易,顿时"市场"里热闹非凡,交易火爆,有些同学甚至成了中间商。第二阶段活动结束,大部分同学都完成了交易,有些同学当场就开始享用换来的农产品。但还是有部分同学的东西没有实现交易,主要是两类情况:无人问津和供不应求。

活动第三阶段的安排是:展卖和拍卖,对于无人问津的东西,给"商家"一个单独介绍和推销的机会,对于供不应求的东西,给"商家"一个拍卖的机会。马上有同学要求推销商品,也有同学要求担当"拍卖师"。

最终,绝大多数的同学如愿以偿。课后,我要求阅读第一单元的内容,结合教材知识谈谈对这堂课的感受。事后通过阅读同学们的书面感受,我发现同学们结合模拟实践已经掌握了书本当中关于商品、货币、物物交换、价格和生产、需求的关系等知识,而且对价值规律的相关知识也有很深的体会。此后课堂教学的实际告诉我,通过模拟实践课学生学到了很多东西,而且学习的效果也非常有效。生活化的教学做到"源于生活,服务于生活",让学生走进社会、走进生活,在"做"中"学",在"学"中"做",自觉应用所学知识去解决生活中的相关问题,使学生在实践活动中加深对新知识的巩固,提升其主动学习和发展的能力。

五、探究学习法

课程改革是当前基础教育改革的重点,而人文学科课程改革的重点在于改革学科知识的结构,提高学生的人文素质,培养学生的人文精神。《基础教育课程改革纲要(试行)》规定,新课程的培养目标是要使学生具有人文素养。开展研究性学习是课程改革的重要内容。研究性学习是指学生在教师指导下,从学习生活和社会生活中选择和确定研究专题,主动开展获得知识、应用知识、解决问题的学习活动。研究性学习可以包括三个阶段:第一,进入问题情境阶段;第二,实践体验阶段;第三,表达和交流阶段。研究性学习的基本特点是强调开放性、探究性和实践性。其目标主要是促使学生转变学习方式,重新组合知识和再次发现知识,培养实践能力和创新精神、科学态度、科学道德、对社会的责任心以及使命感,学会分工合作。研究性学习的实施主要分为两种:课题研究类和项目活动类。课题研究以认识客观世界和人自身的某一问题为主要目的,具体包括社会调查、科学实验和文献研究等。

例如,为了让学生关注我市的城市发展和环境保护问题,我要求学生确定课题,经过综合考虑,最后确定一个课题:生存与生计的思考。(现在我市存在城市的发展与江河环境的现实矛盾)学生设计方案,分步实施,通过查阅资料、实地考察、问卷调查等形式获得信息,并归纳分析,总结成文,表达交流。学生的认识较以前有了质的飞跃,因为研究性学习"特别强调'体验'这一心理过程,特别关注学生的情感体验和积累,其目的在于通过实践体验,在改变学生心理态度、价值观和生活方式等这些人的发展最深层的指标上有所前进"。由此可见,研究性学习是对学生进行人文精神教育的有效载体,有利于学生将人文知识传授与人文精神教育有机结合。从中我也体会到学生学习方式的转变,使得人文知识传授与人文精神教育有机结合。

在新课程的四个必修教学模块设置中,思想政治必修3《文化生活》是新增内容,由于不同模块内容上的不同,必然提出了学习方式的多样化。

六、谈话学习法

谈话法又称问答法。它是教师引导学生运用已有的经验和知识回答问题,以此学习新知识、巩固旧知识,并使所学知识得到检验的一种学习方法。这种学习方法的最大特点是教与学的同时性,其基本形式是师生问答。这是一种比较传统的教学方法,但也有其不可替代的作用。

谈话法主要有两种具体形式:(1)传授知识的谈话,即教师根据一定的教学要求和学生实际,有目的、有计划地提出问题,引导学生将已有的知识和经验与新的事物、新的问题联系起来,经过积极思考得出结论,并做出正确的回答,从而获得新知识。(2)巩固知识的谈话,即根据学生学过的内容,教师提出问题,要求学生经过回忆把所学的知识再次表达出来,以达到巩固知识或检查知识的目的。另外还有引导性谈话、总结性谈话等。

我所关注的是,如何让教师的主导和学生的主体有效地结合。从谈话学习法的角度出发,学生在学的时候要利用好教师的问题,在教师问题的引导下展开对知识的探索。而作为教师,一定要从学生实际的角度设计好问题,不仅要考虑问题的内容,还要考虑问题的层次、结构,保证学生在问题的引导下能够有效获取知识提升能力。

比如在学习高中思想政治必修4《生活与哲学》第二单元"一切从实际出发实事求是"这个内容时,我根据人教版教材第41页上的探究材料设计了三个不同层次的问题。问题一:该地区实现富裕主要依靠什么做法?(主要考查学生简单的归纳能力,较简单)这一做法所依据的哲学原理是什么?(要求学生能联系前面所学的物质决定意识原理,强调前后知识的联系,稍难。)问题二:该地区脱贫过程中是怎样贯彻这一做法的?(要求学生能紧密联系材料分析,需具备较强的分析能力。)问题三:该地区脱贫致富的做法给我们哪些启示?(学生要进行知识的迁移,并理论联系实际,是比较高的要求。)通过不同层次的问题设置,学生在获取相关知识的同时能力也得到逐步提升。

七、阅读学习法

随着课程改革的深入发展,课本已不再是唯一的教学资源,但课本是基本的教学资源,学科教学应当以书本为基本,利用好这个教学的最基本资源。从阅读学习角度讲,课本是学生阅读的蓝本。

学生的阅读不应脱离教师的指导,教师要指导学生根据不同的学习需要,采取不同的阅读方法。阅读方法一般有两种:(1)泛读,即快速浏览的方法。为了迅速了解阅读材料的大概内容,或为了寻找某些材料,可采用这种方法。(2)精读,即围绕一个中心系统而认真仔细地深入阅读的方法。通过精读,对所学的内容能深刻全面地理解和领会,达到融会贯通。

显然,对于不同的学习目的,阅读的方法也是不同的。比如对政治课教材当中提供的一些素材,只需要了解其大概内容,所以只要泛读即可。

而对于政治课教材当中的名词概念,就需要精读。例如,对于思想政治必修4《生活与哲学》第三单元第七课"唯物辩证法的联系观点"第一框题"世界是普遍联系的"当中的重点哲学名词"联系",就需要学生通过精读加以理解。首先,要学生读出主干:"联系是关系。"简单地说,联系就是相互关系。这种"化繁为简"的办法,可以帮助学生快速掌握"联系"这个哲学名词概念的要义。其次,要学生读出修饰词:"相互制约、相互影响"。因此,并不是所有的关系都是联系。也就是说,联系是有条件的,并不是任何"关系"都是"联系",只有那些"相互制约、相互影响"的"关系"才是"联系"。这样,学生能准确地理解"联系"这个哲学名词概念的内涵。还要学生读出修饰词:"事物之间以及事物内部各要素之间。"这表明两层意思:联系是事物自身具有的,不是人们强加的,因而"联系"具有"客观性";联系不仅存在于事物内部,也存在于事物外部,因而联系具有"普遍性"。这样,学生在教师的指导下全面理解了"联系"这个哲学名词概念的外延。

八、欣赏学习法

欣赏法最主要的特点是,通过对学习内容的各种欣赏活动,学生在认识了所学习事物的价值之后产生积极的情感反应。在中小学教学中,各科教学对学生的兴趣、态度、理想等都会发生影响,但由于学科性质的不同,欣赏的对象也表现出三种类型:一是艺术美和自然美的欣赏,如对音乐、美术、文学作品和大自然的欣赏,有助于培养学生审美能力,丰富学生精神生活;二是道德行为的欣赏,如对政治、历史、语文等教材中有关人物或某件事所表现出的道德品质或社会品德的欣赏,有助于培养学生高尚的理想和情操;三是理智的欣赏,如对科学研究中追求真理、严密论证、发明创造、探索精神的欣赏。

从传统政治课的内容来看,欣赏的类型主要是"道德行为的欣赏,如对政治、历史、语文等教材中有关人物或某件事所表现出的道德品质或社会品德的欣赏,有助于培养学生高尚的理想和情操",但在新课程教学内容中新增了思想政治必修3《文化生活》模块,这就使得欣赏学习法有了更大的用武之地。

例如在思想政治必修3《文化生活》第二单元第五课"文化创新"第二框题"文化创新的途径"的教学中,我就引导学生使用欣赏学习法,收到了很好的效果。在学习"面向世界,博采众长"这一内容时,我播放了一段杂技芭蕾《天鹅湖》的精彩选段,当学生看到我国杂技演员演绎的芭蕾如此精彩时不由发出阵阵赞叹,当看到外国观众为演员的表演热烈鼓掌时,学生在赞叹的同时更是流露出自豪的神情。在欣赏之后学生结合对书本的阅读得出这样的结论:中国人跳芭蕾能让老外如此激动真是让人意想不到啊!文化创新的力量真是神奇啊!就这样,面向世界,博采众长这一文化创新的途径就牢牢地印在同学们的脑海之中。

九、案例学习法

新一轮政治课程改革对传统教学观念、教学评价体系提出了变革要求,《基础教育课程改革纲要(试行)》的教改目标要求:"改变课程实施过于强调接受学习、死记硬背、机械训练的现状,倡导学生主动参与、乐于探究、勤于动手,培养学生搜集和处理信息的能力、获取新知识的能力以及交流与合作的能力。"案例学习法从学习的角度看与新课程的要求不谋而合,具备应用于新课程改革的价值合理性和实践的可操作性,体现了发展性教学评价的趋势。

案例学习法主要包括三个步骤:

一是课前的个人准备。充分的个人准备是案例学习的起始,同时也是进行小组讨论和全班讨论的前提条件,这就必然要求学生在上课之前必须阅读教材,做好课前的预习工作,初步掌握教材当中基本概念、观点和方法,以便在案例讨论时能够运用相关的知识进行分析、解决问题。同时,根据主题收集相关的案例。因此,学生个人准备的过程,也是一个自我学习的过程。

二是分小组开展讨论。在案例学习的三个步骤中,小组讨论居中,是个人准备与全班讨论的纽带,它给每个成员以一定的机会来讨论对案例的看法与认识。为了提高讨论的效率,可以确定小组讨论的规范,如每个小组成员必须参加小组讨论,并且事先做好准备;每个成员必须积极参与小组讨论;每个成员都自行做笔记,对自己的学习负责。

三是在全班开展讨论。这是案例学习的第三个步骤,是全体同学在教师的指导下积极参与,使学生将学习提升到一个更高的水平。值得注意的是,要积极引导学生有效参与,避免无效参与。有效参与不仅涉及说,还涉及积极倾听和反思。学生无效参与主要表现为:简单复述案例事实、重复他人的意见、无理由的赞同、提出一些不当的问题便讨论,偏离了论题、游离于讨论之外等,学习的目的也就无法实现。

事实上,许多思想政治课教师很早开展的时政演讲就涉及了案例教学,但往往是停留在上述所说的第一步骤,而且对学生提出的要求并不高;而案例与课本知识结合的工作往往是由教师来完成的,如果我们能够从学习方式转变的角度来看,从时政演讲到案例学习法的发展是完全可以实现的。

比如在思想政治必修2《政治生活》第四单元第九课"维护世界和平促进共同

发展"第二框"世界多极化:在曲折中发展"的教学中,我就引导学生采用案例学习法学习。一是根据多极化主题收集相关的案例。二是分小组就"多极化的发展趋势",根据自己收集的案例表明自己的观点,并开展讨论。为了能够使学生在第三个步骤中实现有效参与,要求学生根据个人观点整合出小组观点,并选择最佳案例与之匹配。三是在全班开展讨论。由于大家对教材认真钻研,并且收集了比较齐全的案例,所以本章节的学习目标达成得比较理想。

"教学有法无定法",同样"学习有法无定法"。《高中思想政治课程标准》对高中思想政治新课程的性质做了明确的规定:"引导学生紧密结合与自己息息相关的经济、政治、文化生活,领悟辩证唯物主义和历史唯物主义的基本原理和方法,经历探究学习和社会实践的过程,切实提高参与现代社会生活的能力,逐步树立起建设中国特色社会主义的共同理想,初步形成正确的世界观、人生观和价值观,为终身发展奠定思想政治素质基础。"学生在思想政治课的学习过程中,应该采用一定的方法去学习,掌握行之有效的学习方式理应成为学生学习能力的内容之一。作为政治教师,应该认真思考要让学生掌握怎样的学习方法,如何让学生掌握这些方法,以及掌握了这些方法后又如何运用到思想政治课的学习当中。

主体突出　主导引领　创新理念　高效课堂

——阿克苏地区同课异构优质课研赛感悟

浙江省建德市新安江中学　刘朝忠

2017年4月28日,有幸参加了阿克苏地区高中政治教师"同课异构"教学研赛活动。我很荣幸地受到地区教研员方利清老师、地区工作室张素兰老师、市教研员罗臻老师的邀请,就今天上课6位老师的课进行点评总结,并就如何上好一堂政治课谈谈自己的几点想法。

一、备课充分,游刃有余

(一)研究教材,把握目标,明确重点

六位老师对自己本节课都做了充分的准备,敢于取舍,整合教材,认真备课,体现了严谨的教学态度。

(二)收集素材,科学选择,创新设计

邱老师运用土地"三权分置"的材料,贴近教材;任老师利用"达西村"的典型案例、"杭阿对话"情景剧的表演,充分体现创新理念;王老师运用"依法治国"的材料,时政性强;马老师充分利用"陈德军事迹"体现教材内容、由浅入深。同时大部分老师能充分利用时政材料,把握国家的方针政策,将教材的知识点与材料进行结合,达成教学目标。

二、教学活动,演绎精彩

六节课可以说堂堂精彩,亮点尽现,充分展现了教师的基本功和驾驭课堂的能力,主要体现在以下几个方面:

（一）导课新颖，形式多样

既有运用视频音频导课的方式，又有直接导课的教学模式，形式多样，精彩纷呈。马老师运用歌曲"没有共产党就没有新中国"导课，直接与学生进行情感交流，充分调动学生的积极性。马老师运用贴近学生生活的案例进行设计，激发学生的兴趣，可以说非常接地气。

（二）目标明确，思路清晰

六位老师始终围绕教学目标进行教学设计，构建知识体系，让学生明确每一节课的知识点，完成教学目标。

（三）突出重点，突破难点

任何一节政治课，都应围绕考纲要求，对重点知识深入讲解分析，对难点知识进行突破。六位老师可以说都为重难点进行了精心的设计，把复杂问题简单化，让学生能够容易理解，达到浅显易懂的效果。

（四）合作探究、主体突出

新课改最大的特点就是要改变传统的教学理念，突出学生的主体地位，真正达到有效教学高效课堂。每节课，任教老师都积极开展师生互动，合作探究的活动，突出学生的主体作用。通过今天的课堂教学，发现地区二中的学生综合素质相当高、德才兼备。印象最深的有三位学生：其一是情景剧表演的一位女同学，根据教学设计，充分发挥自己的才能，让人刮目相看；其二是介绍党史的一位女同学，非常大气、知识面相当广，让人钦佩；其三是，高一学生竟然自己谱写班歌，并在课堂教学结束时齐唱，太有才了，简直让人瞠目结舌。

（五）主导引领，精准到位

新课改要求教师转变传统保姆式的教学模式，教师不再是教学的主体，更多是发挥"导演"的作用，引领学生合作探究，变"圈养"为"放养"，释放课堂，将课堂更多地交给学生，真正落实教师的角色。

（六）讲练结合，注重实效

六位老师都能做到讲练结合，夯实基础，巩固知识，达成知识目标，实效性强。六位老师不仅始终围绕知识目标、能力目标进行深入教学，同时围绕情感、态度、价值观的目标，积极帮助学生树立正确的人生观、价值观和世界观。尤其是任老师和王老师的课更突出了这一点,这也正是政治老师所应具备的基本要求和素养。

(七)注重反思,不断进取

不断对每一节进行反思小结,发现问题,解决问题,不断提高自身的专业技能水平和综合素养,积极进取。

三、几点想法,一起共勉

(一)教学重点,敢于取舍

要上好一堂优秀的政治课,必须钻研教材,明确重难点,让学生能充分理解一节课的知识点。对于教材应敢于取舍,进行整合,更能突出教学目标。

(二)问题设计,勇于创新

一堂精彩的课,问题的设计至关重要,要始终围绕教材,结合材料进行设计,大胆设想,勇于创新。

(三)学生回答,善于点评

每一位敢于回答问题的学生都是值得点赞和表扬的,虽然回答的知识点并不一定达到教师的预设和要求,但教师都应进行精确点评。"鼓励是学生成功的垫脚石,批评是失败的催化剂"。

(四)素材积累,精于挖掘

政治学科具有很强的时效性,这就要求每位政治教师具有敏锐的政治头脑,积累素材,牢牢把握国家的方针政策,灵活运用教材的知识充分分析时政热点。

(五)提升素养,勤于学习

通过不断学习,高中师生提升"政治认同、科学精神、法治意识、公共参与"的核心素养,真正成为"有立场、有理想、有思想、有理智、有自尊、守规则、有担当、有情怀"的中国公民。

从"此案"到"彼岸"

——"一案到底"教学法有效应用的实践与思考

浙江省建德市梅城镇初中　章建军

近年来,笔者参加了省、市、县三级初中思想品德课教学评比的观摩及 2012 年浙江省初中思想品德新课程新教材"疑难问题解决"专题培训活动,有幸听取了近三十位教师的课,其中"一案到底"的教学过程设计令笔者印象深刻,记忆犹新。在笔者的教学实践中,也时常思索、反思这种教学过程设计,并在自己的教学工作中加以尝试,获得了学生、同行的好评。基于这些实践、积累和反思,引发了笔者对"一案到底"教学法在初中思想品德课中有效应用的思考。

一、"一案到底"教学法的相关理论分析

(一)"一案到底"教学法的基本含义

"一案到底"教学法就是课堂教学的组织者在教学过程设计中,结合教学内容、目标,创设一条贯串全课的教学线索,利用"一案"创设多个教学情境,设置一系列具有内在联系的思考题形成"探究链",引导学习者在系列情境中去分辨、选择、体会、感悟,以提高学科素养,增强综合探究能力,进而形成正确的人生观、价值观、世界观的课堂教学方法和过程。"一案"可以是一则故事,也可以是一例新闻、一个校园话题。

(二)"一案到底"教学法的理论基础

1.符合新课程的理念要求

初中生逐步扩展的生活,尤其是处在青春期的初中生身心发展的特点是课程设计的基础,课程从初中生的生活实际出发,直面他们成长中遇到的问题,满足他

们发展的需要。

2.符合初中生的心理特点

初中生正处于身心发展重要时期,自我意识和独立性逐步增强,有强烈的成人感及高涨的自我意识,他们要证实及展示自己的能力及才华,要摆脱过去那种"被动接受"式的学习方法以及对教师、父母、教科书的依赖,因而,在各个方面都表现出明显的创造意识和热情。

3.符合思品课的学科性质

思想品德课是以初中生生活为基础、以促进初中生思想品德健康发展为目的的一门综合性的必修课程。强调从初中生的生活实际出发,将初中生逐步扩展的生活作为课程建设与实施的基础;注重与社会实践的联系,引导学生自主参与丰富多样的活动,在认识、体验与践行中促进正确思想观念和良好道德品质的形成和发展。

4.教学法的相关理论

"一案到底"教学法符合建构主义使用的教学设计原则,是建构主义教学理论在课堂教学中的有效实践,有利于提高教学效率。

(1)强调"以学生为中心"。"一案到底"教学法将教材知识渗透在学生生活的热点、焦点中,拉近了知识与生活的距离,能吸引学生的兴趣,刺激学习的需要,避免产生"要我学"的消极感受,在一环扣一环的教学活动中,学生想学、学生能学、学生会学、学生爱学,从而实现"我要学"的可喜变化。

(2)强调"以问题驱动"。"一案到底"的教学设计是从学生的生活实际出发,所以很容易让学生自觉地投身教学情境中,引起学生的思索,引导学生进行分辨、选择,提高认识,让学生在感同身受中分析问题、解决问题,提升解决实际问题的能力,有效实现了"以问题来驱动学习"的目的。

(3)强调"知识情境化"。瑞士著名心理学家让·皮亚杰指出:"教师不应企图将知识硬塞给学生,而应该找出能引起学生兴趣、刺激学生的材料,然后让学生自己去解决问题。"思想品德课教学不仅只把知识讲清,更在于创设情境,让学生在情境的引导下思考,理解知识,提高能力。"一案到底"教学法最大的特点就是教师从学生身边的实际生活出发,通过系列材料,让学生在生活化的情境中学习、体会、感悟,把建构主义强调的"知识应在真实的情景下,通过学生开展的活动进行学习"的理念变成现实。

(4)强调"协作学习"。"一案到底"教学法以学生生活中的热点、焦点来贯穿,学生对这类"身边的问题"兴趣盎然,会从已有的知识经验出发,积极发表自己的见解、看法,生生之间的讨论、交流、合作就会很热烈。与此同时,教师不仅要倾听学生的看法,而且要思考他们这些想法的由来,并以此为依据,引导学生丰富或调整他们的见解,从而实现师生之间的交流和合作。

二、"一案到底"教学法在教学中的实践

(一)"一案到底"教学法的一般操作步骤

1.精选案例

"巧妇难为无米之炊"。案例的选用直接影响教学效果的好坏。因此,要根据思想品德课的教学内容和教学需要,以及所教班级学生的兴趣爱好、年龄特征,精心选择或编写案例。

2.呈现案例

常用的方式有:(1)给每个学生发放一份文字案例;(2)运用投影仪将案例投射到黑板上;(3)生动形象地描绘案例中的内容;(4)利用多媒体技术呈现案例;(5)通过辩论会、小品、模拟法庭、记者采访等形式。

3.质疑问难

亚里士多德说过,"思维是从疑问和惊奇开始的,常有疑点,常有问题,才能常有思考,常有创新"。问题的设置是指引学生进行案例学习的关键。因此,在课堂教学之前,教师要围绕案例信息,根据教学目标的要求,精心设计富有启发性、指向性的问题,激发学生积极主动地思考和探究。

4.分析案例

通过师生互动,将案例的内容与相应的理论联系起来,揭示案例与理论之间的联系,讨论其发展变化规律,从而培养学生分析问题、透过现象看本质的能力。具体操作方式可以灵活多样,通过个人准备、小组讨论、班级交流等,充分发挥案例教学的功能。如果学生的认识不到位,教师也可做适当的纠正性、弥补性、提高性的讲解。

5.总结评述

这一步骤一般由教师来完成,可以对案例分析做出评价,指明其中的关键性问题,为后续的课堂教学打好基础;也可以启发学生在教师指引下进行归纳、总结,使学生受到更多的锻炼;还可以提出一些发人深省的问题,促使学生开阔视野、调整视角,进行深入而广泛的思考。这将有助于学生更迅速更广泛地实现知识、能力和态度的迁移,在知识、能力和觉悟三方面都得到提高和升华,从而富有创造性地解决新问题。

(二)"一案到底"教学法在教学实践中的操作

下面以"诚信是金"这一课的教学为例,来说明"一案到底"教学法的组织实施。

第一步:精选案例。笔者从教学需要和学情出发,收集了如下案例:下岗工人张丽华借钱在镇上开了一家鞋店,并承诺以全镇最低价销售。开张之后,生意兴隆。可是,第二天有顾客来反映在镇上另一家鞋店,同样牌子、型号的鞋子只卖110元,而她这里卖120元,要求退还差价。这时,张丽华为难了:这种鞋子的进价是112元,退还差价岂不是要赔本了?在这一案例中,主人公的身份比较特殊,是一名下岗工人,而且她开店的钱还是借的。在这里讲信用与赔本之间形成了矛盾,给学生在认知上形成冲突提供了前提。

第二步:呈现案例。本节课的案例呈现采用了学生小品表演的形式,让两位学生分别扮演"张丽华"和"顾客"。

第三步:质疑问难。学生小品表演完后,笔者抛出"张丽华该不该兑现自己的承诺,退还差价"这一问题。此问题看似简单,但由于主人公身份的特殊性,还是有很大的探究价值。

第四步:分析案例。本步骤又分三个阶段来实施。第一阶段,个人准备。结合案例思考问题,独立得出结论。第二阶段,小组讨论。将学生分成若干小组,在小组内交流各自的看法与解决问题的方法。第三阶段,班级交流。在小组讨论的基础上,各组将学习情况进行交流,此时,学生必会形成两种不同的意见,笔者又组织他们展开辩论。由于有了之前的个人准备、小组讨论,辩论也就显得言之有理、言而有序;同时在辩论的过程中,学生个体的思维被不断修正、补充、提高,学生的道德思维能力也得到了有效充分的锻炼。以下是课堂中学生辩论的一个片段。

学生甲:张阿姨是下岗工人,她开店的钱是借来的,承诺最低价销售只是她的一种招揽顾客的手段;而另一家鞋店的最低销售价比进价还低,肯定是故意为难张阿姨,张阿姨不应该退还差价。

学生乙:我觉得张阿姨应该退还差价。既然她已经做出了承诺,就应该兑现,不能因为她是下岗工人就不讲信用。

学生丙:我同意乙的观点。承诺最低价销售是她招揽顾客的手段,但我觉得最好的手段就是讲信用。诚信就是一块最好的招牌,"诚信是金"!

学生丁:作为下岗工人,张阿姨真的不容易,卖一双鞋只赚8元钱,如果要退还的话(退10元),岂不是要赔本了?所以我觉得她应该跟顾客解释,比如把进货单拿给顾客看……我想顾客一定会理解她的。

……

这样的模式让学生的思维在自由、自主、开放的空间里纵横驰骋,在辩论的过程中,守信与同情弱者的思想如同一粒种子在他们心灵的沃土里生根、发芽。

第五步:总结评述。笔者最后出示了案例的结尾:张丽华权衡再三,把差价退还给了顾客。此事一传十、十传百,她的生意越来越好,还被评为了"文明守信经商户"。"我虽然是个下岗工人、个体户,但是人总是要讲信用的!"此时无声胜有声,已经不需要用太多的言语来说理了。

三、关于"一案到底"教学法的思考

"一案到底"创设了富有吸引力的情境,能有序地、高效地推进课堂生成性教学资源,使课堂充满生机与活力,绽放出课堂教学的魅力。

(一)可以保持课堂的流畅性

以下是笔者关于"人生难免有挫折"的教学设计简案:

课前准备:播放歌曲《梦醒时分》。

导入:歌词"伤心总是难免的"。

认识挫折:(生)最近遇到的伤心事。

(师)解释挫折的含义。

辨析挫折:(生)分析造成挫折的原因。

(师)概括原因:自然因素、人为因素。

(生)辨析挫折的影响。

(师)"挫折是一块石头:对于弱者是绊脚石,让你却步不前;对于强者是垫脚石,使你站得更高看得更远。"

面对挫折:(生)讨论如何面对挫折。

(师)总结方法。

结束语:歌曲《阳光总在风雨后》。

这样的设计使课堂有了一条明晰的主线——挫折,用这条主线贯穿课堂的始终,通过"认识—辨析—面对"三部曲,环环相扣,步步递进,教学过程清晰明了,结构严谨,使教学更有条理、更加流畅。

(二)可以促进知识的联系性

以下是笔者讲授"法不可违"时的教学片段:

出示以下文字材料:20周岁的高某原是一名学习成绩不错的学生,但在初二时迷恋上了网络,以致经常逃学上网。为了筹集上网的费用,还敲诈低年级学生,为此受到了学校的纪律处分……

师:请续写案例中事情的发展,给高某安排一个合理的结局。

生：小组合作续写。

两分钟后，学生交流。

生A：高某没有意识到问题的严重性，胆子越来越大，发展到偷抢财物，最终走上了违法犯罪的道路，受到了法律应有的惩罚。

师：你按照常规思维给高某续写了"合理"的结局，那有没有同学从另一个方面写高某的结局呢？毕竟高某当时还是初中生，他的成长之路还有很大的变数……

生B：高某痛改前非，在同学、老师、家长的帮助下，努力学习，考上了重点高中……

师：令人惋惜的是，高某并没有像B同学给他设计的人生道路前行，而是……

出示漫画《高某的成长之路》及文字材料：

高某不思悔改，还偷窃家中和邻居的钱物。2016年，高某伙同他人持刀抢劫，涉案金额高达30万元。2017年1月，法院一审宣判高某犯抢劫罪，判处有期徒刑12年。

师：从漫画和材料中，你看到了什么？又想到了什么？

生：……

以"高某的成长之路"为主线贯穿整个课堂，"例""理""德"相结合，寓"理"于"例"，以"例"明"理"，以"理"释"例"，以"例"明"德"，让学生带着问题去思考，在思考的过程中领悟知识点，开动脑筋主动去构建知识体系，最终实现以"理"导"行"的目的，达到学思行统一的效果。

（三）可以增强教学的探究性

在"学会合理消费"的教学设计中，笔者设计了以下四个场景。

场景一：周末，李某和爸爸上街购物。李某看中一双运动鞋，便对爸爸说："我们班里的好多同学都有这样的运动鞋，我也要一双。"爸爸："多少钱一双？"李某："八百多呢！"爸爸："你的购物清单上有运动鞋吗？"李某："没有。"爸爸说："你有两双运动鞋，没必要再买运动鞋。"李某："给我买一双嘛。"

议一议：李某的言行中哪些是理性的？哪些是非理性的？并简述理由。

场景二：爸爸说："午饭时间到了。你想吃点什么？"李某说："我想去高档饭店好好享受一下。"爸爸说："还是去经济实惠的小饭店吃吧。"李某说："前几天，我们班的小王过生日，他邀请几个好朋友去高档饭店吃了一顿饭，花了两千多元钱呢。"爸爸说："小王家的经济条件不是很好，他怎么会有这么多钱？"李某说："他向同学借的，现在只能用自己的零花钱慢慢还喽。"

议一议：（1）李某想去高档饭店吃午饭是否具有合理性？为什么？（2）李某的爸爸认为应该去经济实惠的小饭店吃午饭，这是否表明爸爸太小气？为什么？（3）

小王过生日请朋友吃饭花了两千多元,这样消费是否适度? 为什么? (4)生活水平提高后,是否意味着不要节俭? 为什么?

场景三:李某和爸爸去了一家经济实惠的小饭店。吃饭时,李某发现不少顾客使用一次性木筷。

说一说:大量生产和使用一次性木筷有哪些危害?

场景四:吃完饭后,爸爸问:"今天还要买什么东西?"李某说:"我想去买几本书看看。"

说一说:李某购书是为了满足自己哪方面的需求? 除了购书外,还有哪些方面的消费可以满足我们这方面的需求?

这样的情境设计将生活中学生常见的消费问题一一呈现,牢牢抓住学生的心,使学生保持持久的学习兴趣和注意力。在这样的氛围中,教师直接传授知识会越来越少,而学生的兴趣和问题意识会越来越多地被激发,给学生以极大的思维和想象空间,增强教学的探究性;而且在学习过程中,学生会及时获得成功的体验,学习的效果也就事半功倍了。

(四)关于"一案到底"教学法使用过程中注意点的思考

1.案例选取的思考

(1)要注重方向性。即选用的案例应以正面教育为主,利于对学生产生正面的教育效果。而那些揭露社会阴暗面、丑恶面的案例应当少用、慎用。

(2)要注重生活性。即选用的案例必须源于现实生活,要选择学生身边发生的、贴近学生现实生活的、符合学生认知规律的案例,这样更容易引起学生的共鸣,从而产生积极的教育和指导作用。为了更好地适合教学的需要,案例也可以做一番修改或假设,但是案例的主题应和真实的生活接近。

(3)要注重典型性。即选用的案例能典型地反映出问题的要害和实质,通过典型案例来说明问题的多个方面,揭示事物的多种现象。这样,教师的讲解会更集中、更突出,学生的印象也会更深刻。

(4)要注重时效性。即选用的案例要新颖,这样既可激发学生的兴趣,又可引导学生关注国内外大事,及时了解时事要闻,培养学生的观察力。

2.问题设计的思考

(1)要有递进性。从学生的学情出发,留给学生足够的时间和空间,体现一定的层次性,做到由浅入深、由易到难,层层递进。

(2)要有思辨性。问题的设置要难易适度,有一定的障碍,也就是要有一定的思考价值,能引起学生探究,激发学生的思维创造,以学生通过自身努力与小组合作可以成为最佳,使学生能有所思、有所悟、有所得。

（3）要有趣味性。魏书生说过:"利用学生脑子里上进的火花去推动他们大脑机器的运转,是一种节约资源的好办法。"把问题设在学生有疑之处,这样才能引起学生认知的冲突,激发学生探究的兴趣。而问题一旦得以解决,学生就会有"柳暗花明"的感觉,有极大的成就感,从而激起进一步探究的欲望,点燃求知的火把。

教必有法,教无定法,贵在得法。"一案到底"教学法将思想品德课的理论性和实践性有机结合起来,注重发挥学生学习的主体性和创造性。实践证明,它是初中思想品德课教学的一种行之有效的教学方法。当然,在教学过程中,任何教学方法都不是万能的,我们只有依据初中生的特点,根据自身的特长,结合课堂教学的具体实践,将"一案到底"教学法与其他教学方法和谐运用,勇于创新,用自己的聪明和智慧创造出更为多姿多彩的教学形式。

让生活走进课堂　让课堂贴近生活

浙江省建德市梅城镇初中　章建军

生活化教学是指教师在教学过程中,通过捕捉生活中的学科知识,挖掘学科知识的生活内涵,将抽象的教学建立在学生生动、丰富的生活经验之上,引导学生通过自主探究、合作学习等方式,获得有活力的学科知识、技能、方法,并能学以致用,创造性地解决生活中的实际问题,实现学科教学的生活化,它是一种模拟、再现、体验生活情境的教学生命活动,体现了理论与生活实践的一致性。

一、初中思想品德课生活化教学的必要性

(一)符合课程标准的要求

《义务教育思想品德课程标准(2011版)》中强调:本课程从初中生的生活实际出发,将初中生逐步扩展的生活作为课程建设与实施的基础;注重与社会实践的联系,引导学生自主参与丰富多样的活动,在认识、体验与践行中促进正确思想观念和良好道德品质的形成和发展。

(二)符合现行教材的特点

初中《思想品德》教材课文图文并茂,语言生动,以其独特的内容和风格引导初中学生感悟人生的意义,编排上特别注重学生的生活经验,贴近学生的生活实际。这就要求教师在教学中必须将课堂教学与生活实际结合起来,让思想品德课实现生活化教学。

(三)符合学生的认知规律

现代认知心理学认为,学习过程是学习主体对学习客体主动探索,不断改进已有认识和经验,建构自己认知结构的过程,而不是通过静听、静观、静练来接受现有

知识的过程。构建生活化的思想品德课堂,应以学生主动探索、发现和解决问题为立足点,让学生在特定的教学情境中,去重演、再现知识的产生过程,去掌握思想品德学科的思想方法,去发展思想品德学科的思维素质。

(四)促进学生发展的需要

促进人的全面发展,是新课程实施的核心目标。人的全面发展必须是一个知识与技能、方法与过程、情感态度与价值观三个维度目标同时推进的过程,而这些目标的形成离不开人的生活经验的融入和生活实践的锻炼、体验和陶冶。《思想品德》作为人文性学科,首先就应尊重学生学习与发展规律,与初中生的社会生活、学校生活和家庭生活紧密联系,对学生在这些领域中的体验、认识和遇到的问题进行梳理、加工和提炼,用初中生喜闻乐见的方式组织课程内容、实施教学。

(五)教学发展的必然方向

课程改革的一个价值取向就是回归生活世界,要求打开教材与生活的通道,发掘课堂教学的生命意义。课堂应当是师生一段共同的心路历程和生命经历,教学目标不再仅限于认知发展,而是促进学生生命多方面的发展,使生活中的问题进入课堂教学的探究。

陶行知先生说过:"生活教育是生活所原有,生活所自营,生活所必需的教育。教育的根本意义是生活之变化。生活无时不变,即生活无时不含有教育的意义。""教育只有通过生活才能产生作用并真正成为教育。"师生只有共同走向广阔而丰富的社会生活,挖掘生活中的课程资源和教学元素,脱离空洞的说教,才能构建生机盎然的思想品德课堂,让我们的课堂充满生活的气息,变得富有生气、充满活力。

二、初中思想品德课生活化教学的实践与思考

初中思想品德课生活化教学过程中,教师要积极探索和开展丰富多彩的生活化教学活动,让学生从身边的生活现象入手,由生活现象走进思想品德课堂,在思想品德课堂里感悟生活,增长生活知识,锻炼生活能力,在活动中提高学科素养和培养高尚的情操,从而走向社会,让课堂这片小天地融入社会这个大课堂。

要使教学活动真正回归生活,我们的生活化教学活动就必须能生动地再现或者让学生能体会到与课堂教学内容有内在联系的一定形式的生活场景,使学生在生动的情境中主动地实践、体验、探究,从而收到"入境、入情、入心、入思"的效果。情境设置和角色扮演是初中思想品德课生活化教学中经常运用的两种教学方法,有利于提高教学过程中的趣味性和灵活性,体现了新课改背景下初中思想品德课堂的开放性与生活化。但是,生活化教学不是简单地将以上两种教学方法相叠加,

而是在两者基础上的一种提高和升华,在充分结合两者积极内核的同时,进一步将其有机整合,在动态的教学过程中充分展现生活化教学的内涵。

(一)走进生活,情境导趣

心理学研究表明,学习内容和学生熟悉的生活情境越贴近,学生自觉接纳知识的程度就越高。教师在导入新课时,应特别注意从生活实例中引出话题,满足学生内在心理的需要,使学生积极地投入学习之中。

案例:"学会合理消费"一课时,设计了"模拟购物"的教学情境:准备了名牌运动服、一次性杯子、篮球、手机、小说《西游记》、爱心捐款 50 元共六项可以消费的商品。给每个小组的学生 500 元的"资金",然后请每个小组去"消费",并在"消费"后谈出"消费"的理由。在每个小组"消费"并说完自己的理由后,再安排学习小组相互评价"消费"方案的优点和缺点。

这样的情境设置让教材内容"走出"课本,成为学生可以触摸的生活化的对象,给学生创造了一个宽松的、自由的环境,让学生在生活空间中学习,在生活实践中感知,有利于调动学生积极思考、主动参与的热情,发挥学生的主体地位,引导学生自己找答案,摆脱了教师的说教,充分展示了学生自己的个性以及创新的一面,让学生去体验《思想品德》的无穷魅力,体验成功的喜悦。

情境的创设是生活化教学过程中的重要环节,巧妙的情境设置既可以为教师的教做好铺垫,激发学生的学习兴趣,又可以增进师生之间的情感交流、心灵对话。从笔者的教学实践来看,情境的创设应具备以下特点:

1. 贴近生活

情境案例要来自生活,而且尽可能是学生的生活或者是他们熟悉并感兴趣的身边的事,这是生活化教学与其他教学方法的一个显著区别。只有这样的情境设置,才利于学生的接受与理解,才能抓住学生的注意力,才能收到预想的效果,才能体现生活化教学的特色。

如在"善于尊重他人"一课设置了以下情境:在大润发超市卫生间的洗手池边看到一个十岁左右的小女孩,她正满脸疑惑地盯着水龙头发呆。从她的穿着打扮来看,可能是外地民工的子女,从未使用过这样的自动感应水龙头。发现我在看着她,她的脸涨得通红,但又不好意思问我。讲到这里,我设置了这样一个问题:如果当时是你在场,你会怎么做? 学生的回答基本分为两种:一是直接告诉她怎样使用;二是在旁边示范给她看。学生的回答出现了分歧,我接着追问:两种方法哪种更好呢? 为什么? 通过分析,学生会觉得示范给她看更好,因为这样可以保护她的自尊心,也体现了对她的尊重。这样就自然而然地导入维护他人自尊的重要性及如何维护他人自尊的主题。

教材中呈现的案例,有的与本地区学生的生活实际、原有知识背景可能会存在一定的差距,这就需要教师在充分理解、领会教材编写者意图的基础上,从学生现有的经验和本地区的实际出发,灵活地对教材进行修改,完善教学资源,使课堂教学有亲切感和真实感。

2.手段多样

生活是多姿多彩的,生活化的情境设置也应该是丰富多样的。教师根据教学的需要,可以多角度、多层次、多方面、多形式地设置情境,可以用图片、文字、视频、小品表演,甚至直接带领学生到课外参观体验。

如在"好奇与从众"一课时,先出示了网络上流行的一副对联:上联,日本是大核民族;下联,中国是盐荒子孙;横批,有碘意思。接着播放了一段我国民众"抢盐"的视频,然后让几名学生表演了一段反映我们身边发生的"抢盐"风波的小品,这时学生已经七嘴八舌地议论开了。我示意学生安静下来,提出问题:人们相信日本核泄漏致使海水污染,从而导致以后生产的盐都无法食用,而吃碘盐可以防核辐射,一时间引起市民疯狂抢购碘盐,一些不法商户乘机哄抬物价,从中牟取暴利。虽然政府已经辟谣,但抢购风潮有增无减,原因有很多,从民众的角度来说,主要是一种怎样的心理在作祟? 学生此时都异口同声地说是从众心理。

教师把正在发生的社会事件且是学生身边发生的事件引入课堂,师生之间、生生之间通过文字、视频、角色扮演等方式,使学生在短时间内对从众心理及其影响的认识由抽象变得具体,使枯燥的知识有了鲜活的生命力,提高了学生运用所学知识洞察社会现象的能力。

3.适度原则

良好的开端是成功的一半。生活化教学需要精彩的导入,但又不能占用过多的时间,要把握一个"度",力求做到精当适度:既要关注学生身边的事例,又必须与课堂教学内容紧密联系。

如在"拒绝不良诱惑"一课时,笔者的导入是这样设计的:上课半分钟后,笔者故作急匆匆状走进教室,忙说:"同学们,对不起,老师现在碰到一件十分紧急的事情需要去办(全班学生睁大眼睛,好奇地看着笔者,有学生已经迫不及待地问'什么事情呀'),就在刚才,老师收到了一条短信,内容是这样的:'恭喜您的手机号已被《非常6+1》栏目抽中二等奖,将获得5.8万元和三星笔记本电脑一台,请你在30分钟内登录cctv6896.com领取,验证码是6899'。同学们,你们说,老师现在是去领奖还是给你们上课呢?"这时,教室里一下子热闹了起来,同学们笑着回答:"老师,那是诈骗短信,你登录网站后,肯定叫你交手续费呀。"笔者(故作惊讶状):"啊?

你们都知道呀？你们的父母是不是也收到过类似的短信呀？"……就这样，自然而然地导入新课的教学——我们要学会拒绝身边的不良诱惑。

如果只有热闹的情境而没有教学内容的渗透，这样的导入最终是无用的、无效的、失败的。而且导入要从学生的"最近发展区"入手，设置合理的情境，让学生能够感受、接受，循序渐进，将学生引入学习思考的佳境。

导入只是课堂教学的初始环节，仅靠精彩的情境导入是无法完成整堂课的教学任务的，还必须通过一系列的教学方法的运用，推动课堂教学的进一步发展。

(二)感悟生活，互动合作

学生在进入课堂之前，并不是白纸一张，他们有着相当丰富的生活经验。这些生活经验对学生的思维方式、态度及行为起着积极或消极的影响，同时也是进行思想品德教育的肥沃土壤。这就要求教师要充分了解学生已有的生活经验，在把握其思想动态的基础上，努力创设情境把学生带回模拟化的生活中，引导学生观察、辨认、讨论、分析生活现象，让他们在矛盾冲突中进行正确的价值抉择，促使学生已有的经验得以朝着积极的方向转化、发展，过上健康有意义的生活。

案例11"人生难免有挫折"新课教学的设计简案：

认识挫折：(生)最近遇到的伤心事。

(师)解释挫折的含义。

辨析挫折：(生)分析造成挫折的原因。

(师)概括原因：自然因素、人为因素。

(生)辨析挫折的影响。

(师)挫折是一块石头：对于弱者是绊脚石，让你却步不前；对于强者是垫脚石，使你站得更高看得更远。

面对挫折：(生)讨论如何面对挫折。

(师)总结方法。

这样的设计贴近学生生活情境，可以让学生主动参与，强化体验意识，激发学生的情感，启迪心灵的窗户，点燃思维的火花，促进知识的迁移，达到明理、启思、慎行、悟德的目的。

美国教育界流行这样一句话："我听了，我忘了；我看了，我知道了；我做了，我懂了。"这句话给我们的启示是：在教学工作中，教师应充分关注学生，让学生多看、多思、多做，多参与适合自己发展的活动，让学生真正成为学习的主体，使思想品德课的教学过程成为学生反复亲历、体验、探究、感悟的过程。

这一阶段教学过程中操作是否得当，直接影响到生活化教学的实施效果。从笔者的教学实践来看，需要注意以下几点：

1.教材理解的准确性

课堂教学效果是由多方面因素决定的,但最根本的一条是教师对教材内容的准确理解和把握。要准确理解和把握教材,就必须吃透教材编写的意图,弄清本节教材在整个教材中的地位和作用,细致分析本课内容的重点、难点和关键点,弄清本节知识的深度与广度。教师对教材要做到"懂、透、化",把教材完全化成自己的东西,达到意图清楚、运用自如,才能选择正确、合理的教学方法,发挥不同教学方法的优势,有效地开展课堂教学活动。

2.学情分析的到位性

学情是指学生的实际特点,主要指学生的知识和智力发展水平、学习动机、年龄等心理特征,也包括学生的认知方式和学习习惯,这些因素都反映出学生的个性心理特征。所以,在选择教学方法时,要考虑学生的这些心理因素。同一年级或同一班级的学生对某种教学方法的适应性可能会有很明显的差异性;同样,不同年级或不同班级的学生对同一种教学方法的适应程度也会有所不同。这就要求教师对学生学情的分析要到位,有针对性地选择和运用相应的教学方法,使学生在掌握知识、形成技能的同时,能够促进学生的身心向更高的水平和阶段发展。

3.教学方法的灵活性

人们常说,"条条道路通罗马""教学有法,但无定法"。在众多的教学方法中,至今还没有也不可能有一种方法可以供不同的教材、不同的学生通用。各种教学方法都各有优势,各有特点,适合不同的教学内容和教学对象。因此,在生活化教学过程中,也要根据教材的不同、学生身心特点和认知规律的差异,因"材"制宜,因"生"制宜,灵活地运用多种教学方法为课堂教学服务。

4.教学过程的层次性

学生的学习是一个循序渐进的过程,教师的教学活动也应该是循序渐进的,由已知到未知,由浅入深,这是教学的规律。因此,在教学活动中要注意教学的过程性、连贯性、层次性、递进性,通过各种材料的巧妙设置,具有启发性问题的探究,层层递进,循循善诱,只有这样才能充分发挥生活化教学的优势。

5.教学理念的坚定性

新的课程标准强调"初中生逐步扩展的生活是课程的基础",要"在学生逐步扩展的生活经验的基础上,与他们一起体会成长的美好、面对成长中的问题,为初中生正确认识自我,处理好与他人、集体、国家和社会的关系,提供必要的帮助"。陶行知先生说过:"生活教育是给生活以教育,用生活来教育,教育要通过生活才能发生力量,而成为真正的教育。"因而在这一阶段的教学中,一定不能忽视"生活"这个核心,要立足于学生现实的生活经验,把理论观点的阐述寓于社会生活的主题之中。课堂案例的运用、问题的设置,一定要贴近生活,贴近学生的生活,贴近学生的心灵,让学生在丰富的生活情境中参与、交流、探究、感悟、提高。

(三)回归生活,体验升华

生活化教学体现了"课堂教学源于生活,寓于生活,为生活服务"的思想,生活既是教学的出发点也是落脚点。"倡导对学与教的情感体验、态度形成、价值观的体现,是在知识与能力、过程与方法目标基础上对教学目标深层次的开拓"。所以,教学不能仅仅停留在生活情境中的学习、感悟,而是要最终帮助学生在生活化的教学过程中,正确认识自我,学会正确处理与他人、集体、社会、国家的关系,在认识、体验与践行中促进正确思想观念和良好道德品质的形成和发展,逐步树立正确的人生观、价值观、世界观和基本的善恶、是非观念,提升人文素养和社会责任感,过积极健康的生活。

1.设置情境,能力升华

符合学生实际的情境设置,可以帮助学生理解和掌握教材的重点难点,拓宽生活视野,丰富生活经验,提高多方面的能力。

如"学会合理消费"一课结束时,我最后设置了这样一个场景:小明一家三口到汽车城头汽车,在比较了各种车型后,买了小排量的汽车,并用省下的钱买了电脑让家人"充电",还都向商家索取了发票。一家三口在外面的饭店吃晚饭,结账的时候,妈妈向服务员要发票,服务员说开发票要170元,不开只要150元,于是……请简单评述小明一家的消费行为,并将情节补充完整。

这样的设计,针对一个现象,唤醒了学生过去类似的生活经验,引导学生多角度、多层次、多维度地分析问题,学生在交流中互相启发,激发灵感,思维不断地产生碰撞,迸发出"火花"。教师则适当加以启发、指导、点拨,让学生在合作探究中初步认识和理解社会生活的复杂性,能够做出正确的道德判断和选择。

2.变化形式,情感升华

在教学中利用歌曲、诗词、图片、视频等形式,引导学生借助多种感官,优质、高效地传达美好、高尚的道德情感,激发学生在情感上的共鸣,以催化学生认知明理,把学生的情感定向在"参与"的过程中,变得生动活泼,情之切切。

如在"换位思考与人为善"一课结束时,播放了歌曲《多帮别人想》。如在"学会调控情绪"一课结束时,以字幕的方式打出一些有关调控情绪的哲理性名言,让学生集体朗读。《陶冶、提升情趣》一课是这样结束的:"总之,生活本身充满情趣。只要你在学习,每天都会有收获;只要你在工作,每天都会给自己的生命增添新的活力。太阳每天都是新的,生活每天都是美好的。"既总结了课文,达到画龙点睛的作用,又使学生升华了热爱生活的情感。

3.拓展练习,践行升华

新课程标准强调"将正确的价值引导蕴含在鲜活的生活主题之中,注重课内课外相结合,鼓励学生在实践中积极进行探究和体验,通过道德践行促进思想品德的健康发展"。

如"男生女生"一课的结尾是这样的:观看热点新闻《史上最雷校规》,完成二个问题:(1)你能站在学校的角度,分析一下学校禁止男女生一对一交往的原因吗?(2)请你帮助该校的学生写封信,向校长说明这样的校规是不合理的;(3)如果你是该校的校长,你会给学生在异性交往方面提哪些建议?

这样的设计有助于学生运用所学知识,解决实际问题,培养学生综合运用所学知识在生活中践行的能力,让他们体验到学以致用的乐趣和意义,提高生活的智慧,实现思想品德课教学由课内到课外的延伸,真正发挥它对生活的服务和指导功能,使教学目标真正落实到位。

陶行知先生说过:"生活即教育,社会即学校,没有生活做中心的教育是死教育。"生活是学生学习的基础,是提高学生思想品德的重要素材。思想品德课教学要立足生活,回归生活,构建生活化教学的思想品德课堂,这是思想品德课堂教学发展的必然趋势,也是提高教学实效的重要途径。

"问渠那得清如许,为有源头活水来",让我们把生活的"活水"引入课堂,精选生活化素材,创设生活化情境,把小课堂融入大社会,让学生在"社会"的学校里、"生活"的课堂上自由翱翔,鼓励学生在实践中进行积极探究和体验,通过学生的独立思考与实践,实现更好地内化,促进思想品德健康发展,从而真正实现教育无痕的理念。

初中思品课预设与生成关系
的案例研究与思考

浙江省建德市梅城镇初中　章建军

《基础教育课程改革纲要》明确指出："课堂教学不应当是一个封闭系统,也不应当拘泥于预先固定不变的程序,预设的目标在实施过程中需要开设纳入直接经验、弹性灵活的成分以及始料未及的体验,要鼓励师生互动中的即兴创造,超越目标预定的要求。"新课程实施以来,思想品德课教学中传统的偏重教学预设,忽视课程动态生成的倾向有所改观。但在教学实践的过程中也出现了一些新的困惑,主要有以下两点:(1)已经认识到我们追求的应该是具有开放性、生成性的充满活力的课堂,但在实际教学中对如何促成课堂的动态生成束手无策;(2)认识到"学生是课堂学习的主体",课堂上气氛很"活跃",但面对动态生成的课堂,教师无法控制,致使没有很好地达成教学目标,影响了教学效果。

一、教学研究与感悟

案例一:"走近法律"的教学设计片段

活动一:"方""圆"大赛——无规矩不成方圆。

师:请两位同学到黑板前,分别徒手和用圆规画圆。

师:同学们观察比较他们画的圆有什么差异?

生:第一名同学画得不是很好,因为他是徒手画的。第二位同学画得要好些,因为他用圆规画的。

师:这种差异用中国的哪句古训可以说明呢?

生:无规矩不成方圆。

【反思1】本以为这样的教学设计导入非常自然,是不会有问题的。但没有想到在上课过程中却出现了意外的情况,由于是借班上课,对学生的情况不是非常了解,请上来的两位同学,徒手作画的是数学课代表,而另一位同学则是在学习上比较困难的,结果是用圆规作画的同学在我的帮助下才完成任务,其他同学当然认为是徒手作画的同学画得好,这与教学预设的就相冲突了。幸好这时徒手作画的同学替我解围,"老师,这块黑板上原来有一些用铅笔画的横线,我是照着这些线条画的"。真的要感谢这位学生,让我避免了课堂上的尴尬。

案例二:"灿烂的中华文化"的教学设计片段

(在学生欣赏了反映中华文化的图片之后)

活动一:看谁说得多。

1.提到中华文化,你会想到什么?

2.你知道他们的来历吗?

活动二:品味中华文化。

1.你是怎样品味这些文化情趣的?

2.你认为最能代表中华文化的人物有哪些?他们的主要成就是什么?

3.为什么你觉得他们最能代表中华文化?

活动三:谚语和格言赏析。

1.吃一堑,长一智。

2.车到山前必有路。

3.祸兮福之所倚,福兮祸之所伏。

4.塞翁失马,焉知非福?

5.人无远虑,必有近忧。

……

结合自己的亲身感受说说上述谚语的内涵,再写三句类似的格言,并谈谈这些格言对我们为人做事的影响。

活动四:讲故事。

1.请同学说说以下三个历史故事:苏武牧羊、徙木为信、负荆请罪。

2.这些故事所蕴含的传统美德对我们今天的生活有什么影响?

【反思2】这个教学片段是本人经过"精心"预设的,根据学生的认知水平,对教材进行梳理整合,设计的教学思路清晰,设计的情境、选择的素材贴近生活、贴近学生、贴近社会,通过学生阅读、思考、小组讨论等手段,掌握和互相检测相关基础知识,并解决一定难度的问题。同时"着眼于整体,立足于个体,致力于主体",适时提出了以下几个问题:"你认为最能代表中华文化的人物有哪些?他们的主要成就是什么?为什么你觉得他们最能代表中华文化?""谈谈这些格言对我们为人做事的影响""这些故事所蕴含的传统美德对我们今天的生活有什么影响?"这样的预设,为课堂的动态生成留有足够的空间和时间,有利于启迪学生的思维,有益于动态生成,为动态生成做了铺垫。

【感悟一】立足于教材和学生学情的开放性,精心教学预设是教学动态生成的前提。新课标注重课堂预设和生成,其前提就是强调对教材和学生学情的分析。教学预设不仅要备教材、备学生、备情境、备生活、备自己,还要备与课堂有关的一切主客观因素,如案例一中黑板的情况。学情分析是为预设服务的,只有学情分析充分了,预设才会有的放矢,才能使预设更有深度和广度,才能促成教学的动态生成。

案例三:"党的基本路线"的教学设计片段

导入:欣赏歌曲《走进新时代》,营造氛围,激发兴趣。

活动一:调查与思考:课前布置学生通过对父母亲或者祖父母亲的调查,了解30多年来我们生活的变化。

引导学生分析、思考:(1)这些变化说明了什么?(2)我们大家能过上幸福生活的主要原因有哪些?

在学生思考、讨论、交流的基础上,教师点拨,得出结论:人们的生活一天比一天幸福,原因就在于中共十一届三中全会以来,我们始终以经济建设为中心,始终坚持了党的基本路线不动摇。

【反思3】在教学预设时,本以为这样就可以自然而然地进入新课的教学了,但没有想到有学生提出了自己的疑惑。如有学生认为,为什么中国改革开放实施三十多年了,我们这里的发展和变化还不大,而且贫富差距越来越大。这个问题突如其来,我在教学预设时根本没有想到这个问题,而且本课时的教学任务比较重,所以就以一句话"怎么会不大呢?看看我们的工业园区建设,20多年前有吗"敷衍过去了,硬生生地把学生"拉"回到教学预设的"正轨"上来。

课后和其他教师交流这一问题时,有教师就向我提议,这个问题可以交回给学生讨论,从而引导学生回到我国最基本的国情——正处于并将长期处于社会主义初级阶段,生产力发展很不平衡(可以将我们这里视为浙江的西部),而我们现在达到的总体小康是低水平的、不全面的、发展很不平衡的小康。这样既可以消除学生的疑惑,又和"历史与社会"的教学内容相衔接,而且还可以培养学生全面分析问题的能力,真可谓"一举多得"。

这一建议让我豁然开朗。是呀,课堂中动态生成的资源是稍纵即逝的,被称为"来自上帝的礼物",教师应充分尊重学生独特的感受、体验、理解,要根据实际情况,捕捉这些动态的资源,巧妙地运用于教学活动中,引导学生自主探究。这样不但可以调动学生的积极性,而且可以锻炼学生各方面的能力,使学生享受到学习的无限乐趣。

案例四："弘扬和培育民族精神"的教学片段

1.小组协作,自主学习。

2.课堂讨论,解答疑问。

3.情感升华:感受中华民族精神:填写教材第71页的表格。

前面的几个教学环节都进行得非常顺利,本以为最后一个环节不会再迸发出什么"火花"了。岂料学生对教材上体现"勤劳勇敢"的历史典故——"愚公移山"提出了异议:

生1:"愚公移山"不应该说是历史典故,而是一个具有神话色彩的寓言。

生2:"愚公移山"本身就是一种错误的行为,他应该搬家,我们现在不是有下山扶贫嘛。

生3:古代的户籍管理是很严格的,愚公他们不能随便搬家。

生4:"愚公移山"挖山取土会破坏当地的生态环境,有可能造成水土流失,生态失衡,这不符合可持续发展的要求。

……

真的没有想到学生会有这么多的想法,于是索性让学生分组讨论,交流自己的想法。经过讨论,学生最后得出了以下结论:我们要学的是愚公移山的这种精神,一种不畏艰险、勇于面对困难、战胜困难的精神,而对他的具体做法则持保留意见,他的做法没有体现可持续发展的要求,与建设社会主义和谐社会不相符合。

【反思4】教学预设"是外出旅行时的指南,而不是火车行驶的固定路线和时刻表",当教学过程中出现不符合最初预设的或者根本就没有预设的,但又很有价值的信息时,教师要能敏锐反馈,要针对课堂教学的实际情形加以利用,及时调整教学过程,重新定位教学目标,让学生尝试"在问题中找问题"的方法,指导并与学生一起探究符合教学实际的新情况、新问题,寻找切合实际的办法和途径,提高学生探究新知识的能力,不断提高课堂的教学效率。只有这样的教学动态生成,才能出现令人惊喜的精彩情景。

真的要感谢学生!本以为教材上已经明确写着的、可以一带而过的问题,在学生激烈的辩论中,迸发出了"思想的火花"。

【感悟二】敏锐地捕捉学生的信息,并做出准确的判断与反馈,及时调整教学流程是动态生成的关键。教师要充分运用自己的教育智慧、教学水平和教学艺术,在活动中去发现、捕捉、吸纳、整合信息,及时调整教学方式、方法,充分利用动态生成的资源,进而夯实观点,培养能力,提升道德情感,升华德育目标。当然,在捕捉动态生成的资源时要懂得取舍,并巧妙调整课前的教学预设。

案例五:"走近法律"的教学设计片段

活动一:"方""圆"大赛——无规矩不成方圆。

师:请两位同学到黑板前,分别徒手和用圆规画圆。

师:同学们观察比较他们画的圆有什么差异?

生:第一名同学画得不是很好,因为他是徒手画的。第二位同学画得要好些,因为他用圆规画的。

师:这种差异用中国的哪句古训可以说明呢?

生:无规矩不成方圆。

【反思5】许多教师在课后评课时都提到,姑且不说这一教学预设在实际上课时所出现的问题,就设计本身而言,有刻意去强求生成之嫌,从而影响了教学的时效性。

听了之后,我顿觉茅塞顿开。接触新教材时,总有一种错误的认识,认为生成内容越多课的质量也就越好。经过大量的教学实践和反思后得知,预设也好,生成也罢,都应该是为了完成教学目标与任务,应该是"因需而设,因需而生"的。

案例六:"不言代价与回报"的教学设计片段

活动五:"弗兰克的故事"。

1.呈现情境和问题,引发学生思考。

2.在全班逐一探讨三个问题,给学生充分发表自己意见的机会。

3.教师总结。

【反思6】在教学过程中,学生在弗兰克是否应该偿还储户存款这一问题上出现了分歧,有不少学生认为弗兰克不必偿还存款,因为他的银行被抢劫,应该通过法律途径解决这个问题。这时我也没有急于要求学生按照教参上的要求回答,而是鼓励学生说出自己真实的想法,并表扬了这部分同学法律观念强烈,进而让学生站在储户的角度来看问题,最后让学生思考应该成为以下三种人中的哪一种人:(1)千方百计逃避自己责任的人;(2)努力做好自己分内工作,付出自己该付出的,得到自己该得到的人;(3)从来不计较个人得与失,尽心尽力承担社会责任的人。通过辨析,学生得出的结论是:唾弃第一种人,努力成为第二种人,崇敬第三种人,即使不能成为其中一员,也应该心存感激,正是因为他们,我们的社会才更加美好。

【感悟三】课堂要关注动态生成,但不要刻意追求动态生成。新课程强调并倡导课堂的动态生成,但教学的动态生成不会存在于所有教学活动的始终,如果课堂教学过于强调生成,就有可能完不成教学任务,导致教学烦琐累赘,积重难返。课堂教学应该有生成,但要慎重把握,对于那些偏离教学目标和不利于学生综合素养发展的问题,不必刻意去强求生成,否则就有可能弄巧成拙。

此外,生成过程也不能完全跟着学生的思路盲目追随、随波逐流,从而放弃教师对学生的指导作用,因此"生成"应该是在课堂教学总目标(三维目标)、总要求(教学重点、难点)的统领下,教师对课堂教学的有序把握以及对学生提出的观点和想法进行分析和筛选,进而使动态生成对课堂教学起着积极的促进作用。

【感悟四】学会教学反思是促成教学预设与生成和谐统一的有效手段。教学反思包括教学前反思(主要是在课前准备的备课阶段,具有前瞻性)、教学中反思(主要是指在课堂教学中,教师解决教学实践活动中出现的问题,具有监控性)、教学后反思(主要是课后教师对整个课堂教学行为过程进行思考性回忆,具有批判性)三个阶段。教学反思时,既可以反思教学中存在的不足之处,又可以反思成功之处、教学机智之处和学生创新之处。

案例七:"计划生育和保护环境的基本国策"的教学片段

活动四:美丽的家乡要靠我们每一个人来保护、来建设。请同学们事先利用课余时间,做一个小调查,看看我们的家乡存在哪些环境问题?给我们的生活带来了哪些不良影响?面对这些环境问题,我们该怎么办?请你根据身边具体的环境问题谈谈解决的方法。

一切都照着教学预设进行着,学生们积极举手发言。这时,有一位同学突然站起来,说:"老师,我们说了很多环保措施,你一定也有很多更好的措施,说给我们听听。好吗?"他的话立刻得到全班同学的响应,40多双眼睛齐刷刷地看向我。我的思路被打断,刹那间大脑似乎停止了思维,怎么办?凭着自己的教学经验,我很快镇定下来,想起了几条措施:一、平时尽量少用一次性的筷子和快餐盒,这样既可以节约资源,又利于保护环境;二、建议班级垃圾分类,将卖可回收垃圾如可乐瓶、废纸的钱作为班会费。然后又将问题抛回给学生,请他们说说在日常生活中有哪些行为是不符合环保要求的,有什么影响。在师生的互动中,课堂上呈现出预想不到的高潮。

课后我写下了如下的反思:"长期以来,似乎已习惯于'老师问,学生答'的提问模式,老师永远处于主动的提问地位,学生永远处于被动的被提问的学习地位。感谢学生!是他们警示我,不能停下学习的脚步,是他们让我感受到课堂学习的勃勃生机。课堂教学,既有方案,又无定案,只有师生共同参与探讨活动,实现师生互动,才能营造出民主的、和谐的、创新的课堂氛围。"

课堂教学过程中,学生是学习的主体,学生总会闪耀出"创新的火花",教师应充分肯定学生在课堂上提出的好见解,这样不但使学生的好方法、好思路得以推广,对学生也是一种赞赏和激励,而且可以拓宽教师的教学思路,提高教学水平。

华东师范大学叶澜教授说过:"一个教师写一辈子教案不一定成为名师,如果一个教师写三年反思就有可能成为名师。"写教学反思,特别是课后教学反思,是促成教学预设与生成和谐统一的有效手段。让我们在教书育人中不断反思,以思促教,在反思中不断得到提升。

二、研究思考

著名教育家布卢姆说过:"人们无法预料到教学所产生的成果的全部范围。"所以,我们的课堂应该是根据学生变化的学习需要,精心"预设"与即时"生成"相统一的弹性的调控过程。

预设与生成是辩证的对立统一体。预设是生成的基础和起点,是课堂教学的"前奏曲"和"先行官",是教学的基本要求,是师生互动不可缺少的教学环节;生成是对预设的丰富、拓展、调节、重建和提升。

课堂教学既需要预设,又需要生成,预设与生成是课堂教学的两翼,缺一不可。没有预设的生成往往是盲目的,而没有生成的预设又往往是低效的。"预设和生成是融为一体的,预设中有生成,生成中有预设,这是理想的关系""预设过度必然导致对生成的忽视,挤占生成的时间和空间;生成过多也必然影响预设目标的实现以及教学计划的落实""不管预设还是生成,都必须统一于课程标准,都要有利于课程目标的达成,都要服从于学生的发展"。因此,要认真处理预设与生成的关系,使两者相辅相成、相互促进。

叶澜教授曾说:"课堂应是向未知方向挺进的旅程,随时都有可能发现意外的通道和美丽的图景,而不是一切都必须遵循固定线路而没有激情的行程。"教学过程是一个永远没有终结的过程,教与学相依相伴,永远没有穷尽的时候。我们在教学实践中要重视教学预设,创设教学情境,善待教学冲突,关注每一节课的教学生成,让精彩的教学生成与我们结伴同行,使我们的课堂教学真正地提高实效,让课堂显现出动态变化、生机勃勃的景象,使课堂显现出浪花闪耀、高潮迭起的精彩。

BEIKAOPIAN

备考篇

中学思想政治课练法指导的"五重境界"

浙江省严州中学新校区　陈志红

浙江省建德市新安江中学　陈　展

根据学科的特点和学生的实际,对学生进行科学的练法指导,让学生学会练习、乐于练习,为学生终身自主练习奠定基础是每位教师应有的职责。练法指导的方法与境界不同,对学生练习产生的效益也不同。为此,笔者根据中学思想政治课教学的实践和反思,不断探究练法指导的方法,提高练法指导的境界,总结提炼出学生练法指导的"五重境界"。

第一重境界:点化——例题＋答案

所谓"例题＋答案",就是向学生呈现一道例题之后,请学生做"闪电式"的思考,然后公布"标准答案"。在当前应试教育背景下,在时间紧任务重容量大的情况下,这种课堂教学方式很常见,也有一定的存在"合理性",但这重境界只让学生知道"是什么",没有进一步引导学生懂得"为什么与怎么样",更没有启迪学生分析"为什么这样,而不是那样"。在这样的教学中,少数相对优秀的学生可以模仿例题的答案,初步回答相关或相近的题目,却难以回答材料与设问稍有变化的试题;大部分学生不能分析题目与答案之间的因果联系,更难以将例题的方法内化为自己的方法。这样的练法指导的收效是微乎其微的。

第二重境界:深化——例题＋分析＋答案

与第一重境界相比,在例题与答案之间增加了教师讲解分析,让学生大致了解问题与答案之间的联系,对学生的练法指导有所"深化"。

【例1】(2009.浙江文综卷)到目前为止,全国已有7.8万名"村官",小杨就是其中的一位。大学一毕业,小杨打破传统观念,只身来到千里之外的一个乡村任村委会主任助理。任职期间,在村党支部和村委会的领导下,她走访农户,宣传党和政府的有关方针和政策,传授农业科技知识,协助主任处理一系列村务。她刻苦学习雕刻知识,与该村艺人共同努力,使该村濒临失传的木雕工艺重放异彩,并将原先小打小闹的木雕品发展为人人喜爱的旅游纪念品。短短两年的时间,该村的社会风气明显好转,村民的钱包鼓了起来。因此,"村官"小杨得到了领导和村民的一致好评。小杨自己也认为当"村官"是一个正确的选择。

"村官"小杨给乡村带来的变化是如何体现《文化生活》道理的?(10分)

教师讲解:完成该题要做好"三审"。一审设问——主体(小杨),事情(小杨给乡村带来的变化),题型(怎么办),知识(文化知识)。二审材料——小杨给本村带来的具体变化(经济、文化、社会等)及本人的进步(得到好评)。三审联系——上述变化与有关《文化生活》知识之间的联系,然后公布"标准答案"。

上述指导比起"点化式",已经注意到答案的来龙去脉,即所以然,但仅限于教师的分析,没有深入分析试题的特点和具体要求,更没有让学生主动参与,学生只是被动接受教师的讲解,难以将对试题的分析要求变成自觉的行为,学生答题往往产生"下笔千言,离题万里"的尴尬局面。

第三重境界:优化——例题+分析+互动+调整答案

教师在第二重境界的基础上,与学生共同分析试题的特点之后,增加了师生互动环节,让学生比较充分地质疑,适当补充与修正"参考答案",让练法指导更为"优化"。

【例2】(2013.全国文综Ⅱ卷)随着城镇化的快速推进,被征地农民的许多现实问题受到广泛关注。M省2010年对1460户被征地农民进行了入户调查。调查显示,被征地农民户均失地2.1亩,99%的家庭得到各种形式的补偿,每户平均获得政府货币补偿76271元;与土地被征前相比,34%的家庭年收入增加,户均增加7125元,37%的家庭年收入下降,户均减少10409元,其余家庭收入变化不明显;69%的农民拥有固定职业,31%的农民没有固定职业;在有固定职业的农民中,10%的农民是通过政府、社区介绍就业的;70%的农民拥有医疗保险,17%的农民拥有养老保险,3%的农民拥有失业保险。(2)假设你是M省人大代表,请结合材料向政府部门提出解决被征地农民问题的政策建议。(12分)

在教师与学生共同做上述"三审"的分析之后,公布"参考答案":①被征地农民获得的补偿偏低,应提高补偿标准,完善补偿机制。(3分)②部分被征地农民就业困难、收入减少,应提供就业指导服务和政策支持。(3分)③部分被征地农民未被纳入社会保障体系之中,应扩大保障体系覆盖面,并提高保障水平。(3分)④加强对征地补偿安置工作的监督,保障被征地农民的合法权益。(3分)

教师与学生共同质疑:本题的"参考答案"为什么不选择《政治生活》"人大代表"的权利与义务的有关知识回答?假如能使用上述知识,如何补充"参考答案"?让师生在互动中,拓展练习的思路,优化答题的策略,提高答题的效能。

第四重境界：内化——例题＋分析＋互动＋变式＋调整答案

在师生和谐互动之后，增加了适当的变式练习，让学生在适当变化的练习中掌握答题的一般规律和普遍方法，把教师与同学的方法整合内化为自己的方法，使学生形成个性化的回答问题的方法。

【例3】(自编题)2013年4月18日，中共中央总书记、国家主席、中央军委主席习近平在全国科学技术大会上指出，建设创新型国家，核心就是把增强自主创新能力作为调整产业结构、作为发展科学技术的战略基点。增强自主创新能力必须抓住研发具有自主知识产权的核心技术这一中心环节。完善鼓励自主创新的机制和政策，营造有利于自主创新的社会环境，走出一条中国特色的自主创新道路。

结合材料，请运用矛盾基本属性的知识，谈谈我国应该怎样提高自主创新能力？(12分)

(变式1)结合材料，请你运用"用对立统一的观点看问题"的知识，谈谈我国应该怎样提高自主创新能力？(12分)

(变式2)结合材料，请你运用"矛盾特殊性"的知识，谈谈我国应该怎样提高自主创新能力？(12分)

(变式3)结合材料，请你运用"矛盾的普遍性与特殊性的关系"的知识，谈谈我国应该怎样提高自主创新能力？(12分)

(变式4)结合材料，请你运用"主要矛盾"的知识，谈谈我国应该怎样提高自主创新能力？(12分)

(变式5)结合材料，请你运用"主要矛盾与次要矛盾的关系"的知识，谈谈我国应该怎样提高自主创新能力？(12分)

让学生在"设问"(也可以变化"材料"，而设问不变；或"材料"与"设问"都适当变化等)的变式练习比较中选择适当的知识和答题策略，灵活回答有关问题，准确而全面地组织答案，从而避免"答案文字一大片，得分只有一点点"的现象，大大提升了学生答题效能。

第五重境界：活化——例题＋分析＋互动＋变式＋科学选择＋调整答案

教师在学生"内化"有关方法的基础上，指导学生学会快速进行"科学选择"。一是科学选择"知识"。根据设问、材料与重大时事政治，准确选择有关的知识范围、长短，并整合有关知识。二是科学选择"策略"。根据题型特点与相关知识，快速形成答案的基本框架，做到层次分明、长短适宜、材料与观点契合、重点与一般兼顾。三是合理选择"语言"。力争把材料语、教材语与时政语言有机整合起来，形成一个语言准确、精练、流畅、完整的个性化答案。

【例4】(2013.浙江文综卷)随着中国特色社会主义建设事业的不断发展，中国梦已经成为当下中国人对自己未来的期许和追求。但是，在当今世界，涵盖经济政治、文化社会、价值文化等领域在内的"软实力"竞争越来越激烈,某发达国家对中国快速发展的疑虑和猜忌明显加重,"中国威胁论"在一些周边国家也有一定的市场。对此,党的十八大以来,中央反复强调中国要矢志不渝地走和平发展道路;在推进社会主义经济、政治、社会和生态文明建设的同时,推进社会主义文化建设,增强综合国力,夯实走和平发展道路的基础。

(2)结合材料,运用"中国走和平发展道路"的有关知识,阐述中国走和平发展道路的必要性和夯实走和平发展道路基础的重要性。(11分)

根据设问、材料与重大时事政治,准确选择"我国走和平发展道路"的有关知识——必要性和重要性;根据题型特点与相关知识,快速选定答案的基本框架——必要性(国内与国际、历史与现实、正面与反面);重要性(国内、国际);科学选择"语言",上述材料语、教材"中国和平发展"的有关知识与党的十八大报告的有关时政语言有机整合起来。

总之,时代发展一日千里,学生复杂多样,练习千变万化,练法也应丰富多彩。这就需要广大政治教师不断研究练法指导的规律和方法,提升练法指导的新境界,跃上练法指导的新台阶。

提高政治"二考"复习效能的五个对策

浙江省严州中学新校区　陈志红

在浙江"7 选 3"的选考模式中,"一考"成绩不理想的同学大多参加"二考"。"二考"怎样复习,老师们往往感到茫然,心有余而力不足,学生也不愿听教师上复习课,而热衷于自学。为此,笔者就政治"二考"复习,提出五个基本策略,供同行参考。

一、坚持"三题"结合,让设计有新度

由于"一考"政治复习时间紧、容量大,广大教师追赶复习进度,导致基础知识的复习往往在走马观花中炒"夹生"饭。倘若"二考"复习总是在"重复昨天的故事",学生只能在简单重复中煎熬,在低效中徘徊。坚持"三题"统一,自编新的复习专题,是解决这个问题的有效手段。

专题一:基础回炉,补好短板。

教师引导学生自主逐条对照选考条目进行自测,统计筛选出没有扎实掌握的重点、难点、盲点和疑点,根据绝大多数学生存在的问题,重新编制几个新的基础知识复习专题。比如,对立统一观点一直是教学的重点与难点,教师可以编制"用对立统一的观点看问题"的复习专题。其主要复习步骤如下:

(一)情境创设

示例:结合"哲学家的故事"设问:"除掉田里杂草最好的方法是什么?"指导学生深化对立性与统一性内涵的理解。

(二)举例说明

分别从经济、政治、文化、哲学等四个必修模块中寻找一对具有对立统一关系的知识点,深化对必修模块知识之间联系的理解。

(三)总结归纳

示例:"用对立统一的观点看问题包括哪些方面的内容?"这个问题可归纳为:矛盾双方是对立统一的,矛盾的对立性与统一性的关系是对立统一的,矛盾的主次方面或主次矛盾是对立统一的,矛盾的普遍性与特殊性的关系是对立统一的,等等。

(四)真题赏析

示例(2013·新课标全国Ⅱ.39):(1)结合材料一,用对立统一观点,分析如何处理敦煌莫高窟文化遗产的保护和利用的关系。以此启发学生灵活选择对立统一观点的知识点答题。

(五)对比练习

示例:(1)简述市场与计划的对立统一关系;(2)用对立统一观点分析"虚心使人进步,骄傲使人落后"的观点;(3)用斗争性与同一性的关系,分析中菲关系因南海仲裁案而恶化与菲总统访问中国签订合作协议的改善。

教师通过上述五个复习环节,引领学生在学科内综合与比较复习中,不断活化与内化对立统一观点等重点难点基础知识。

专题二:时政切入,解读热点。

坚持理论联系实际是思想政治课教学的基本原则,也是高考命题的重要原则。让学生学会解读重大时政热点,教师寻找重大时政知识点与学科知识的精准对接点编题练习,是提升学生理论联系实际能力,提高高考成绩的有效手段。比如,对李克强总理2017年政府工作报告一些要点的学科解读与编题练习。主要过程如下:

1.选择材料:按经济、政治、文化、哲学等四个模块,分组精选有关要点。

2.学科解读:把有关材料分别与学科原理进行精准对接。

3.编题练习:依据材料与学科知识对接情况,设置问题并拟写答案。

4.课堂交流:通过学习小组与班级交流编写试题,在研讨中完善试题。

专题三:知识与时政结合,找准契合点。

知识重点、时政热点、教学弱点、命题专家偏好特点汇成一点就是高考命题的兴奋点,也是高考复习的重要增长点。教师可寻找上述"四点"的结合点,编写复习专题。比如,2016年中央经济工作会议主要精神与转变经济发展方式关系的专题,主要过程如下:

1.情境创设:2016年中央经济工作会议主要精神——四大改革、五大举措、六大看点。

2.选材编题:2016年中央经济工作会议提出,要按照加快提高户籍人口城镇化率和深化住房制度改革的要求,通过鼓动农民工市民化,鼓励农民进城买房。这对推进我国转变经济发展方式有何意义?

3.知识建模:以"转变经济发展方式"为关键词,重建知识模块。

4.讨论试题:"深化改革"有利于实施创新驱动发展战略;"鼓励农民工市民化"有利于实现城乡一体化;"农民进城买房"有利于促进房地产业健康发展,优化产业结构。

5.尝试练习:2016年中央经济工作会议指出,大力推进国有企业改革,加快改组组建国有资本投资、运营公司,加快推进垄断行业改革。加快金融体制改革,尽快形成融资功能完备、基础制度扎实、市场监管有效、投资者合法权益得到充分保护的股票市场,抓紧研究提出金融监管体制改革方案。上述两项改革对推进我国经济结构调整有何意义?

6.拓展练习:选择本省、本市落实中央经济工作会议有关举措,运用转变经济发展方式的有关知识进行解答。

二、坚持"三研"统一,让探究有深度

常言道:方向比努力更重要。深入探究高考命题的规律与特点,把考法、教法与学法有机统一起来是提升高考成绩的有效手段。为此,可以引导学生对高考试题进行纵向、横向与变式探究,把握高考命题的思路和方法,提高探究的深度。

(一)纵向探究,了解变化

高考命题往往是稳中求新。探究高考命题稳定的特点,预见不断变化的趋势,可以准确把握高考命题的脉搏与变化的轨迹。比如,浙江自2009年政治自主命题以来,哲学问答题考查热点是用矛盾的观点看问题,其中2010年至2016年就有四次:2010年哲学问答题考查热点是对立统一的观点,2014年哲学问答题是结合材料运用对立统一的观点阐明经济建设与生态环境保护之间的关系;2015年(9月选考)的哲学问答题是结合材料根据必修4《生活与哲学》中的具体问题具体分析原则,说明为什么要采取有针对性措施解决干部在工作中出现的问题;2016年的哲学问答题是结合材料,运用对立面相互转化的原理,说明讲好中国故事的必要性和重要性。教师可以引导学生从命题背景、哲学原理选择、主要题型、答案编制等方面,比较各题的异同点,进一步了解命题"大稳定、小创新"的特点与规律,指导学生灵活运用哲学原理回答问题。

(二)横向探究,廓清区别

一个省的高考试题可在借鉴兄弟省市高考命题中找到灵感。比较研究各省市高考命题的关系,弄清其中差异,对指导学生精准答题有重要价值。

比如,(2013·新课标全国Ⅱ.39)(1)结合材料一,用对立统一观点分析如何处理敦煌莫高窟文化遗产的保护和利用的关系。

【参考答案】①任何事物都包含着矛盾,矛盾双方既对立又统一,在一定条件下相互转化。②游客增多加大了敦煌莫高窟文化遗产保护的压力,若限制客流会影响利用的效益,但合理利用和科学保护是能够相互促进的。③应坚持"两点论"和"重点论"相统一,具体问题具体分析。从实际出发,探索敦煌莫高窟文化遗产保护和利用有机结合的途径和办法,在有效保护的前提下利用,在合理利用中保护。

该题与我省近几年哲学主观题相比有些变化。材料背景蕴含"旺季"与"淡季"的不同,设问是"如何"处理好利用与保护的关系(着重回答"怎么办"),答案从世界观角度分析利用与保护的关系,从方法论角度回答如何处理好利用与保护的关系。这与浙江卷用对立统一观点回答(政府权力与权威、经济建设与环境保护的关系等)的高考题的命题角度和答案要求有显著差异,要坚持具体问题具体分析,严防主观题答题模式化。

(三)变式探究,改善方法

在变化中赏析高考题,有利于提高学生举一反三与触类旁通的解题能力。

比如,(2014.浙江.40〈2〉)运用公司经营与发展知识,简述B集团华丽转身对企业转型升级的启示。属于"怎么办"题型,可在材料不变条件下,把设问改为:(1)运用公司经营与发展知识,简述B集团华丽转身的缘由("为什么"的题型);(2)B集团华丽转身体现了公司经营与发展的什么道理?("是什么"的题型)。可把是什么、为什么与怎么办有机结合起来,指导学生关注上述三种题型答题的基本句式为:是什么(材料+体现),为什么(材料+有利于),怎么办(材料+要求)等,并根据试题要求,注意上述三种题型的关系与教材原理的句式变化,灵活回答有关问题。

三、坚持"三位"统一,让复习有宽度

目前,"三位一体"招生高校和人数不断增加,要求学生把学考、高考与高校综合能力测试结合起来,引领学生全面、个性化发展。广大政治教师应顺势而为,适应高校"三位一体"招生的新变化。

在"三位一体"的招生中,各高校的试题分为笔试题与面试题,不仅考查学生相关学科知识,并且与当年时政热点紧密结合,重视考查学生综合能力。这给政治教

师提供了更为广阔的用武之地,为政治"二考"复习攻坚克难找到了新的钥匙。

比如,北大的自主招生面试题:白马与黑马有什么区别。政治教师可以启迪学生运用辩证的观点展开分析。运用联系的观点看问题,由"伯乐相马"联想起人才选拔与应聘,白马因尊贵而容易相中,黑马因普通而难以如愿。用发展的观点看问题,我国人才资源的配置有"伯乐相马"的计划录用"白马与黑马同场竞赛"的市场配置,给人才更公平竞争的机会。用矛盾的观点看问题,既要看到"白马与黑马"的外貌,更应了解它们的实力。"白马与黑马"在同台应聘中,既要重视自己的仪态仪表,更要强化实力,内外兼修,才能充分展示自我。

在"二考"复习中,适度选择贴近生活与社会的高校自主招生的面试题,不仅可以丰富复习资源,有效地备考,还可以提高学生分析问题和解决问题的能力,为学生终身发展助力。

四、坚持"三写"统一,让指导有精度

许多学生回答政治主观题往往辛辛苦苦写了一大片,得分只有一点点,主要原因是功力不足。"三写"是提升学生解答政治主观题实力的重要抓手。所谓"三写"就是改写、缩写与补写。"改写"就是改正用理与结合材料不正确的文字;"补写"就是补充选理与结合材料不足的部分;"缩写"就是删除无关紧要的文字。

比如,(2015.浙江.9月.调研卷.41题)(2)结合材料,运用美国两党制和三权分立原则的知识,分析奥巴马政府执政处境更加艰难的基本原因。参考答案有380多个字,通过"三写"之后,答案可减少102个字。

教师在每次大考之后,应该指导学生对自己或别人主观题的答案(包括教师的或高考命题专家的)进行大胆的"三写",再把"三写"后的答案进行"三比较":与"浙江高考相近试题答案"比较,看看答案方向对不对;与本次测试"参考答案"比较,看看答案全不全;与"优秀答案"比较,看看答案好不好,让每次主观题答案更准确、精练、全面。

五、坚持"三考"统一,让测试有效度

"二考"复习往往测试较多,每次测试耗时较长,如果教师对测试情况"随意"分析,必然导致测试低效。为提高测试的效度,需要把"三考"结合起来。

所谓"三考"特指周考、月考与模考(仿真考)。周考要坚持补短板为主——突出某些知识的重点、难点或疑点,答题的薄弱点;月考要坚持系统检测为主——把突出重点与攻破难点和系统检测有关知识有机结合起来;模考要坚持精准仿真为主——紧密贴近高考真题的特点与要求。

各类试题的选编要坚持"三性",提高质量。一是仿真性——符合本省高考试

题的范式,防止另搞一套;二是校本性——满足当下学生扬长补短的需求,防止过度"拿来";三是新颖性——具有一些新试题,防止过多重复。

测试分析要坚持"三有",提高实效。一是心中有学生——精准而全面地了解学生测试的得失与原因。二是脑中有设计——科学而有效地设计教学过程,充分调动学生参与课堂的积极性和创造性。三是手中有方法——把考法、教法与学法有机结合起来,满足学生长善救失的有效需求。

总之,只要我们在政治"二考"复习中,不断更新教学理念,深入研究教学问题,大胆优化复习策略,就有可能在政治选考中抢得先机。

提高学生结合材料回答政治
主观题效能的"三个三"

——以浙江高考政治题为例

浙江省严州中学新校区　陈志红

　　提高学生结合材料回答主观题的能力,是中学思政课贯彻理论联系实际基本原则,提高学生分析问题和解决问题能力的基本要求,也是政治教师进行学法指导,培养学生终身学习能力的不懈追求。由于种种原因,结合材料回答主观题一直是中学思政课教学的一个难点、弱点乃至痛点。为此,笔者结合多年的教学实践,总结出提高学生结合材料回答政治主观题能力的"三个三"策略原则。个人见解,仅供参考,粗疏之处,谨请指正。

一、了解三种题型,把握正确方向

　　方向比努力更重要。了解在政治主观题的基本题型,可以为答题指明正确方向,使我们少走弯路,少受挫折,顺利地抵达答题的理想彼岸,并且能让学生体验到学习思考的欢乐。

　　综观浙江近8年来的高考文综政治试题,从材料与答案之间的关系看,结合材料问答主观试题,大致分为三种基本题型。

　　一是紧密型,即材料与答案的关系紧密且充分的题型。答案往往就隐藏在材料之中。比如,(2015.浙江文综40)(注:限于篇幅,本文所选浙江高考文综政治题,仅出现年份、题次与设问,省去材料与答案,下同)(2)结合材料,运用社会意识的有关知识,说明为什么W村要把祠堂文化转化为礼堂文化。

　　材料从祠堂文化的积极与消极影响两个方面阐述祠堂文化建设的背景,从礼堂文化建设的活动与成效,阐述礼堂文化建设的意义。回答该题可以直接从社会意识(作用)角度,回答从祠堂文化向礼堂文化转型的必要性和重要性。

　　二是开放型,即材料与答案的关系紧密但不够充分的题型。答案既在材料之中,又在材料之外。比如,(2013.浙江文综41)(1)结合材料,运用文化与综合国力的有关知识,分析推进社会主义文化建设对实现中国梦的意义。

材料介绍了中国梦提出的国内外背景与具体内涵。分析推进社会主义文化建设对实现中国梦的意义,既要从历史与现实的角度分析推进社会主义文化建设对实现中国梦的必要性,要从文化事业与文化产业发展的角度(拓展),分析推进社会主义文化建设对实现中国梦的重要性。

三是探究型,即材料与答案的关系不够紧密也不充分的题型。答案需要结合平时研究性学习,结合有关实际情况准确而灵活地提炼。比如,(2011.浙江文综41)(3)面对"用工荒",政府应如何履行其应有的职能?(12分)设问虽然没有明确要求结合材料答题,但在答题时,既要结合上述三个材料提供的背景,又要结合我国许多企业在"用工荒"中存在的具体问题,从政府的角度提出有针对性的举措。

二、掌握三种方法,优化答题过程

适合学生的方法才是最好的方法。指导学生根据题型特点,寻找适合自己的简便方法是提高学生结合材料回答主观题的关键。针对上述题型,可以指导学生在准确分清题型特点的基础上,熟练掌握三种最基本的方法。

一是回答紧密型试题的方法:材料整合分层＋据理逐层对接原理。比如,(2015.浙江文综40)(2)结合材料,运用社会意识的有关知识,说明为什么W村要把祠堂文化转化为礼堂文化。

答题思路分两步。

第一步把材料分为两层。第一层阐述祠堂文化的双重作用——既有"村民教化与乡村治理"积极作用,又有封建宗法思想"排斥外姓,干扰选择"的消极影响;第二层阐述礼堂文化在继承和发展中对"促进乡村治理"中的积极作用。

第二步从"社会意识"有关知识的角度,逐层"对接"原理。祠堂文化的局限性"对接"落后的意识对社会发展起的消极作用;礼堂文化继承祠堂文化中积极的因素,又融入社会主义核心价值观的内容,属于先进文化,"对接"先进的意识对社会发展起的促进作用。

二是回答开放型试题的方法:材料整合分层＋据理逐层对接原理＋适度拓展原理。比如,(2013.浙江文综41)(1)结合材料,运用文化与综合国力的有关知识,分析推进社会主义文化建设对实现中国梦的意义。

首先把材料整合分为两层:一是中国梦提出国内(中国人民在事业不断发展中对未来的期许)与国际(国际竞争与中国"威胁"论)的背景;二是实现中国梦的要求(走和平发展之路与"五位一体"建设)。

然后从"文化与综合国力"有关知识的角度,逐层对接原理。国际竞争"对接"

文化在综合国力中的地位,中国"威胁"论"对接"文化在维护国家利益与安全中的作用;实现中国梦的文化要求"对接"发展文化事业与文化产业(适度拓展原理)对实现中国梦的意义。

三是回答探究型试题的方法:材料整合分层+联系实际问题+据理追问对接原理。比如(2011.浙江文综 41)(3)面对"用工荒",政府应如何履行其应有的职能。

先把材料分为两层:一是材料二阐述我国东部与中西部企业用工数量变化的情况,材料一分析其中的原因。二是三位同学从不同角度(用工荒与企业政府、工资高低、市场调节等关系)对我国企业用工荒发表不同的看法。

再从"政府职能"的角度,依据背景材料,联系我国企业在"用工荒"中存在的具体问题,将问题逐个对接原理。比如,员工的工资问题涉及劳动者合法权益,"对接"政治职能;用工好坏关系经济发展,"对接"经济职能;用工需要培训与人文关怀,"对接"文化职能;用工属于就业,"对接"社会职能。履行政府上述职能都需要政府"依法行政、科学民主决策、接受监督"等。

三、加强三项训练,熟练答题方法

唯有适度和科学的训练,才能把理性的科学思考转化为答题规范,在科学与规范的答题中,提升学生结合材料答题的效能。可进行三项训练。

一是"三题合练",精准把握高考方向。即把高考真题赏析、仿真试题与变式题有机结合起来,让学生结合材料答题的方向更正确。比如(2016.浙江文综 40)(2)结合材料,运用对立面相互转化的原理,说明讲好中国故事的必要性和重要性。(10分)。"三题训练"一般按六个步骤进行。

第一,利用 5 至 8 分钟,独立限时做高考真题。

第二,各自对照参考答案自批,分析自己答题得失的缘由。

第三,独立理解高考题答案编制的依据与方法。(根据设问与材料选择哲学原理;分析双方矛盾产生的原因;通过多种方式引导矛盾转化,谈讲好中国故事的必要性与重要性。)

第四,练习之后让学生谈一点最深刻的体会(包括经验与教训等)。

第五,师生共同总结归纳此类高考题的一般特点与解答方法。

第六,进行仿真试题与变式题练习,及时强化学生解答类似试题的策略。

二是"三寻训练",准确找寻原理与材料的关系。在思政课教学中,教师可以根据设问知识范围的不同,灵活找准材料与原理之间的联系,为学生正确结合材料回答政治主观题搭建坚实的桥梁。

第一,微观设问,据理寻材。比如,(2012.浙江文综 40)(2)上述材料如何体现人民群众是社会精神财富的创造者？

设问的知识范围属于微观设问（框题、目题、点题等）的"点题"。答题时先对设问指定知识范围的重新建模——人民群众是精神财富创造者的三个具体表现。然后由每个知识点去寻找对应的材料。①人民群众的生活和实践是一切精神财富形成和发展的源泉，"对接"革命战争与现代创业等的实践与生活是"一碑两谱五星"乡村文化创建活动的源泉。②人民群众的实践为精神财富的创造提供了必要的物质条件，"对接"村民收入的提高是开展"一碑两谱五星"乡村文化创建活动的物质保障。③人民群众还直接创造了丰硕的社会精神财富，"对接"收集、评荐等方式，开展"一碑两谱五星"创建活动。

第二，宏观设问，由材寻理。比如，(2010.浙江文综 41)(2)"村官"小杨给乡村带来的变化是如何体现必修 3《文化生活》道理的？设问指向的知识范围属于宏观设问的"模块题"。解题时，先对材料进行整合分层，抓住"变化"这个关键词对材料整合分层。再由材料去寻找原理。①木雕工艺从木雕品变为纪念品，"对接"文化继承与发展；②社会风气好转，"对接"文化对社会的作用；③村民钱包鼓起来，"对接"文化对经济的作用；④小杨得到好评，"对接"两个文化修养的作用。

第三，中观设问，材理互寻。比如，(2014.浙江文综 41)(2)结合材料，运用文化与生活的有关知识阐述中华美食文化的积极意义。(10 分)

设问指向的知识范围属于中观设问（单元题与课题等）的"单元题"。首先，根据设问进行知识建模。文化作为精神力量的总作用，包括对社会（经济、政治、综合国力）与对个人的作用。其次，从美食文化对社会、经济、个人作用等角度，对材料进行适度的整合分层。再次，原理与材料相互寻找。①美食与家人邻里、远客近友共享，"对接"到文化对社会的作用；②无数食客闻风而动，"对接"文化对经济的作用；③感受到一方水土的恩遇涵养、智慧辛劳，引发的"感叹"等，"对接"文化对个人的作用。

三是"三写练习"，精准结合材料答题。即根据设问与材料的要求，把平时测试或练习的试题答案，进行适度的改写——修正不正确的选理与选材等；补写——补充遗漏的原理与选材；缩写——删除无关的文字。

比如，2016 年某校模拟题，中国最大的电子商务平台阿里巴巴在纽约交易所上市。官方确定交易代码为"BABA"，IPO 定价为每股 68 美元，开盘报价高达 92.7 美元，发行价上涨 36.3%，阿里巴巴集团市值达到 2383.32 亿美元。结合材料，运用"公司的经营"与"发展社会主义市场经济"的有关知识，回答我国政府应该如何为再造阿里巴巴神话创造更好的条件。

【参考答案】(1)毫不动摇地鼓励、支持、引导非公有制经济的发展；(2)引导企业进行规范的公司制改革，发挥公司制独立法人地位、有限责任制度和科学管理结构等优点,发挥市场的决定性作用;(3)引导民营公司制定正确的经营战略,提高自主创新能力,依靠科技进步、管理创新、诚信经营等手段,形成自己的竞争优势。

①改写:"毫不动摇地鼓励、支持、引导非公有制经济的发展"不在设问指定的知识范围之内,应删除。②补写:"发展社会主义市场经济"是个单元题。补上政府宏观调控转变经济发展方式——"阿里股票在纽约上市"体现实施创新驱动发展战略;提高开放型经济水平——实施引进来(阿里股票在纽约上市)的战略等内容。③缩写:本题主要从"政府"角度提出要求,可压缩公司制的优点与公司成功经营的因素等。

总之,结合材料回答政治主观题,是一个日积月累和厚积薄发的过程。需要把考法、教法与学法有机结合起来,进行科学、有序和长期的训练,才能提升答题境界,提高答题效能。

在"三写"训练中让政治主观题答案更完美

浙江省严州中学新校区　陈志红

　　2015年高考浙江文综政治的主观题相对比较简单,但总体得分不高,一个重要的原因就是思想政治课主观题答题训练未能最大限度地达到准确、完整、精练的要求。所谓"准确",就是要根据设问的要求和特定的材料,准确选用所学的知识进行科学分析。所谓"完整",就是要根据题意从多个角度辩证回答问题。所谓"精练",就是要整合选用的知识与材料,选用精练的语言进行阐述。然而,由于许多学生对学科的知识理解与掌握不够到位,主观题练习训练不够规范与灵活,因而在答题时遭遇辛辛苦苦写了"一大片"、得分只有"一点点"的尴尬。为此,教师在答题指导中应适当地进行"三写"训练,让思想政治学科的主观题答案更加完美。

一、"改写",让答案更准确

　　众多学生在回答高考政治主观题时,由于对课本知识的掌握不熟练,对设问的审查不准确,对材料的理解不到位,对设问与材料的内在联系认识不够精准等,导致选用的知识不准确,或材料与知识的结合不匹配,指导学生对答案进行适当"改写",能提高答案的准确度。

　　"改写"主要有三种方式:一是依据参考答案"改写"自己的答案。教师在每次练习或测试之后,在学科组教师集体研讨的基础上,统一公布或印发参考答案,让学生把自己的答案与参考答案进行比对,学会"改写"自己不够准确的答案。二是依据参考答案"改写"同学不太合理的答案。教师可以根据练习或测试的实际情况,筛选出几种比较典型的答案,制作成幻灯片或印发纸质资料,让学生进行课堂讨论,当场"改写";或者作为课外练习进行"改写"。三是依据题意"改写"参考答案。教师可以引导学生分组讨论,集中学生的智慧,选派学生代表进行发言交流,让不同的观点进行碰撞,启迪学生敢于和善于挑战老师或"权威"编制的参考答案,修正其不足。

　　学生在"改写"中，常常存在不敢改与不会改等现象，需要教师突破其心理障碍，进行科学的指导。首先要引导学生发现参考答案存在的不尽完善的地方，根据题意进行"改写"。我们要敢于和善于运用批判性思维，进行辩证的否定，肯定其合理因素，克服其不科学的成分，培养创新精神。其次要指导学生学会"改写"。可以在四个方面进行大胆修改。一是扣题选理是否准确，删除那些不合题意的部分。二是判断知识整理是否科学，去掉那些知识整合不科学的部分。三是判断知识与材料之间的关系是否吻合，改掉那些知识与材料结合不当的部分。四是句式是否符合题型的要求。政治主观题的题型按照其逻辑关系可以分为"是什么、为什么、怎么办"。"是什么"题型的句式一般是上述什么材料体现了什么道理，"为什么"题型的句式一般是由什么决定或有利于什么等，"怎么办"题型的句式一般是坚持什么或反对什么等。

二、"补写"，让答案更完整

　　由于不少学生对思想政治学科知识的理解不深不透，运用知识回答问题的发散性思维能力的不足，回答政治主观题目往往存在"挂一漏万"，抓住一点不及其余等缺憾，就需要在"补写"上下功夫。

　　比如，中国最大的电子商务平台阿里巴巴在纽约交易所上市。官方确定交易代码为"BABA"，IPO定价为每股68美元，开盘报价高达92.7美元，发行价上涨36.3%，阿里巴巴集团市值达到2383.32亿美元。结合上述材料，运用"公司的经营"与"发展社会主义市场经济"的有关知识，回答我国政府应该如何为再造阿里巴巴神话创造更好的条件。

　　【参考答案】(1)加强和改善宏观调控，鼓励、支持、引导非公有制经济的发展；(2)引导企业进行规范的公司制改革，发挥公司制独立法人地位、有限责任制度和科学管理结构等优点，发挥市场的决定性作用；(3)引导民营公司制定正确的经营战略，提高自主创新能力，依靠科技进步、管理创新、诚信经营等手段，形成自己的竞争优势。

　　原参考答案的基本思路是先从宏观调控到市场的决定性作用，从阿里巴巴企业所有制的性质到公司制优点、公司成功经营的主要因素等角度进行思考，有一定的合理性。但是，参考答案没有根据设问的要求结合材料回答问题，也没有完全根据设问要求的知识范围选择有关知识，其中"鼓励、支持、引导非公有制经济的发展"不属于设问要求的知识范围；"发展社会主义市场经济"是《经济生活》第四单元的题目，还可以运用"转变经济发展方式"与"经济全球化"等知识，引导企业实施创新驱动发展战略，转变经济发展方式；把"走出去"与"引进来"更好地结合起来，形成在经济全球化条件下参与国际经济合作和竞争的新优势，等等。补写之后进一步拓展了思路,使答案更加全面。

教师引导学生根据思想政治学科主观题的题意,进行"补写"可以从三个方面着手:一是补"知识选择"的不足。根据设问与材料的要求,查看选用的有关知识,是否做到"横向到边,纵向到底"。二是补"结合材料"的不足。依据题意的要求,尽量准确结合材料,让知识与材料融为一体,力争实现政治主观题"见观点、见材料、见引申"的完美统一。三是补"创新观点"的不足。结合当下国内外的重大时事政治,选择具有科学性、权威性与规范性的新观点,以弥补教材一些过时观点的不足,把政治主观题答案的"学科性、时代性、紧密性"等要求有机结合起来。

三、"缩写",让答案更精练

有人认为,政治主观题的答案"越长越好"。这个观点是片面的。政治主观题的答案适当多写一点,对于增加测试"采分"的机会可能有一定的益处。但是,政治主观题答案的长短要根据题意,在坚持学科性、科学性与规范性的前提下,综合考虑试题赋分多少、答题区域大小、答题时间长短等因素,确定一个适当的答案长度,更应该追求答案的精准,竭力让答案有更准、更多、更亮的闪光点。为此,对过于冗长的答案必须进行"缩写"。

首先,对选用的知识进行"缩写"。思想政治课的许多主干知识往往比较长,特别是《生活与哲学》中的众多哲理(包括世界观方法论)字数往往比较多,我们在回答主观题时可以在充分保留知识原意的前提下,进行科学压缩,简化知识内容。例如,坚持两点论与重点论相统一的认识方法要求。教材阐述:"坚持两点论与重点论相统一的认识方法。坚持两点论,就是在认识复杂事物的发展过程时,既要看到主要矛盾,又要看到次要方面;在认识某一个矛盾时,既要看到主要方面,又要看到次要方面。坚持重点论,就是我们在认识复杂事物的发展过程时,着重把握主要矛盾;在认识某一个矛盾时,着重把握矛盾的主要方面,要抓住主流。反对形而上学的一点论和均衡论。"可以压缩为:"坚持两点论与重点论相统一的认识方法。坚持两点论,就是认识主、次矛盾和矛盾的主、次方面;坚持重点论,就是把握主要矛盾和矛盾的主要方面。反对形而上学的一点论和均衡论。"

其次,对结合的材料进行"缩写"。很多政治主观题要求结合材料回答问题。对于那些材料文字比较多且前后内容有重复的部分,可以在尊重材料主旨的前提下,对材料前后的进行适当的整合,压缩有关材料的文字。比如,(2009.浙江高考文综第41)(限于篇幅,题目材料部分460多个字省略),结合材料一、二,运用《政治生活》的有关知识,分析为什么党和政府要把"村官"工作提到战略高度。参考答案选择党的宗旨、地位与政府性质、责任等知识,整合材料阐述的我国农村发展相对落后和人才短缺、大学生就业难的现状,重视"村官"工作对农村发展与大学生就业产生的影响的角度,即从必要性和重要性两大方面展开论述,大大压缩了结合材料的文字量。

最后,要尽量压缩与题意无关的文字。学生在回答政治主观题时,往往选用与题意无关的知识和使用知识与材料之外的"土话"。教师要指导学生根据主观题意准确选择知识回答问题,逐步学会不断删除选择与题意无关的知识和"土话"。坚持将教材的"知识语"、题目的"材料语"、重大时政的"创新语"有机整合,让答案在思想政治的学科特点、时代特色与个性表述等方面相统一。

总之,在回答思想政治课主观题时,需要坚持"三写"的统一。"改写"让答案更准确,"补写"让答案更完整,"缩写"让答案更精练,"三写"相辅相成,让答案更完美!

高三政治复习作业设计有效性的策略研究

浙江省严州中学新校区　叶志娟

　　课程作业是课程教与学体系的重要组成部分,作业设计是思想政治课教学的基本环节,是进一步实施素质教育、完善课程改革的重要载体,是促使学生认知、能力、情感全面协调发展的重要途径。随着课程改革的深入,不仅应该推动着思想政治课教学方式、学习方式的改变,同时也在推动着课程作业系统的改革。然而在高三思想政治课的复习教学中,充斥着大量的与新课程理念不相协调的作业内容与方式,已经成为新课程教学的瓶颈,影响着高三复习效果的有效提升。

一、高三传统复习作业的主要问题简析

　　在传统的高三教学中,思想政治课的复习作业功能单一,功利性强。受升学压力和复习时间的限制,高三复习作业注重强调对教材知识的检测和巩固的功能,通过强化训练来达成复习目的;对作业所具有的提升能力目标和培养情感态度价值观目标不够重视,忽视了作业中的师生交互功能,忽视了对学生创新能力和创造性思维的培养,忽视了对学生学习能力的提升以及主动学习愿望的激发,束缚了学生个性化的发展。高三复习作业作为课堂教学的延续,不仅要有助于学生巩固、内化学科知识,而且是学生自主学习的主要载体,是学生处理和获取信息的重要途径,理应在此过程中更进一步获得三维目标的实现、促使学习能力的发展。

　　在传统的高三教学中,思想政治课的复习作业主体单一,主动性差。在学生紧张的学习氛围和教师的传统思想观念下,教师不能大胆放手,教师成为高三政治作业的唯一设计者,学生只能被动接受,造成学生缺乏做作业的热情和主动性。而师生之间单向的互动,也使得教师缺乏对学生发展与生成的良好预判,难以顾及学情,不能更好地达到复习的效果。

　　在传统的高三教学中,思想政治课的复习作业设计不当,有效性欠缺。有效作业应当是一个有效的"思维"和有效的"实践"的动态过程。对作业有效性的判断标

准,不仅要依据课堂学习目标的有效达成情况,还要顾及作业的效率和效益。有效作业还必须是能促进学生有效学习的作业,能够使学生获得学习成功的体验。然而在传统的高三复习作业中,内容拘泥于教材,脱离学生的生活实际,学生的综合应用能力差,知识"窄化";形式单一,以书面的练习、统一的机械重复作业为主,缺乏实践性、探究性、反思性的作业,思维"僵化";数量上偏重于"题海战术"、难度偏大,增加了学生的学业负担,挫伤了学生学习的积极性,降低了学习的有效性;层次单一,学生作业中的个体差异缺失,缺乏创造性和批判性思维。高三复习作业存在着重接受、轻探究,重听讲、轻体验,重记忆、轻运用,重结果、轻过程,重认知、轻情感态度和价值观的现象,重知识的掌握和经验的沿袭、轻能力的发展和创新精神的培养,不利于学生学习能力的有效提升。

二、高三复习作业有效性设计的基本策略

新课程背景下,高三政治复习作业有效性设计应当以新课程理念为指导,以整体高效为目标,倡导学生主动参与,乐于探究的意识,培养学生的学习能力。

(一)导学案作业前置,提高有效性

传统的高三政治复习作业注重作业的检测与巩固的功能,往往将作业置于课堂复习之后,偏重于学习的结果与评价,学生缺乏主体参与、自主构建知识体系。《新课程标准》指出:教师是学生学习的引导者,重在帮助学生制定合适的学习目标,并寻找达到目标的最佳途径;指导学生形成良好的学习习惯,掌握学习策略,提高学生的学习能力,充分调动学生的学习积极性,更大限度地激发学生自主学习的内驱力;使学生学习知识的过程真正成为一个自主建构的过程,从根本上改变了学生的学习方式,引导学生获取知识,提升能力,体验到学习的乐趣和成功的快乐。

在高三阶段的复习中,"学案导学"这一策略,能够解决以学生为中心的主体参与、自主学习的问题,变"被动学习"为主动学习,使作业的后置功能向前置功能转变。学生能够在学案的引导之下,通过导读、导思、导学、导练,指引学生自主、高效学习。而教师则借助"学案导学"这一策略,将教材有机整合,精心设计,合理调控课堂教学中"教"与"学",从而极大地提高了课堂教学效率。学生通过自主、合作、探究、交流、展示、反馈等学习活动,主动参与高三复习,使学生真正成为学习的主人。同时通过导学案作业的反馈功能,帮助教师了解学情,成为沟通教与学的桥梁。

在导学案作业前置的过程中,首先要将考试说明和学科指导意见有机地结合起来,对考试说明的知识细化,便于学生操作。例如:

考试说明　学科指导意见	
消费及其类型　影响消费的因素　理解影响消费的主要因素	略
影响消费的因素　把握消费的类型	略
消费的结构　知道消费结构和恩格尔系数的含义	略
举例说明恩格尔系数变化对消费水平的影响	略
正确的消费观　影响消费行为的主要心理描述　几种主要的消费心理	略
比较几种不同的消费心理影响　消费行为的差异	略
理智消费　理解理智消费的四大原则	略
辨析消费观念的变化，树立正确的消费观	略

其次，要注意利用导学案作业将课前自学、课堂导学、课后巩固与反思有机地结合起来，要以设疑激趣为先导，以提示、规律为重点，以精讲精练为策略，以主动参与为途径，以创新思维为方向，注重挖掘知识细节、把握主干，以保证复习教学的有序性和延续性。要注意导学案作业的思维容量，注重自学内容问题化、问题设计生本化，以充分提升学生的学习能力。还要注意导学案作业的层次性，充分考虑学生的个体差异，使不同层次的学生都能获得学习成功的体验。

(二)构建思维导图作业，讲究系统性

在建构主义学习环境下，教师和学生的地位、作用和传统教学相比已发生了很大的变化。建构主义更关注学习者如何以原有的经验、心理结构和信念为基础来建构知识，更强调学习者自主学习能力的发展。建构主义学习理论强调学生是认知的主体，是知识意义的主动建构者。

高三政治复习课教学内容繁多、知识抽象零散，学生在复习过程中对学科的主干知识缺乏整体构建，陷入被动和机械的学习，所获得的能力提升有限，在知识＝应用时不能将政治原理模型运用到新的情景中去，学生的政治素养缺失。传统的高三复习教学以教师为中心，从知识的归纳、重难点的梳理、典例的剖析到知识网络的构建都在教师的预设中，缺乏学生的生成和参与，学习效果并不明显。传统的作业方式客观上压抑了学生的自主性和创造性，使得学生也难以参与到知识体系的构建中来。因此在新课程标准下，教师应积极倡导学生使用思维导图来自主建构知识体系图，不断向纵深挖掘，把握知识的内在联系，激发学习兴趣，促使学生积极思考，加深对知识的理解，优化学生的学习过程，促进学生学习能力的提升，提高高三复习的效果。

在高三复习作业中，通过绘制专题思维导图的方法可以提高复习的针对性、有

效性。针对具体的社会热点、重点等专题材料,从知识体系中筛选、迁移知识,学以致用,提高理论联系实际分析问题、解决问题的能力。教师通过"专题"的形式将零散的知识梳理和归纳成条理和体系,引导学生将零散知识系统化。

通过构建思维导图,能帮助学生整理概念,建立内在联系,更重要的是能帮助学生主动参与课堂知识的整合与提炼,培养学生的创造性思维。

在指导学生建构知识体系时,教师要指导学生注重学科知识的科学性、逻辑性,充分调动学生主动归纳知识建构知识体系的积极性。

(三)生活化作业设置,突出实践性

新课程理念指出,高中思想政治课要立足于学生现实的生活经验,着眼于学生的发展需求,将理论观点的阐述寓于社会生活的主题之中,构建学科知识与生活现象、理论逻辑与生活逻辑有机结合的课程。因此,新课改特别关注提高学生主动参与经济、政治、文化生活的能力,使学生参与社会实践是思想政治课的归宿。因此,作业的功能就不应仅局限于巩固和检查学生知识的掌握情况,而应遵循学生生活的逻辑,以密切联系学生生活的主题活动为载体,重在体验和实践。

将生动的、鲜活的、贴切的生活实例作为沟通书本世界和生活世界的桥梁,学生从观察社会生活中领悟知识、感悟真理、明辨是非,从而认识社会和适应社会。学生在生活意境的体验中自觉主动地理解知识内容,在生活意境的解剖过程中求得真理,并在生活意境的感悟过程中分析社会生活、探究生活真谛,进而提高自身的生活能力,实现课堂教学与生活意义的现实统一。因此高三的政治复习作业要更加关注社会热点,创设情境,分析热点,巩固知识,提升能力,拓展视野,增强新颖性和时效性,让课堂更加贴近生活、贴近社会。

1. 在生活中挖掘政治知识的"原型"

在设计生活化政治作业时,教师要让学生体验和领悟生活意境中政治知识最有意义的切入角度,运用自己所学的政治知识去分析解决日常生活中的各种问题,进行实验、设计、制作、生活化的政治作业,逐渐养成运用政治知识的意识和能力,以独特敏锐的政治眼光思考现实问题。这样在设计生活化政治作业时,既能挖掘政治知识所蕴含的运用因素,赋予它应用的背景,又能在现实生活中轻而易举地找到政治知识的"原型",设计出具有浓厚的生活气息的政治作业来。

2. 在生活中挖掘政治作业素材

结合政治教学内容,从生活现象中挖掘出政治课作业因素设计生活化的政治作业,充分挖掘生活化的政治课程资源,以敏锐的专业眼光挖掘生活中的各种政治课作业素材,以有助于学生认知、能力、情感态度和价值观的发展为标准,进行鉴别

与筛选,充分将所学的知识与生活建立必然的联系,从中提炼出有价值的问题,使之成为生活化政治课作业的内容,在潜移默化中引领学生体验知识、获得方法、提升能力。

政治课作业的生活化不应为了"趣味化""生活化",而忽视或取代必要的政治原理分析。"趣味化""生活化"只能是手段而不是目的。政治课作业的生活化并不意味着政治作业的内容等同于生活的内容,生活化的政治课作业应该是生活素材与政治教学内容的有机结合,而不是生硬的、牵强附会的结合。这就意味着在设计生活化政治课作业时,必须对现实生活的素材进行甄别、筛选、加工、改造,使之成为生活化政治课作业的内容。

例如,在复习经济生活关于"通货膨胀"和"影响价格的因素"等内容时,针对当前农产品价格大幅上涨的情况:"蒜你狠""豆你玩""糖高宗"等诸多物价暴涨的戏称风靡网络,广大消费者对物价怨声载道。设计作业让学生调动和运用知识分析其政治经济学原理,使学科知识内容与生活融为一体,帮助学生在分析和解决问题的过程中活化知识、建构知识,体会到知识的应用价值,从而达到良好的学习效果。

(四)滚动矫正性作业,凸显渐进性

由于高三政治复习教学的高考指向性,教学中存在着大量的反馈性的练习。受自身知识背景、思维方式、情感体验等因素的影响,学生学习过程中不可避免地会经常犯各种错误。这些错误反映了教师的传授和学生的接受方面存在着不协调性。因此,提高作业的有效反馈是优化政治课堂、提高学习效果的关键。通过对学生作业采取有针对性的矫正措施,纠错扫描,可以有效提高反馈的有效性。

1.研究错误与纠错统一

学生犯的错误是有规律的。矫正作业要着重于研究错误,让学生经历由错误到正确的历程,进而形成反思习惯,才能"对症下药"。首先,让学生对自己的错误再认识,对错题按照知识专题进行整理、分析、归类,清楚知识上的漏洞、思维上的偏差、解题规范上的疏漏。然后,在错题旁边注上完整的分析过程,拓展思维。最后,根据错误设计相关反馈性的动态检测,进一步有针对性地矫正学生的错误。学生自主的再学习、再认识、再总结、再提高,使学生对学科知识体系有更深层次的理解,提高学生的反思能力和知识运用能力,使学生自我积累学习经验、减少错误、认识失败、营造成功。

2.导法与规范结合

设计专题作业,加强对学生的审题指导,练习查找关键词,提取有效信息,提高学生的获取和解读信息的能力。作业中注重方法提炼、过程展示、语言规范。在训练的基础上,构建答题模型,准确运用术语和表达的层次性,以有效提高学习效果。

综上所述,在高三复习阶段优化政治课作业设计,对学生进行有意识的学习能力的培养和提升,促使学生学习方式的转变,有助于切实减轻学生过重的学习负担,真正提高学生的复习效率,培养学生形成主动高效的学习模式,从而促进学生政治素养的提升。

授人以鱼，还是授人以渔？

——一堂高三政治复习课的反思

浙江省严州中学新校区　黄宏菊

浙江省建德市新安江中学　徐　展

广州113中学这两年的发展非常迅速。学校的高考成绩越来越好，离不开学校的管理，更离不开一线教师的敬业。今天我们非常荣幸听了他们的一堂高三政治常态课。

周老师的课给我们的印象最深的是：生动幽默、深入浅出。课前5分钟的默写、背诵知识点，让我们不禁感受到在高考指挥棒下，一个老师的无奈。这是简单、粗暴但最有效的复习方法。这节课的主题是"高考政治主观题原因类解题训练"。周老师首先展示了广东政治课，高考对学生四大能力的要求。然后举了3个非常生活化的问题：为什么学生要吃饭？老师为什么要学生吃饭？老师为什么要学生在食堂文明吃饭？通过比较这3个问题，引导学生得出原因类问答题的答题方法。接着是高考题实战演练，还有学生课堂练习，展示学生答案，教师做点评。

这样的课堂在高三复习课里可谓非常常态，而且毫无疑问周老师的3个生活问题设计得非常巧妙。从生活逻辑引入得出理论逻辑，既锻炼了学生的审题能力，又帮助学生一步步得出此类题的解题方法，并且帮助学生构建了每一块知识的目录。但这样的教学就完美了吗？我们发现还是有不少学生在课堂练习环节无从下笔。为什么会出现这样的现象呢？我想关键是这些学习方法不是学生自己总结出来的，而是老师帮助总结告诉他们的，学生根本没有内化。更何况不同的题，哪怕都是原因类，不一样的材料和设问，答案组织完全不一样。还有一点作为教材上的原理，从来没有固定是回答原因类、措施类还是体现类！甚至我觉得根本就不该把问答题进行题型分类，这样机械的划分题型会让优秀的学生能力受束，而基础差的学生形而上学的学习。所以每一节课，哪怕是高三复习课，我们都要反复问自己，这节课我教会了学生什么？是授人以鱼了，还是授人以渔了？

立足学情　明确目标　策略指引

——高三政治第一轮复习的反思

浙江省建德市新安江中学　刘朝忠

　　综观近三年全国高考政治卷,大致呈现如下特点:考试内容以考纲为纲,以教材为本,试题既关注基础知识的理解和把握,又突出对学生能力的考查;试题以社会热点、焦点和人们普遍关注的问题立意,强调基础性和应用性相结合,科学性和综合性相渗透,寓能力考核于知识考核之中,重视对学生分析问题和解决问题能力的考查,试题侧重于立德树人的目标。根据呈现特点,在高三政治课第一轮复习教学中,立足学情、明确目标、策略指引。

一、立足学情,讲究针对性

　　对学生学情有基本了解,高三学生共性如下:基础知识可能掌握得还好,但知识网尚未形成,即使有也是漏网、破网,甚至有些局部无网,成了复习死角;做选择题,规律性的东西没有揭示出来,在题海中摸爬滚打;主观题题型有所接触,但把握不住高考命题的特点。

二、明确目标,讲究方向性

　　明确高考的终极目标是实现四个提高:提高获取和解读信息的能力,提高调动和运用知识的能力,提高描述和阐述事物的能力,提高论证和表达能力。

三、策略引领,讲究实效性

(一)精心备课,分享智慧

　　仔细研读新旧两个版本的教材:找出不同之处,关注新的表达方法,把握高考新动向。仔细研读《普通高中思想政治课程标准》《考试大纲》,哪些内容不做拓展,不做要求了然心中。仔细研究全国卷高考题,把握其特点。通过备课组在集体备课,制定详细的一轮复习计划,循序渐进,发挥团队力量,明确分工、合作共享,从而提高课堂效率。同时课堂展示、资料准备、开会发言等工作做到责任到人。

(二)分类训练,优化过程

高考中选择题题量精炼,考查范围广,综合要求高,分值大,共 12 题 48 分。因此选择题的得分率直接关乎学生的考试成绩。而选择题题海茫茫,避免盲目地在里面摸爬打滚,应树立科学做题观,采用有效、高效的方法去解题,提高答题的准确率和效率。如运用归纳法:角度类、惯性类、漫画类、因果类、诗文类、图表类、计算类等,每类分别选择高考真题及模拟变式题加以训练,做到练题有针对性和实效性。转变做题方式,侧重分析理解,做到集约型做题,提高效率。同时还要用好"四排法":排错、排异、排重、排倒。重点是排错、排异法。

排错法即排除知识性错误的选项、与现实不符的选项、表述过于极端的选项。排异,选项本身正确,但不符合题意,一定要注意审题,明确题干与题旨是否有联系,这样的选项是最难排除的。告诉学生一定要仔细阅读材料,看整个材料直接强调什么,我们选择直接含义不是引申义,从而获取有效信息,提高选择题的正确率和得分率。

(三)准确指导,提升能力

主观题的解法指导是必要的:相当一部分的学生主观题做不好,就是因为"读不懂题、审不准题",在"鱼塘里(情境材料)"发现不了"鱼(有效信息点)"或"只见小鱼(次要信息点)"。审题时抓住两个关键点:知识范围、题型。审清知识范围,才能准确撒网;审清题型,才能按照相应模式答题。审材料时,指导学生按"找句号—划层次—概大义—转语言"四步来做,相信"鱼"就在"池塘里"。

各类主观题的答题指导,每个老师都在做,八仙过海,各显神通。但有一点体会很深,仅仅是讲,效果欠佳,经常请学生上黑板演练,显著增加学生的课堂活动量,让学生自主合作探究、调动学生的积极性,真正成为课堂教学的主体,达到事半功倍的效果。亚里士多德有一句名言:告诉我的我会忘记,给我看的我会记住,让我参与的我会理解。对学生组织的答案要有几次面批的过程,手把手地教,过程很痛苦,效果很明显。

(四)适度拓展,开阔视野

政治试题最大的特点是以现实生活中的时政热点为背景出题,富有浓浓的时政气息与生活气息。而学生人文知识相对匮乏,社会通识性知识贫乏,会增加审题的障碍,也会在解题中失去有机联系。而我们在课堂上要有渗透,力争做到小课堂、大社会。第一轮复习时,课堂上安排 3—5 分钟时政演讲,每天一组,轮流准备,内容是当前的国内国际大事,并挑选 1 个与教材内容相结合,尝试自己设计问题,组织答案,形式各异,通过不断训练和指导,提高学生分析理解能力、调动和运用知识的能力、描述和阐述事物的能力、论证和表达能力。鼓励学生去阅览室看报刊:《人民日报》《参考消息》《半月谈》《求是》等,利用周末、假期休息的时间看新闻联播。日积月累,学生的视野会超越课本,逐步提高人文素养和专业素养。教师也可以机动灵活地在复习课讲时政专题:如每年的"两会""解读政府工作报告""供给侧改革"等,通过教材的知识点深入剖析热点专题,让学生进一步把握理解教材的重难点、高考高频考点,有针对性地复习,从而提高答题的准确率和学习效率。

(五)化繁为简,减轻负担

1.关联对比法

这种方法化繁为简,方便学生理解。《经济生活》中关于"替代品和互补品"的知识,可以让学生记住"替正补反",这样可以减少推理过程,加快做题速度。

2.数字编码法

通过对知识点的数字编码,可以更清晰更系统地让学生解读理解知识点。如市场配置资源的 12334:"1"个作用——决定作用,"2"个优点——优化资源配置、提高经济效益,"3"个弊端——自发性、盲目性、滞后性,"3"个机制——供求、价格、竞争,"4"个要求——秩序 3、调控 12345、体系、主体 3。又如,《生活与哲学》"一切从实际出发,实事求是"的 1122:"1"个出发——从客观存在的事物出发、尊重客观规律,"1"个发挥——充分发挥主观能动性,"2"个结合——把尊重客观规律和发挥主观能动性结合起来,把高度的革命热情同严谨踏实的科学态度结合起来,"2"个反对——反对片面夸大意识能动作用的唯意志主义,反对片面强调客观条件,安于现状、因循守旧、无所作为的思想。

3.自主建模法

如"认识的反复性",如何准确全面理解"反复性",可以从三个方面建模:是什么——对一个事物的正确认识,往往要经过从实践到认识,再由认识到实践;为什么——认识受各种条件限制,主体(实践水平,主观因素);客体(客观事物:复杂多变,本质的展示和暴露有个过程);怎么办——与时俱进,开拓创新,在实践中检验和发现真理。通过自主建模,学生可以提高自主合作探究的能力,从而让知识点更清晰明了。

4.创新批改法

作业实行教师批改和学生批改相结合的方法:作业由学生先批改,统计高频错题,课堂上由学生分析高频错题,大家矫正答案,写上自省语或反思,最后上交老师批阅。学生很有兴趣,析题讲题头头是道,不仅提高了学生的答题认知能力,做到"改中学,改中提",充分发挥学生的主体作用,而且也减轻了教师的负担。

高三政治一轮复习中,关注学情是基础,明确目标是方向,策略引领是关键。在新课改背景下,更应不断探索复习的策略,提高复习效率,真正做到一轮复习的有效性和高效性。

在高端研修中丰富教学智慧

—— 陈志红特级教师工作室工作研修回眸

本工作室自 2013 年 12 月成立以来,承蒙本市教育局领导、专家和教师等的厚爱,坚持以服务立德树人为宗旨,以加快教师专业成长为目标,以读书学习、聆听专题讲座、主课题研究、教学专题研讨、支教活动等为载体,开展多项研训活动,取得了喜人的成效。

一、成员概况

序号	姓 名	学 校	性别	职 务	最高荣誉	科研获奖
1	叶志娟	严中新校区	女	学科组长	省春蚕奖获得者	全国论文一等奖
2	黄宏菊	严中新校区	女	班主任	市学科带头人	地级优质课二等奖
3	姜 雷	严中梅城校区	男	校团委书记	市教坛新秀	市论文二等奖
4	刘朝忠	新安江中学	男	班主任	市教坛新秀	市论文二等奖
5	徐 展	新安江中学	男	班主任	校优秀共产党员	地级优质课二等奖
6	方昱红	寿昌中学	男	校长	省优秀教师、省教坛新秀	省论文一等奖
7	章建军	梅城镇中	男	校总务主任	市教坛新秀	市论文二等奖

二、主要活动

1.高端培训

(1)组织学员赴华东师大培训。邀请本市 4 所普高学科教研组组长与市教研室政治教研员一起参加。聘请华东师大法政学院教授、上海考试院副院长于群、上海著名政治特级教师方培君等专家做专题讲座,其主要内容涉及高考改革与高效课堂等。与会教师深感震撼,收获颇丰。

(2)组织学员赴北师大培训。聘请北师大教授李晓东、北京市著名政治特级教师梁侠做专题讲座。其主要内容涉及思想政治学科核心素养、高考改革与教学设计等。与会成员喜获高峰体验,感触甚深。

(3)组织学员参加浙江大学骨干教师高研班学习。主要内容涉及高考改革、试题编制、教育科研、学科前沿知识等,努力提升学员专业素养。

2.课题研究

(1)2017 年杭州规划课题《寻梦非遗:基于非遗文化传承特色课程群的实施创新》获杭州市 2017 年教育科研成果一等奖(方昱红)。

(2)2017 年《基于学科核心素养培养的高中政治课选考教学策略》的研究成果获杭州市三等奖(叶志娟)。

(3)2016 年省级立项课题《基于学生自主发展的中学思想政治课校本课程建设研究》的研究成果获杭州市二等奖(课题组)。

(4)2016 年省规划课题《农村普高基于学生才艺发展的选修课程的设置与实践研究》获杭州市规划课题优秀成果三等奖(方昱红)。

(5)2016 年《综合实践导向的高中"悦读家乡"特色德育课程建设》杭州市立项课题(方昱红)。

(6)2015 年《农村高中政治课教学运用多媒体技术辅助教学的实践与思考》获浙江省第七届中小学实验教学优秀成果二等奖(方昱红)。

(7)2014 年《农村高中学生艺术社团建设与管理的实践研究》获浙江省教育科学论文评比一等奖和全国艺术教育论文评比二等奖(方昱红)。

(8)2014 年省规划课题《非遗基地的建构与运行机制研究》研究成果获市一等奖(方昱红)。

(9)2014 年《在追寻中完美——初中思品课预设与生成关系的实践与思考》研究成果获市三等奖(章建军)。

(10)2013 年《从"此案"到"彼岸"——"一案到底"教学法有效应用的实践与思考》研究成果获市二等奖(章建军)。

（11）2013年《高三政治复习作业有效性设计的策略研究》的研究成果获建德市三等奖（叶志娟）。

3.校本课程开发

（1）《趣味经济学》（黄宏菊）（杭州市精品课程）

（2）《中西方民主政治比较研究》（叶志娟）

（3）《高校自主招生常识中的辩证法》（陈志红）

（4）《严州文化研究》（姜雷）

（5）《新安美食文化研究》（刘朝忠、徐展）

（6）《浙西农耕文化教程》（方昱红）（省级出版社正式出版）

4.2013年以来公开发表论文21篇

（1）《提高政治"二考"复习效能的五个对策》发表于《教学月刊·中学版·政治》2017年第6期（陈志红）。

（2）《选考教学的困惑与改进》发表于《思想政治课教学》2017年第1期（叶志娟）。

（3）《提高学生结合材料回答政治主观题效能"三个三"——以浙江高考政治题为例》发表于《中学政治教学参考》2016年第11期（陈志红）。

（4）《五比:破解经济图表题的密码》发表于《中学政治教学参考》2016年第2期（陈志红）。

（5）《优化问题导向促进动态生成——参加武汉全国思政优质观摩活动的感悟》发表于《教学月刊·中学版·政治》2016年第1期。

（6）《在"三写"训练中让政治主观题答案更完美》发表于《中学政治教学参考》2015年第9期（陈志红）。

（7）《校长提升书写能力,加快专业成长步伐》发表于《中小学校长》2015年第8期（陈志红）。

（8）《中学政治教师专业持续发展的三大助推力》被中国人民大学复印资料《中学政治及其他各科教与学》2015年第2期转载（陈志红）。

（9）《五招破解政治经济图表题》发表于《浙江考试》2015第23期（陈志红）。

（10）《"六力"为普高校长克难攻坚加大正能量》发表于《中小学校长》2015年第1期（陈志红）。

（11）《中学政治教师专业持续发展的三大助推力》发表于《教学月刊》2014年第11期（陈志红）。

（12）《班主任工作的"先"与"后"》发表于《教学与管理》2014年第10期（陈志红）。

(13)《中小学校长工作的"先"与"后"》发表于《中小学校长》2014年第5期（陈志红）。

(14)《让生活走进课堂　让课堂贴近生活》发表于《读写算·素质教育论坛》2014年5月（章建军）。

(15)《浅谈初中思政课堂教师对学生答题进行评价的技巧》发表于《课程教育研究》2014年5月（章建军）。

(16)《从"此案"到"彼岸"——"一案到底"教学法有效应用的实践与思考》发表于《小作家选刊·教育教学》2014年8月（章建军）。

(17)《正确处理教学行为的"先"与"后"》发表于《思想政治课教学》2013年第12期（陈志红）。

(18)《青年教师专业发展要做好"三本"文章——特级教师陈志红的教师专业化发展研究》发表于《教学月刊》2013年第8期（陈志红）。

(19)《班主任增效策略》发表于《教学月刊》2013年第7期（陈志红）。

(20)《在"六个转变"中提高中学思想政治课学法指导的实效》发表于《思想政治课教学》2013年第3期（陈志红）。

(21)编写《高中综合文科校本课程开发与建设》第七章:问题篇,2015年科学出版社出版（方昱红）。

5.读书学习

(1)选购精品书籍。坚持统一购买、自主购买、接受北师大教授赠书结合。要求每位学员每天坚持读书20页以上。

(2)撰写交流体会。每人写好3篇读书心得,每篇1000字左右。

(3)坚持学以致用。坚持理论联系实际,用先进理念指导教育教学实践,不断提高教学实效。

6.专题讲座

(1)邀请华东师大二附中副校长孟祥萍特级教师做《打造高效课堂》讲座。

(2)邀请上海复旦大学附中方培君特级教师做《高效课堂与教师专业发展》讲座。

(3)邀请上海教育考试院副院长于群老师做《上海高考改革与命题趋势研究》讲座。

(4)邀请北京师范大学李晓东教授做《思政课核心素养与高考改革》讲座。

(5)邀请北京师范大学实验中学梁侠特级教师做《优化思政课教学设计》讲座。

(6)邀请北京市顺义教研室董晨特级教师做《北京思想政治课高考改革与教学导向》讲座。

（7）邀请浙江大学吕有志教授做《高考疑难问题解答》讲座。

（8）邀请省教育厅中学政治教研员祝国强特级教师做《主观题解题策略》讲座。

（9）邀请绍兴市稽山中学副校长董凌达特级教师做《选题 编题 讲题》讲座。

（10）邀请绍兴市政治教研员边永坚特级教师做《考法 教法 学法三者统一》讲座。

（11）邀请严州中学新校区陈志红特级教师做《浙江政治选考特点与备课对策探究》讲座。

（12）邀请市委党校教师姜建军老师做《十八大精神的要点解读》讲座。

7. 常规研究

（1）浙江省高考政治试题研究：组织学员参加市统一测试；举行浙江省选考特点与备考对策专题探讨活动；与省特级教师共同研讨高考仿真试题编写活动。

（2）重大时政研究。邀请专家讲座，党的十八大精神等重大时政进课堂活动。

（3）高效课堂探究。邀请专家讲座，开展上课、听课、说课与评课活动。

（4）校本课程建设研究。通过主课题研究，提高学员校本课程研究水平。

8. 支教活动

（1）近三年在市内外做各类讲座 100 余场。主要内容涉及高考复习、高考前指导、教师专业发展、师德师风建设、提高教师幸福指数等。

（2）近三年来，本工作室导师及学员每学年听课、上课、评课等活动 60 多节。

三、研训体会

1. 在人员选择上，坚持态度与实力统一

有人说，态度决定一切。更为严格地说，应该是态度与能力有机结合才能决定一切。为此，在工作室研训人员的选择上，需要充分考虑"我要学"与"我能学"两个方面，如果这两方面难以完美统一，可以把态度放在首位，并坚持动态管理，建立和完善研训激励、人员流动的长效机制，竭力发挥教师的潜能，提高研训实效。

2. 在研训内容上，坚持供给与需求统一

根据"缺什么、补什么"的要求，选择适当的培训方式，为学员成长提供最需要与最优质的学习资源，把供给与需求有机结合起来，加快学员专业成长的步伐。

3. 在研训主题上，坚持问题与攻关统一

改善问题导向，把学科教学存在的共性与个性的疑难问题提炼成研究的课题，采用高端培训、专家引领、同伴合作、自主研究相结合的方式，把教学与研究完美结合起来，攻坚克难，推动教师专业可持续发展。

4.在研训方式上,坚持学习与实践统一

把学习、实践、反思与不断改善教育教学行为紧密结合起来。引导学员把学科前沿知识、教学专业知识与科学研究知识等新知识,及时运用于教育教学实践之中,通过科学的反思,不断总结教育教学的经验和教训,丰富教学智慧,提高教育教学实力,并引领所在学校教师团队的共同发展。

总之,本工作室研训的实践,虽然取得了一定的成果,但离理想的目标与领导、老师的期盼还有差距。在此,我们非常感谢建德市教育局领导给我们创造了优质的条件,非常感谢工作室全体同仁的紧密配合与高效学习,非常感谢市教研室、兄弟学校和本市其他名师工作室等所有人员的大力支持。我们将不断总结经验和教训,加强理论学习、深化实践研究、改善教育反思,力争取得更大的成绩,为建德教育做出新的更大贡献!

陈志红
2018 年 1 月